Knaur

Ken Hom
Chinesisch kochen

Knaur

www.knaur.de

Ken Hom

Chinesisch kochen

BBC

Knaur

Die Schreibweisen der chinesischen Wörter und Ortsnamen in diesem Buch folgen der Pinyin-Transkription von chinesischen Buchstaben ins lateinische Alphabet. Diese Umschrift wurde 1970 offiziell in der Volksrepublik China eingeführt, und sie ähnelt der heutigen Mandarin-Aussprache. Man hat sich schon daran gewöhnt, Beijing statt Peking zu lesen und Sichuan statt Szechuan, doch manche Namen sind weniger vertraut. Ich habe das neue System durchgängig verwendet, außer bei manchen geläufigen Ortsnamen wie beispielsweise Kanton; bei bekannten Gerichten wie der Pekingente und Dim Sum und bei einigen Zutaten, die typisch kantonesisch sind.

Danksagung
Ich möchte mich bei vielen Mitarbeitern von BBC Books für die Hilfe bei der ersten Ausgabe bedanken, insbesondere bei Heather Holden-Brown, Julian Flanders, Wendy Hobson, Frank Phillips und Doug Young für ihre Mitarbeit in Redaktion und Gestaltung und bei Graham Kirk für die schönen Fotos. Ich möchte Gordon Wing, Megan Jenks, Gerry Cavanaugh, Stephen Tuggle, Chris Farwell, Eva Harris und Erika Maurer für ihre Unterstützung danken. Im Hinblick auf diese Neuausgabe geht mein Dank an meine Redakteurin Viv Bowler, ohne die ich bei BBC vollkommen verloren wäre. Sie hat dieses Buch bis zur Fertigstellung begleitet, mit der hilfreichen redaktionellen Unterstützung von Rhianwen Bailey und Charlotte Lochhead; ich danke auch David Munns für die wunderschönen Fotos, Janet James für das moderne, interessante Layout und John Thompson für die Gestaltung des Schutzumschlages. Auch Pene Parker, Linde Blakemore und Lisa Pettibone von BBC Books gehört mein Dank. Es war ihre harte Arbeit, die diesen Klassiker ins neue Jahrtausend gebracht hat.

Veröffentlicht bei BBC Worldwide Ltd, Woodlands, 80 Wood Lane, London W12 0TT

Erscheinungsjahr dieser Ausgabe 2001

Die Rezepte in diesem Buch erschienen zuerst in »Ken Hom's Chinese Cookery«, das von BBC Books 1984 herausgebracht wurde und 1993 überarbeitet und aktualisiert unter dem Titel »Ken Homs Illustrated Chinese Cookery« erschien.

Droemersche Verlagsanstalt Th. Knaur Nachf. GmbH, München

Übersetzung: Katharina Lisson
Redaktion: Dorothea Steinbacher
Umschlaggestaltung: ZERO, München
Gestaltung: Janet James, BBC London
Fotos: Graham Kirk, David Munns
Satz und DTP: Quark XPress im Verlag
Druck und Bindung: Pollina s.a., - n° L88543

ISBN 3-426-66718-5

www.knaur.de

Inhalt

Hinweise zu den Rezepten

- Eier immer in Größe L verwenden
- Frische Zutaten vor der Zubereitung waschen
- Ich verwende immer frisch gemahlenen schwarzen und weißen Pfeffer
- Mengenangaben in Löffeln sind gestrichene Löffel

ABKÜRZUNGEN

EL	Esslöffel
TL	Teelöffel
Msp.	Messerspitze
Bd.	Bund
Pk.	Päckchen
TK	Tiefkühl-
l	Liter
ml	Milliliter
cl	Zentiliter
kcal.	Kilokalorien
ca.	circa
Min.	Minute
Std.	Stunde
Ø	Durchmesser
°C	Grad Celsius
getr.	getrocknet
ger.	gerebelt
cm	Zentimeter

OFENTEMPERATUREN

ELEKTRO	GAS	UMLUFT
160 °C	Stufe 1-2	140 °C
170 °C	Stufe 2	150 °C
180 °C	Stufe 2-3	160 °C
190 °C	Stufe 3	170 °C
200 °C	Stufe 3-4	180 °C
210 °C	Stufe 4	180 °C
220 °C	Stufe 4-5	190 °C
230 °C	Stufe 5	200 °C

ZUBEREITUNGSZEITEN

Alle Zeitangaben beruhen auf durchschnittlichen Erfahrungswerten. Aufgrund Ihres persönlichen Arbeitstempos und der Beschaffenheit von Zutaten, Kochgeschirr, Herd und Backofen kann die tatsächlich benötigte Zeit von diesen Angaben etwas abweichen.

Vorwort

Chinesisches Essen hat in den vergangenen Jahrzehnten auf der ganzen Welt begeisterte Anhänger gefunden. Die moderne chinesische Küche ist dabei in letzter Zeit wohl am stärksten von Hongkong beeinflusst worden.

1997 ging Hongkong zurück an die Chinesen. Natürlich wird bis heute fieberhaft spekuliert, inwieweit dieses politische Ereignis Hongkong beeinflussen und verändern würde. Die kleine Insel Hongkong, an der südchinesischen Küste gelegen, ist nicht nur ein geographischer Ort – sie ist eine Weltanschauung. Der Reiseschriftsteller Jan Morris nannte Hongkong »das letzte Juwel des Kaiserreiches« und »eindrucksvolles Nachspiel« der Geschichte der Kaiserzeit. Die Volksrepublik China hat sich verpflichtet, Hongkong nach der Rückgabe weitgehend sich selbst zu überlassen und sich nicht in das bisherige System einzumischen. Für die meisten Bewohner Hongkongs, die bleiben müssen, egal was die Zukunft bringt, ist es wohl am besten, weiterzumachen wie bisher: arbeiten, Häuser bauen, sich dem Glücksspiel hingeben und vor allem der abwechslungsreichen und köstlichen Küche.

Restaurantkritiker auf der ganzen Welt meinen – wie ich auch –, dass in Hongkong mit das beste chinesische Essen zu finden ist. Methoden und Rezepte sind tief verwurzelt in den alten Traditionen der chinesischen Esskultur. Es gibt tausende Restaurants in Hongkong, und vom kleinsten Straßenstand bis zum feinsten Speisesaal im besten Hotel haben sie alle etwas gemeinsam: die Qualität der Zutaten, die Sorgfalt bei der Vorbereitung und eine zugleich ernsthafte wie auch spielerische Einstellung zum ganzen Prozess der Stärkung – oder Wiederherstellung, den wir schlicht Essen nennen. Arbeit, Glücksspiel, Shopping und Sex gehören zum Leben in Hongkong, und Essen – in allen seinen Aspekten – steht im Zentrum dieses Lebens. Es ist heiteres Gesprächsthema und Thema ernster Studien; außerdem eine andauernde Quelle gespannter Erwartung im Leben der Menschen, die eigentlich immer über die nächste Mahlzeit nachdenken.

Hongkong ist weltoffen und ein Umschlagplatz für Handelswaren, Ideen und Einflüsse aus aller Herren Länder. Es ist ständig neuen kulturellen Einflüssen und Stilrichtungen ausgesetzt. Seine Küche zeigt deutlich, wie geschickt sich die Inselbewohner jeweils das beste aller anderen asiatischen Traditionen zu eigen machen und neuartige Lebensmittel, Zutaten und Kochstile integrieren. Hongkong ist ein Paradies für leidenschaftliche Shopper. Das bezieht sich auch auf Lebensmittel – Hongkong gehört gewiss zu den großartigsten und vielseitigsten Lebensmittelmärkten der Welt. Das Aufnehmen neuer Produkte in vorhandene Rezepte geschieht mit der gleichen Leichtigkeit, mit der vor etwa hundert Jahren Tomaten und Mais – bis dahin vollkommen unbekannt – in die chinesische Küche Eingang fanden, wo sie schnell zu einem festen Bestandteil wurden.

Man kann aber nicht von einer Revolution der Küche sprechen, denn nach wie vor dominieren die traditionellen Kriterien der chinesischen Küche die kulinarische Szene in Hongkong. Aber die Aufnahme neuer Zutaten und das Wiederaufleben von alten Kochtraditionen wirken natürlich auf die Küche ein. Ich habe zum Beispiel festgestellt, dass in Hongkong Dim Sum viel leichter sind, da der Teig in Öl gebacken wird und nicht mehr in Schweineschmalz, wie es früher üblich war. Außerdem gibt es neue Gewürze und Aromen, zum Beispiel Shrimppaste und chinesischen Schnittlauch. Auch der ehrwürdige Tontopf dient heute nicht mehr nur zum Schmoren, sondern auch dazu, verschiedene Aromen bei starker Hitze ganz schnell zu verbinden.

Hongkong ist vibrierend und modern. Hier werden Trends gesetzt. Besonders die Entwicklungen in der Küche scheinen überall Gefallen zu finden, und Hongkongs Einfluss wird auch in China deutlich. Die kantonesische Küche, einst verdammt, vielleicht weil sie dem Kaiserreich zu nahe gestanden hatte, ist wieder »in« im reicher gewordenen China, das auch im 21. Jahrhundert ankommen will. Auch andere chinesische Regionalküchen erleben ein großes Comeback – etwas leichter geworden und mit einem modernen Einschlag.

Hongkong hat chinesisches Essen stark beeinflusst, und das nicht nur innerhalb Chinas, sondern auf der ganzen Welt. Diese Verschmelzung internationaler Zutaten, Aromen und Kochmethoden wollte ich in »Chinese Cookery« darstellen, als es 1984 zum ersten Mal auf Englisch erschien. Die überarbeitete Ausgabe erschien 1993. Die chinesische Küche hat ein reiches und wundervolles Erbe, und der Einfluss von Hongkong hat die Küche noch vielseitiger und reichhaltiger gemacht, aber auch leichter zugänglich und verständlich.

Ken Hom 2001

Einleitung

Gutes Essen spielt seit meiner frühesten Kindheit eine große Rolle in meinem Leben. Ich kann mich noch erinnern, wie meine Familie beim Abendessen um den Tisch saß und scheinbar endlose Gespräche zum Thema Essen führte – was wir essen würden, wie es zubereitet würde, unsere Lieblingsgerichte, die besten Methoden, um bestimmte Spezialitäten zuzubereiten, und so weiter. Das gehört zu den normalen Erfahrungen im Leben der meisten Chinesen – Essen ist unser liebstes Gesprächsthema! Für uns ist Essen mehr als eine Leidenschaft, es ist schon fast eine Besessenheit, und gutes Essen ist wichtig für ein gutes Leben. Es gibt in China den Ausdruck »Chi fan le mei you?«, was wortwörtlich bedeutet »Haben Sie schon gegessen?« Dies ist eine verbreitete Begrüßungsformel, so wie man in Deutschland fragen würde »Wie geht es Ihnen?« Außerdem wünscht man damit auch Gesundheit und Glück. Und es passt perfekt, denn Essen bedeutete den Chinesen schon immer viel mehr als nur Ernährung. Die Abläufe von Anbau, Auswahl, Kochen und Verzehr sind tief eingebettet in die chinesische Kultur. Wie alle Kinder in China erfuhr ich eine Menge darüber, wenn ich beim Abendessen zuhörte. Doch meine wirkliche Ausbildung fand im Restaurant meines Onkels in Chicago statt, in dem ich mit elf Jahren anfing, stundenweise zu arbeiten. Zuerst bekam ich all die unangenehmen Routinejobs. Ich erinnere mich an hunderte Kilos von Krabben, die ich schälen musste, eine ebenso langweilige wie schmerzhafte Aufgabe. Ich sehe mich heute noch Berge von Seeschnecken reinigen. Doch währenddessen umhüllten mich die wundervollen Aromen der Gerichte, die direkt neben mir zubereitet wurden. Nach und nach lehrten die Köche mich, warum ein bestimmtes Gewürz besonders gut zu Fleisch passt, warum diese Sauce jenes Gemüse perfekt ergänzt: kurz gesagt, das A und O der chinesischen Küche.

Meine Familie stammt ursprünglich aus der südlichen Provinz Guangdong, doch mein Onkel beschäftigte Köche aus verschiedenen Gegenden. Viele Leute denken, dass sich die regionalen Küchen Chinas sehr ähneln. Das ist verständlich, da alle chinesischen Köche ähnliche Techniken anwenden. Außerdem vermischen die meisten Restaurants im Westen die regionalen Stile. Aber China ist ein riesiges Land mit extremen Unterschieden, was Klima, Landwirtschaft und Lebensmittel angeht. So ist es kein Wunder, dass man verschiedene Kochstile vorfindet. Sie lassen sich grob in vier Hauptrichtungen einteilen:

DIE KÜCHE IM SÜDEN Dies ist die Heimat der Guangdong- oder kantonesischen Küche, die in der westlichen Welt am bekanntesten ist, da viele Familien von hier im 19. Jahrhundert nach Europa, Amerika und Australien ausgewandert sind. Oft wird die kantonesische Küche als Haute Cuisine Chinas bezeichnet. Das mag daher kommen, dass sie von den Köchen des Kaiserhofes geprägt wurde, die nach dem Zusam-

menbruch der Ming-Dynastie 1644 nach Guangzhou (Kanton) geflüchtet waren. Die Kantonesen lieben exotische Delikatessen wie Hund, Schlange, Froschschenkel und Schildkröte. Berühmt sind die süßsauren Gerichte und Dim Sum, eine Palette an köstlichen Snacks, die als spätes Frühstück oder Mittagessen gegessen werden. Sojasauce, Hoisin-Sauce und Austernsauce gehören zu den verbreiteten Würzen.

Die Kantonesen kochen ihr Essen extrem kurz, sodass die natürlichen Aromen und Farben erhalten bleiben. Daher gehören Pfannenrühren und Dämpfen zu den beliebtesten Garmethoden. Chilis, Gewürze und Öl werden sparsam verwendet; man konzentriert sich auf die harmonische Mischung von Farbe, Konsistenz, Aroma und Geschmack. Reis ist das wichtigste Grundnahrungsmittel.

DIE KÜCHE IM NORDEN Diese Gegend reicht vom Yangtze bis zur Chinesischen Mauer und umfasst die kulinarischen Stilrichtungen von Shandong, Henan und Beijing. Auffälliges Merkmal dieser Küchen ist die Verwendung von Getreide (statt Reis) als Grundnahrungsmittel. Besonders Weizen, Mais und Hirse werden angebaut und zu Brot, Nudeln, Teigtaschen und Pfannkuchen verarbeitet. Wegen des rauhen Klimas gibt es nicht immer frisches Gemüse, und die Menschen lernten, Lebensmittel für den langen, harten Winter haltbar zu machen. Gemüse wie Süßkartoffeln, Rüben, Zwiebeln und Kohl werden gelagert, andere Lebensmittel wie Pilze und Fleisch getrocknet, und viele Gemüse und Früchte eingelegt. Im Gegensatz zu den anderen Gegenden Chinas gibt es nur wenig Fleisch obwohl. Rinder, Hammel, Ziegen und Schweine gehalten werden. Hier im Norden lebt ein Großteil der vier Millionen Moslems, die kein Schweinefleisch essen und natürlich die Küche stark beeinflusst haben.

Der Kaiserhof befand sich in Beijing (Peking), und der Einfluss der kaiserlichen Hofküche ist noch heute in komplizierten und ausgefallenen Gerichten wie zum Beispiel der berühmten Pekingente erkennbar. Von allen kunstvoll erdachten Spezialitäten für die höfischen Bankette ist sie mit Sicherheit das großartigste. Diese Finesse steht in starkem Kontrast zu den eher einfachen Gerichten der Küche des Nordens, die mit reichlich Knoblauch, Frühlingsziebeln, Lauch, Sesamsamen und -öl sowie süßer Bohnensauce gewürzt sind.

DIE KÜCHE IM OSTEN Diese Region erstreckt sich von der Ostküste bis nach Zentralchina und umfasst die Kochstile von Fujian, Jiangxi, Zhejiang und – am wichtigsten – Shanghai, der größten Stadt Chinas mit dem größten Hafen. Diese Gegend gehört zu den fruchtbarsten des Landes und versorgt die Menschen mit reichlich frischem Obst und Gemüse. Die vegetarische Küche wird hier ebenfalls groß geschrieben. Der gewaltige Yangzi dominiert die Landschaft ebenso wie die endlose Küste. Natürlich gibt es hier reichlich Fisch und Meeresfrüchte.

Grundsätzlich schwören die Köche im Osten auf leichte, sparsam dosierte Gewürze, die den Eigengeschmack der frischen Zutaten betonen. Pfannenrühren, Dämpfen, Rot-Schmoren (langsames Garen in dunkler Sojasauce) und Blanchieren sind die verbreiteten Garmethoden. Die Sojasauce von hier soll die beste des ganzen Landes sein. Außerdem ist die Gegend bekannt für einige besondere Zutaten, vor allem dunklen Essig, der sowohl zum Kochen als auch als Dip Verwendung findet. Shaoxing-Reiswein und Schinken aus Zhejiang, der rohem, geräuchertem Speck ähnelt, kommen in vielen Rezepten vor. Fleisch und Gemüse werden mit Zucker gewürzt, außerdem kocht man mit viel Öl, was der Küche den Ruf eingetragen hat, ziemlich üppig zu sein.

DIE KÜCHE IM WESTEN Diese Gegend besteht ausschließlich aus Binnenland und umfasst die Regionen Sichuan und Hunan, wo übrigens der Vorsitzende Mao geboren wurde. Das »Land des Überflusses«, wie es manchmal genannt wird, ist praktisch rundum von Bergen umgeben und war bis vor etwa 100 Jahren vom übrigen China ziemlich isoliert. Doch heute ist die Küche Sichuans im Westen sehr populär. Hier sind die Sommer heiß und schwül, die Winter sind mild. Obst und Gemüse gibt es im Überfluss, ebenso Schweinefleisch, Geflügel und Flussfische. Hauptmerkmal der Küche sind intensive und scharfe Gewürze, vor allem rote Chilis, Sichuan-Pfeffer, Ingwer, Zwiebeln und Knoblauch. Böse Zungen behaupteten früher, dass diese intensiven Gewürze dazu dienten, den Eigengeschmack der in der Hitze längst verdorbenen Lebensmittel zu überdecken. Wie dem auch sei, die Köche dieser Provinz stehen heute zu ihrer Küche und den verwendeten Gewürzen. Gerichte von hier sind meist kunstvolle Verbindungen von vielen verschiedenen Aromen und können gleichzeitig scharf, sauer, süß und salzig sein.

DIE CHINESISCHE KÜCHE AUSSERHALB VON CHINA Die Revolution von 1949 und ihre Nachwirkungen haben nicht nur zu tiefgreifenden politischen und gesellschaftlichen Veränderungen geführt, sondern auch die Küche stark beeinflusst. Innerhalb Chinas schien die traditionelle Küche vorübergehend fast zum Aussterben verurteilt, da die Revolutionäre die Kochkunst als elitär und reaktionär ansahen und als Erinnerung an die verhassten Tage der Kaiserherrschaft.

Doch in den achtziger Jahren beschloss die chinesische Führung, dass es Zeit war, die Küche wieder zu beleben – vor allem in Hinblick auf den boomenden Tourismus. Seither hat sich die chinesische Küche sehr verändert. Wirtschaftsreformen und das veränderte politische Klima führten dazu, dass private Kochschulen ihre Tore wieder öffneten und private Restaurants und Ess-Stände ins Straßenbild zurückkehrten. Zutaten, die vorher exportiert worden waren, gab es plötzlich im Übermaß zu vernünftigen Preisen. Die Leute feierten wieder Jahreszeiten und Jubiläen mit traditionellen Festen und Banketten. Die kommunistische Regierung hatte zuvor versucht, traditionelle regionale Spezialitäten zu verbannen und damit ein neues sozialistisches Nationalgefühl zu etablieren; heute sind all diese Köstlichkeiten glücklicherweise wieder verfügbar. Durch die verbesserte finanzielle Situation vieler Chinesen in den Städten wurden immer mehr Restaurants in allen Preisklassen eröffnet.

Ich habe diese Veränderungen bei vielen Besuchen in den letzten Jahren miterlebt. Während es in China früher fast unmöglich war, ein anständiges Restaurant zu finden oder überhaupt etwas Gutes zu essen zu bekommen, besinnt man sich heute wieder auf die kulinarische Tradition, und die Chinesen sind stolz auf ihre phantastische Küche. Es gibt hervorragende Restaurants in Stadt und Land; überall bieten mobile Ess-Stände Köstlichkeiten an, und zu Hause wird wieder mit Freude gekocht. Die Chinesen sind dabei, ihr großartiges kulinarisches Erbe anzutreten.

Die chinesische Küche wurde in Hongkong und Taiwan weiter verfeinert. Viele Restaurantkritiker und Feinschmecker sprechen heute von Hongkong als dem Zentrum der chinesischen Küche. China ist Hongkongs Hauptlieferant für Lebensmittel, und da China erpicht ist auf Devisen, begünstigt es den Handel, der für den Erhalt der chinesischen Küche in Hongkong notwendig ist. Hongkongs Wohlstand sorgt auf der anderen Seite dafür, dass die Feinheiten der chinesischen Küchentradition erhalten bleiben. In Hongkong gibt es über 40.000 Restaurants und Ess-Stände, die tagtäglich um die Gunst der Einwohner buhlen. Wahrscheinlich gibt es nirgends auf der Welt Menschen, die so bewusst mit dem Thema Essen umgehen. Auch der kleinste Stand verkauft köstliche Speisen von hoher Qualität, und die Top-Restaurants in Hongkong zählen zu den besten der Welt.

Ich hatte das Glück, die Entstehung einer neuen Küche zu beobachten, die ich »Neue Hongkong Küche« nenne. Es ist ein neuer Stil entstanden; eine leichtere, moderne, phantasievolle chinesische

Küche – die perfekte Verschmelzung der chinesischen Traditionen mit dem besten aus anderen Küchen der Welt. Diese Art von Chinaküche ist es, die Restaurantbesucher im Westen am meisten schätzen.

Völker und Kulturen der Welt sind sich sehr viel näher gekommen. Das ging natürlich nicht immer reibungslos. Doch eine der positiven Auswirkungen dieser Annäherung besteht darin, dass heute Lebensmittel, Zutaten, Techniken und Küchenstile, die früher als exotisch galten, viel mehr Menschen zur Verfügung stehen. Das gilt auch für die chinesische Küche. Heute findet man in Supermärkten in Europa, Amerika und Australien frischen Ingwer, viele chinesische Gemüse, Saucen und Würzmittel.

Dieses Buch enthält Rezepte aus allen kulinarischen Traditionen Chinas und aus Hongkong. Es gibt ein Kapitel über Küchentechnik (Seite 44), in dem Garmethoden erklärt werden. Auf Seite 55 finden Sie Tipps, wie Sie ein chinesisches Essen zusammenstellen und konkrete Vorschläge für verschiedene Anlässe. Beginnen Sie mit dem Einfachen und machen sich dabei mit den Techniken vertraut. Stellen Sie zunächst ein Menü zusammen, das nur ein oder zwei chinesische Gerichte enthält, und kombinieren Sie es mit Rezepten aus der europäischen Küche. Chinesische Snacks zum Beispiel sind wunderbare Vorspeisen.

Für Ihr erstes ganz chinesisches Essen sollten Sie zwei bis drei Gerichte auswählen und dazu reichlich gedämpften Reis servieren. Beschränken Sie sich auf ein pfannengerührtes Gericht, sonst geraten Sie kurz vor dem Essen in Stress. Am besten kombinieren Sie ein Schmorgericht, ein kaltes Gericht oder eines, das sich aufwärmen lässt, mit einem pfannengerührten Gericht. So werden Sie sich nach und nach an die komplizierteren Rezepte wagen. Außerdem wird das Essen durch verschiedene Kochtechniken authentischer.

Die chinesische Ernährung ist sehr gesund, denn die sanften Garmethoden erhalten die Vitamine; außerdem gibt es nur wenig Fleisch und gar keine Milchprodukte. Die gesamte Ernährung basiert auf der uralten Lehre des Yin und Yang, die eng mit der chinesischen Gesundheitslehre zusammenhängt. Lebensmittel werden in drei Gruppen eingeteilt: Yin umfasst kühlende, Yang wärmende, und Yin Yang neutrale Lebensmittel. Für Außenstehende lässt sich keine Logik in der Einteilung erkennen. In die Yin-Gruppe gehören Bier, Krebse, Ente und Sodawasser. Yang werden unter anderem Cognac, Rindfleisch, Kaffee und geräucherter Fisch zugerechnet. Zu den neutralen Lebensmitteln gehören Brot, gedämpfter Reis, Möhren, Täubchen und Pfirsiche. Doch nicht nur Lebensmittel werden in diese Gruppen aufgeteilt, auch die Menschen unterliegen den drei Kategorien. Eine Yin-Person ist ruhig und introvertiert, eine Yang-Person aktiv und extrovertiert. Die Auswirkung der Nahrungsmittel auf das Individuum hängt also auch davon ab, zu welcher Gruppe man gehört, und ob das Lebensmittel den Typus ergänzt oder eher zu Konflikten führt. Grundgedanke ist, sowohl innerhalb einer Mahlzeit als auch in Hinblick auf die gesamte Ernährung die Speisen so auszuwählen, dass eine Harmonie erreicht wird. Die meisten Chinesen wissen über Yin und Yang Bescheid, weil sie schon von Kindesbeinen an damit vertraut gemacht werden.

Außer auf der ausgewogenen Kombination von Yin- und Yang-Speisen basiert die Kochkunst in China auf der Harmonie von Farbe, Konsistenz, Duft und Geschmack. Ein typisches chinesisches Essen besteht aus zwei Komponenten – dem »Fan«, dem Grundnahrungsmittel, ob das nun Reis, Nudeln oder Knödel sind, und dem »Cai«, das Fleisch-, Geflügel-, Fisch- und Gemüsegerichte umfasst. Eine durchschnittliche Mahlzeit besteht aus drei bis vier Cai, einem Fan und einer Suppe. Die Cai-Speisen sollten verschiedene Hauptzutaten enthalten, zum Beispiel eines Fisch, ein anderes Fleisch und das dritte Gemüse. Auch die Garmethoden sollten unterschiedlich sein. So kann der Fisch gedämpft werden, das Fleisch geschmort und das Gemüse pfannengerührt. Die Auswahl der Gerichte berücksichtigt auch, dass die Speisen miteinander harmonieren und sich ergänzen, vor allem in Hinblick auf Aussehen, Konsistenz und Geschmack. Ein Gericht soll scharf sein, ein anderes mild; eines ist weich und ein anderes knusprig. Der Gesamteindruck muss alle Sinne ansprechen. Die Gerichte werden in die Mitte des Tisches gestellt, und alle Essenden bedienen sich selbst oder auch gegenseitig. Essen ist für die Chinesen ein Gesellschaftsereignis, und ein mit der Familie oder Freunden eingenommenes Mahl wird als Ausdruck der Harmonie innerhalb der jeweiligen Gruppe angesehen.

Sie finden in diesem Buch auch viele vegetarische Rezepte, die im Register mit einem **v** gekennzeichnet sind. Die vegetarische Küche ist heute in China weit verbreitet. Die Tradition stammt aus den ersten sechs Jahrhunderten unserer Zeitrechnung und beruht darauf, dass Buddhisten Tiere verehren und nicht töten wollen. Es gab zwar schon vor den Buddhisten einige fleischlose Gerichte, doch Lebensmittel wie Sojabohnen, Mungbohnen und Tofu, die heute Hauptzutaten der chinesischen Küche sind, erfuhren durch die Buddhisten einen Aufschwung.

Der unverwechselbare Geschmack von chinesischem Essen basiert natürlich im großen Maß auf den typisch chinesischen Zutaten. Für ausgefallene Zutaten in den Rezepten habe ich Ersatz angegeben. Aber wer authentisch chinesisch kochen möchte, muss eine Quelle für Originalzutaten ausfindig machen. Heute gibt es eine große Auswahl in vielen Supermärkten; und in den letzten Jahren haben mehr und mehr chine-

Unten: Eintopf der Buddhisten (Seite 214)

sische Läden eröffnet. Im Kapitel über die Zutaten (Seite 19) finden Sie die speziellen Lebensmittel und Zutaten, die ich in den Rezepten verwende. Mit diesen Informationen können Sie sich selbst im Laden auf die Suche machen oder eine Verkäuferin fragen. Sehen Sie sich das Kapitel erst einmal in Ruhe an, bevor Sie zum Einkaufen in den chinesischen Supermarkt gehen.

Dort können Sie übrigens auch einen Wok kaufen. Natürlich lassen sich die meisten Gerichte mit westlichem Kochgeschirr zubereiten, aber wenn Sie öfter chinesisch kochen – vor allem Pfannenrühren – lohnt sich die Anschaffung. Die Form des Woks sorgt für eine gleichmäßige Hitzeverteilung, was beim schnellen Garen wichtig ist. Der hohe Rand verhindert, dass Zutaten beim Rühren herausfallen. Ein weiterer Vorteil ist, dass man zum Frittieren im Wok viel weniger Fett braucht als in der Fritteuse. Grundsätzlich sind Woks für Gasherde geeignet, aber es gibt auch Woks mit flachen Böden für Elektroherde. Auf Seite 40–41 finden Sie einige Tipps von mir für Auswahl und Pflege des Woks.

Ein altes chinesisches Sprichwort sagt: »Für den Herrscher ist das Volk das Paradies. Für das Volk ist Essen das Paradies«. Wenn Sie erst einmal begonnen haben, die Geheimnisse und Freuden der chinesischen Küche zu erforschen, werden Sie bald feststellen, wie großartig chinesisches Essen sein kann. Die chinesische Küche sollte Bestandteil des täglichen Lebens werden, im Westen wie im Osten. Ich wünsche Ihnen viel Vergnügen beim Kochen und Hochgenuss beim Essen.

Ken Hom

Unten:
Scharfe Glasnudeln
(Seite 241)

Zutaten

Chinas Größe und seine klimatische Bandbreite bringen eine Überfülle an Nahrungsmitteln hervor. In Verbindung mit einer 4000 Jahre alten kulinarischen Tradition ist daraus eine Küche entstanden, die meiner Meinung nach einzigartig ist in Vielfalt, Unverfälschtheit und Technik. Kein anderes Volk hat es verstanden, die ihm zur Verfügung stehenden Ressourcen auf so wundervolle Weise zu nutzen.

Trotz der Größe des Landes und der Klimaunterschiede teilen alle Chinesen eine philosophische Haltung zum Thema Essen. Es gibt noch andere Ähnlichkeiten, die die chinesische Küche zu einer definierbaren Einheit machen. Natürlich existieren auch regionale Unterschiede, aber in Theorie und Praxis haben alle Küchen vom kalten Norden bis zum subtropischen Süden eine gemeinsame Identität, die auf Zutaten, Kochtechniken und traditionellen Geräten beruht.

Techniken kann man lernen, Geräte kann man anschaffen, doch es kann schwierig sein, die Originalzutaten zu bekommen. Glücklicherweise sind sich China und die westliche Welt näher gekommen, und heute gibt es im Westen eine riesige Auswahl an exotischen Nahrungs- und Würzmitteln. Alle Rezepte in diesem Buch wurden mit Zutaten getestet, die auch außerhalb von China verfügbar sind, sodass Sie auch zu Hause authentische chinesische Küche genießen können.

Im folgenden finden Sie Informationen über Zutaten, die ich in den Rezepten verwende. Außerdem beschreibe ich einige Spezialitäten, die in diesem Buch zwar nicht vorkommen, denen Sie aber auf einer Speisekarte begegnen könnten. Eine in China sehr verbreitete Zutat werden Sie hier vergeblich suchen: Glutamat. Das ist ein Pulver aus Getreide und Gemüse, das den Eigengeschmack mancher Zutaten, vor allem von Fleisch, intensiviert und als Zartmacher wirkt. Es wird in China, Japan und auch im Westen in industriell hergestellten Lebensmitteln und Würzen verwendet. Manche Menschen reagieren allergisch auf Glutamat, eine Reaktion, die oft »China-Restaurant-Syndrom« genannt wird. Ich finde, dass frische, qualitativ hochwertige Zutaten keine künstliche Verstärkung benötigen, und deshalb verzichte ich vollkommen auf Glutamat.

AUBERGINE Dieses vielseitige Gemüse mit der lila Schale, das manchmal auch Eierfrucht genannt wird, gibt es in vielen Größen und Farben. Im Westen sind die großen, dunkelvioletten Früchte inzwischen in jedem Supermarkt erhältlich. Die Chinesen ziehen lange, dünne, hellere Früchte vor, da sie feiner schmecken. Kaufen Sie nur Auberginen mit glatter, fleckenloser Haut.

Die Chinesen schälen Auberginen normalerweise nicht, da die Haut Konsistenz, aber auch Geschmack und Form des Gemüses erhält. Wenn Sie die großen dunklen Auberginen verwenden, zerkleinern Sie sie

Links:
Grüne Bohnen

nach Rezeptanleitung, bestreuen sie mit Salz und lassen sie 20 Minuten ziehen. Danach mit Wasser abspülen und mit Küchenpapier trockentupfen. Durch diesen Prozess werden den Auberginen Bitterstoffe und überschüssige Flüssigkeit entzogen. Diese würde beim Kochen das Gericht verwässern. Außerdem nehmen Auberginen nach dieser Behandlung weniger Flüssigkeit auf. Wer chinesische Auberginen verwendet, kann diesen Schritt auslassen.

BAMBUSSPROSSEN Bambussprossen sind die jungen essbaren Sprossen mancher Bambusarten (Foto siehe S. 25 links). Nur etwa 10 % aller Bambussprossenarten kann man kaufen. Bambussprossen schmecken am besten frisch, aber leider sind sie in Deutschland nur als Dosenware und manchmal vorbereitet in Lake eingelegt im Handel, sie sind dennoch von guter Qualität und preisgünstig. Die hellgelben, knackigen Sprossen sind schon geschält und entweder ganz oder in dicke Scheiben geschnitten. Man bekommt sie im Chinaladen, aber auch in Supermärkten und Feinkostgeschäften. Spülen Sie die Bambussprossen mit kaltem Wasser ab. Übrige Sprossen in eine Schüssel geben und mit Wasser bedecken. Im Kühlschrank halten die Sprossen eine Woche, wenn Sie das Wasser jeden Tag wechseln.

BITTERGURKE Dieses Gemüse – auch Balsambirne genannt – schmeckt ungewöhnlich und hat daher ebenso viele Anhänger wie Verächter. Bittergurke hat eine gefurchte, hell- bis dunkelgrüne Schale, schmeckt leicht bitter und nach Chinin. Nach dem Essen hinterlässt sie ein kühles Gefühl im Mund. Je grüner die Gurke, desto bitterer ist sie. Viele Köche ziehen die hellen milden Sorten vor. Vor der Zubereitung die Bittergurke längs halbieren, Kerne und Innenhaut entfernen. Anschließend entweder blanchieren oder salzen, um Bitterstoffe zu entziehen. Bittergurke hält sich in einer Tüte im Gemüsefach des Kühlschrankes 3 bis 5 Tage.

BOHNENSPROSSEN Die Sprossen der grünen Mungbohne sind heute überall erhältlich. Manche Chinaläden bieten die größeren Sprossen der gelben Sojabohne an. Bohnensprossen sollten immer ganz frisch und knackig sein. Wenn man sie ein paar Tage lagern will, am besten locker in Küchenpapier einwickeln, in eine Plastiktüte geben und im Gemüsefach des Kühlschrankes aufheben.

CHILIS Vor allem im Westen Chinas werden Chilis in großen Mengen verwendet, und auch im Süden des Landes gehören sie zu den wichtigsten Gewürzen. Chilis sind die Samenschoten bestimmter Capsicum-Arten. Man verwendet sie frisch, getrocknet oder zu Pulver gemahlen. Man muss zwischen verschiedenen Sorten und Arten unterscheiden, denn sie variieren in Geschmack und Schärfe.

FRISCHE CHILIS: Sie sind leicht erkennbar an ihrer länglichen Form. Die Haut soll glatt sein, frisch aussehen und keine Flecken oder schwarzen Punkte haben. Es gibt auch hier verschiedene Sorten, wobei sich generell sagen lässt, dass rote Chilis milder sind als grüne, weil sie beim Reifen Schärfe verlieren.

Oben links:
Tofu (Seite 35)
Oben rechts:
Schwarze fermentierte Bohnen (Seite 33)

Frische Chilis vor dem Verwenden mit kaltem Wasser abspülen. Mit einem kleinen Messer längs durchschneiden. Samen und weiße Häute entfernen. Die Samen enthalten die meiste Schärfe. Chilis mit kaltem Wasser abspülen und nach Rezept weiter verarbeiten. Waschen Sie Hände, Schneidebrett und Messer, bevor Sie andere Zutaten bearbeiten. Und fassen Sie sich nicht in die Augen, bevor Sie Ihre Hände gründlich mit Seife und Wasser gewaschen haben.

GETROCKNETE ROTE CHILIS: Sie sind meist relativ dünn und etwa 1 cm lang. Häufig aromatisiert man damit Öl für pfannengerührte oder geschmorte Gerichte oder Saucen. Man benutzt sie im Ganzen. Wer es schärfer mag, schneidet sie längs auf, sodass die Samen ihre Schärfe abgeben. Die Chinesen schwärzen die Chilis gerne durch scharfes Anbraten und lassen sie dann mitkochen. Wenn Ihnen das zu scharf ist, nehmen Sie sie nach dem Aromatisieren heraus. Sie finden getrocknete rote Chilis im China- und Asienladen, aber auch in vielen Supermärkten. In einem luftdicht verschlossenen Behälter halten sie unbegrenzt. Im Restaurant kann man oft beobachten, dass Gäste geschwärzte Chilis an den Tellerrand schieben.

CHILIPULVER: Dies wird aus getrockneten roten Chilis gewonnen und ist auch unter dem Namen Cayennepfeffer im Handel. Es ist aromatisch und in verschiedenen Schärfegraden zu haben. Chilipulver betont die Schärfe eines Gerichtes. Sie bekommen Chilipulver im Supermarkt. Wie bei allen Chilis und Produkten mit Chilis können nur Ihre eigenen Geschmacksnerven darüber entscheiden, wie viel Pulver Sie verwenden.

CHILI-BOHNEN-SAUCE (siehe Saucen und Pasten Seite 31)

CHILIÖL: Es wird sowohl als Kochgewürz als auch zum Eintunken von Speisen verwendet. Wie die Chilis selbst, so variieren auch Geschmack und Schärfe von Chiliölen erheblich. Sie bekommen Chiliöl im Chinaladen. Produkte aus Thailand und Malaysia sind extrem scharf; Chiliöl aus China und Taiwan ist etwas milder. Im Grunde sind alle Produkte von guter Qualität, aber Sie finden hier trotzdem ein Rezept für selbst gemachtes Chiliöl, weil es am besten schmeckt. Verwenden Sie Chiliöl nie in großen Mengen zum Kochen, dafür ist es zu scharf. Am besten ist es als Würze oder Sauce. Sie können es zum Entschärfen mit mildem Öl mischen. Ich aromatisiere mein Chiliöl mit schwarzen fermentierten Bohnen. So mag ich es besonders als Dip. Bewahren Sie Chiliöl in einem verschlossenen Glas an einem dunklen, kühlen Ort auf.

REZEPT FÜR CHILIÖL / CHILISAUCE

2 EL getrocknete rote Chilis
2 EL schwarze fermentierte Bohnen
300 ml Erdnussöl
1 EL ungeröstete Sichuan-Pfefferkörner

Chilis mit den Samen grob zerkleinern. Bohnen abspülen und trockentupfen. Einen Wok oder eine Pfanne sehr stark erhitzen. Öl hineingeben. Wenn das Öl sehr heiß ist und anfängt zu rauchen, Hitze reduzieren. Chilis, Bohnen und Pfeffer hineingeben und bei schwacher Hitze 15 Minuten im Öl kochen. Öl abkühlen lassen und in ein Gefäß gießen. Zwei Tage ziehen lassen und abseihen. Es hält unbegrenzt.

CHINAKOHL Diesen Kohl mit krausen Blättern findet man in verschiedenen Größen und Formen, und in Farben von blassgrün bis gelb. Chinakohl ist sehr vielseitig und schmeckt in Suppen und pfannengerührten Fleischgerichten. Er nimmt andere Aromen auf wie ein Schwamm, und sein leicht süßer Eigengeschmack sowie die Konsistenz machen ihn zu einem Lieblingsgemüse vieler Köche. Dieses schmackhafte, knackige Gemüse schmeckt mild und doch eigen und lässt sich mit vielem kombinieren. Lagern Sie Chinakohl wie anderen Kohl.

CHINESISCHE LANGE BOHNEN (SPARGELBOHNEN) Sie können fast einen Meter lang werden. Spargelbohnen stammen ursprünglich aus Asien und sind nicht mit den im Westen bekannten grünen Bohnen verwandt. Es gibt hellgrüne und dünnere, dunkelgrüne. Kaufen Sie Bohnen, die frisch aussehen und keine Flecken haben. Meist werden die Bohnen in Schlingen zusammengelegt verkauft. Man muss sie vor dem Kochen nicht fädeln, nur das harte Ende abschneiden. Sie sind knackig und erinnern an Gartenbohnen, garen aber schneller. Bohnen in einer Plastiktüte im Kühlschrank aufheben und innerhalb von vier Tagen verbrauchen.

CHINESISCHER BROKKOLI Chinesischer Brokkoli ist sehr knackig, schmeckt leicht bitter und erdig und erinnert an Mangold. Die Blätter sind dunkel olivgrün, manchmal findet man weiße Blüten. Kaufen Sie chinesischen Brokkoli mit festen Stielen und frisch aussehenden Blättern. Er wird wie der im Westen verbreitete Brokkoli zubereitet und hält sich einige Tage in einer Plastiktüte im Gemüsefach des Kühlschrankes. Wenn Sie keinen chinesischen Brokkoli bekommen, verwenden Sie normalen Brokkoli.

CHINESISCHER SCHWARZTEE Chinesischer Schwarztee ist ein vollmundiger, duftender Tee mit einem reichen Aroma und wundervollem Bouquet. Es gibt viele Sorten, Keemun gehört zu den bekanntesten. Die Chinesen verwenden Schwarztee auch in der Küche, zum Beispiel für die Marmorierten Tee-Eier (Rezept siehe S. 258). Sie bekommen chinesischen Schwarztee in Supermärkten, Feinkostläden, Teegeschäften und Chinaläden. Ich hebe Tee in einer Blechdose auf, da er meiner Meinung nach so am frischesten bleibt.

CHINESISCHER WEISSER RETTICH Er ist mit dem japanischen Rettich oder Daikon-Rettich verwandt. Er ist lang und weiß und hat eher die Form einer sehr großen Möhre. Dieser Rettich ist ein Winterwurzelgemüse; er kann lange Kochzeiten vertragen, ohne zu zerfallen. Dabei nimmt er die Aromen der anderen Zutaten auf und behält dennoch seinen typischen leicht scharfen Eigengeschmack und seine Konsistenz. Chinesischer Rettich muss geschält werden. Kaufen Sie feste, schwere Rettiche ohne Flecken. Innen sollte der Rettich leicht durchsichtig sein, glatt und fest und ohne Fasern. Sie bekommen chinesischen Rettich im Chinaladen, Asienladen und auch häufig im Supermarkt. In einer Plastiktüte im Gemüsefach des Kühlschrankes hält er sich etwa eine Woche.

CHOISUM Diese Kohlsorte (Foto rechts) gehört zur Familie der Senfkohlgemüse und ist glücklicherweise immer öfter im Chinaladen oder Supermarkt erhältlich. Choisum hat dunkelgrüne Blätter und oft kleine gelbe Blüten, die ebenfalls gegessen werden. Er gehört zu den Alltagsgemüsen in China und eignet sich wunderbar zum Pfannenrühren.

EIWEIß Es wird oft verwendet, um Zutaten vor dem Frittieren zu versiegeln, damit Eigenaroma und Säfte erhalten bleiben. Besonders wichtig ist Eiweiß, wenn man Zutaten mit einem Stärkemantel überzieht. Ein Eiweiß von einem großen Ei entspricht etwa zwei Esslöffeln. Sie können Eiweiß in esslöffelgroßen Mengen einfrieren.

ESSIG Essig wird in der chinesischen Küche viel verwendet. Im Gegensatz zu Essig in westlichen Ländern wird chinesischer Essig meist aus Reis gemacht. Es gibt viele Sorten in Geschmacksrichtungen von würzig und säuerlich bis süß und prickelnd.

HELLER REISESSIG: Diese Sorte ist durchsichtig und relativ mild im Geschmack. Er schmeckt ganz leicht nach Klebreis und wird überwiegend für süße und saure Gerichte verwendet.

DUNKLER REISESSIG: Dieser ist ganz dunkel und schmeckt sehr intensiv und dennoch mild. Er wird in Schmorgerichten, für Saucen und manchmal pur als Dip für Krebsfleisch verwendet.

ROTER REISESSIG: Er schmeckt süß und würzig und wird meist als Dip für Meeresfrüchte verwendet. Alle diese Sorten sind nicht teuer und in großen Supermärkten und Chinaläden in Flaschen erhältlich. Sie halten unbegrenzt. Wenn Sie keinen chinesischen Essig bekommen, schlage ich als Ersatz Cidre-Essig vor. Weinessig eignet sich nicht.

ERDNÜSSE Frische Erdnüsse werden in der chinesischen Küche wegen ihres Geschmacks und ihrer Knackigkeit viel verwendet; besonders gut schmecken sie mariniert oder in pfannengerührten Gerichten. Sie bekommen frische Erdnüsse im Supermarkt, Naturkostladen und Chinaladen. Vor dem Gebrauch muss die rote, trockene Haut entfernt werden. Das geht am besten, wenn Sie die Nüsse etwa 2 Minuten in kochendes Wasser geben. Abtropfen und abkühlen lassen. Die Haut lässt sich jetzt leicht entfernen.

Oben: Chinakohl (Seite 22)

FRÜHLINGSROLLENTEIG Diese fast weißen, dünnen, quadratischen Teigblätter füllt man mit Bohnensprossen und anderem Gemüse. Dann werden sie aufgerollt und frittiert. Sie bestehen aus Mehl und Wasser. Da sie leicht zu bekommen sind und nicht viel kosten, mache ich sie nicht selbst. Sie finden tiefgefrorenen Frühlingsrollenteig in Päckchen von 20 oder 30 Stück im Chinaladen oder Supermarkt. Übrige Teigblätter in Folie verpackt im Gefrierfach aufbewahren.

FÜNF-GEWÜRZE-PULVER Langsam erobert sich das Fünf-Gewürze-Pulver einen Platz im Gewürzregal im Supermarkt. Im Chinaladen bekommen Sie es auf alle Fälle. Dieses braune Pulver ist eine Mischung aus Sternanis, Sichuan-Pfeffer, Fenchel, Nelken und Zimt. Ein qualitativ hochwertiges Produkt hat einen feinen Duft und ist gleichzeitig scharf, wohlriechend und leicht süß. Es verleiht Speisen einen ganz besonderen exotischen Geschmack, also sollten Sie nach guter Qualität suchen. In einem fest verschlossenen Glas hält es unbegrenzt.

HAIFISCHFLOSSEN Wie Vogelnester, so gehören Haifischflossen zu den exotischen Delikatessen in China. Vor allem in Südchina, aber auch in Restaurants anderswo findet man oft eine große Auswahl an Gerichten mit Haifischflossen auf der Speisekarte. Sie sind extrem teuer. Die Rücken- oder Bauchflossen verschiedener Haie werden in einem ausgetüftelten Prozess in immer wieder frischem Wasser und Brühe

Oben links:
Chinesischer weißer Rettich
(Seite 23)
Oben Mitte:
Zimtstangen
(Seite 37)
Oben rechts:
Koriander
(Seite 26)

eingeweicht und gekocht. Haifischflossen haben kaum Eigengeschmack und werden wegen ihrer Konsistenz geschätzt. Meist gibt es Haifischflossen in einer deftigen Brühe als Suppe, als Füllung für Geflügel oder mit Eiern und Krabbenfleisch.

INGWER Frischer Ingwer (Foto siehe S. 27 links) ist aus der chinesischen Küche nicht wegzudenken. Sein prickelnd scharfer und frischer Geschmack würzt Suppen, Fleisch und Gemüse auf subtile und dennoch unverwechselbare Weise. Traditionell wird Ingwer mit Fisch und Meeresfrüchten kombiniert, da er den Fischgeruch abschwächt. Ingwerwurzeln sind knollige Gebilde in Größen von etwa 7 cm bis etwa 15 cm. Die dünne Haut schält man vor der Verwendung ab. Kaufen Sie frische Wurzeln, die sich fest anfühlen und nicht schrumpelig sind. In Klarsichtfolie hält Ingwer sich im Kühlschrank zwei Wochen. Sie bekommen Ingwer inzwischen in Supermärkten und Gemüseläden und natürlich im Chinaladen. Ingwerpulver schmeckt ganz anders und kann nicht als Ersatz in den Rezepten verwendet werden.
INGWERSAFT: Man kann aus frischem Ingwer Ingwersaft für Marinaden herstellen. Er ist milder und hat keine Stückchen. So einfach geht das: Ungeschälten frischen Ingwer in 2,5 cm große Stücke schneiden und in die angeschaltete Küchenmaschine geben. Wenn er ganz fein zerkleinert ist, geben Sie den Ingwer in ein sauberes Küchentuch und pressen per Hand den Saft aus. Wer keine Küchenmaschine hat, kann den Ingwer auch mit der Schneide eines großen Küchenmessers so lange quetschen, bis die ganze Wurzel zerfasert ist. Dann den Saft wie oben durch ein sauberes Tuch pressen.

KNOBLAUCH Seit Jahrtausenden gehört Knoblauch zu den wichtigsten Gewürzen in der chinesischen Küche. Tatsächlich kann man sagen, dass die chinesische Küche nicht wiederzuerkennen wäre ohne dieses aromatisch duftende und ganz eigen schmeckende Gewürz. In China wird Knoblauch ganz, gehackt, zerdrückt und eingelegt verwendet. Er aromatisiert Öl ebenso wie Saucen und passt gut zu anderen pikanten Zutaten wie Frühlingszwiebeln, fermentierten schwarzen Bohnen und frischem Ingwer. Kaufen Sie frische, feste Knollen, am besten mit hellrosa Schale.

KORIANDER Frischer Koriander (Foto siehe S. 25 rechts), auch unter den Namen Chinesische Petersilie oder Cilantro im Handel, gehört zu den wenigen Kräutern in der chinesischen Küche. Er sieht aus wie glatte Petersilie, schmeckt aber vollkommen anders, ziemlich stechend, zitronenartig – ein eigenwilliger und unverwechselbarer Geschmack. Die Blätter werden zum Garnieren oder gehackt zum Würzen von Saucen und Füllungen verwendet. Frischen Koriander bekommen Sie im Chinaladen und in vielen Supermärkten und Gemüseläden, häufig auch im Topf. Achten Sie auf dunkelgrüne, frische Blätter. Gelbe Blätter deuten auf eine ältere Pflanze hin. Zum Aufbewahren Koriander kalt waschen, abtropfen lassen, in der Salatschleuder trocknen und in Küchenpapier wickeln. Im Gemüsefach im Kühlschrank hält er sich einige Tage. Übrigens: Petersilie ist kein Ersatz für Koriander, die beiden haben außer dem Aussehen nichts gemeinsam.

LAUCH Chinesischer Lauch (Foto siehe S. 27 rechts) ist relativ lang und rund und erinnert an große Frühlingszwiebeln mit einer weißen, knoblauchartigen Hülle. Der im Westen übliche Lauch mit seinem milden, leicht süßlichen Zwiebelaroma ist ein guter Ersatz. Zum Vorbereiten werden die grünen Blattenden und die Wurzel abgeschnitten. Dann Lauch längs halbieren und gründlich waschen. Am besten in einer Plastiktüte im Gemüsefach im Kühlschrank aufheben.

LILIENKNOSPEN Die blassgelben Blütenknospen der Tigerlilie sind auch manchmal unter dem Namen »goldene Nadeln« im Handel. Getrocknete Lilienknospen würzen Muxi- (Mu Shu-) Gerichte und scharf-saure Suppen. Sie verleihen Speisen einen angenehm erdigen Geschmack. Weichen Sie die Knospen vor dem Verwenden 30 Minuten in heißem Wasser ein. Harte Enden abschneiden, dann je nach Rezept halbieren oder fein schneiden. Lilienknospen gibt es preiswert im Chinaladen. Am besten in einem Schraubglas an einem trockenen Ort aufheben.

MALTOSE (siehe auch Zucker) Dieser Sirup würzt Eintöpfe und Saucen auf wunderbare Art, ohne zu stark zu süßen. Leider bekommt man ihn in Deutschland nicht. Als Ersatz können Sie flüssigen Palmzucker oder Honig verwenden.

MANGETOUT / ZUCKERSCHOTEN Dieses Gemüse hat eine zarte und doch knackige Konsistenz und einen frischen, leicht süßlichen Geschmack. Kaufen Sie flache Schoten mit winzigen Erbsen, sie sind jung und zart. Im Gemüsefach des Kühlschranks halten sie eine Woche.

MEHL

KLEBREISMEHL: Dieses Mehl wird aus Klebreis gewonnen und gibt Teigen eine leicht elastische Konsistenz. In China wird es für Dim-Sum-Teigtaschen verwendet. Es kann nicht als Ersatz für normales Reismehl verwendet werden.

REISMEHL: Dieses Mehl wird aus rohem Reis gewonnen und für die Herstellung von frischen Reisnudeln verwendet. Lagerung genauso wie Weizenmehl.

NUDELN In China werden von morgens bis abends Nudeln gegessen. Sie sind ein nahrhafter, schneller, leichter Imbiss. Viele traditionelle chinesische Nudelgerichte sind im Westen auch sehr beliebt, z. B. frische dünne Eiernudeln, die auf beiden Seiten gebräunt werden; und natürlich die dünnen Reisnudeln. Hier finden Sie die am häufigsten verwendeten Sorten:

WEIZEN- UND EIERNUDELN: Diese werden aus Hartweizen- oder Weizenmehl und Wasser – mit oder ohne Eier – hergestellt. Man bekommt sie im Feinkostladen und in vielen Supermärkten frisch und getrocknet. Es gibt runde und flache Formen, wobei die Chinesen runde Nudeln für pfannengerührte Gerichte verwenden und flache in Suppen. Frische chinesische Nudeln kann man gut einfrieren. Vor dem Verwenden vollständig auftauen.

WEIZEN- UND EIERNUDELN KOCHEN

Gekochte Nudeln schmecken zu vielen Hauptgerichten anstelle von Reis.

225 g frische oder getrocknete chinesische Weizen- oder Eiernudeln

Frische Nudeln (siehe oben) in sprudelnd kochendes Wasser geben und 3 bis 5 Minuten kochen. Probieren Sie nach 3 Minuten, ob die gewünschte Konsistenz schon erreicht ist. Getrocknete Nudeln entweder nach Packungsanleitung oder 4 bis 5 Minuten in sprudelndem Wasser kochen. Abgießen und servieren.

Wenn Sie Nudeln vorab kochen wollen und dann für ein pfannengerührtes Gericht weiter verwenden, vermischen Sie die gekochten und abgetropften Nudeln in einer Schüssel mit 2 Teelöffel Sesamöl, decken sie mit Folie ab und stellen sie in den Kühlschrank. Die Nudeln sollten dann innerhalb von zwei Stunden weiter verwendet werden.

Unten links: Ingwer (Seite 25) Unten rechts: Lauch (Seite 26)

REISNUDELN: Diese meist getrockneten Nudeln sind durchscheinend weiß und in mehreren Formen erhältlich. Am häufigsten findet man flache breite Reisnudeln, etwa in der Länge von Ess-Stäbchen, die Bandnudeln ähneln. Es gibt auch verschieden dicke Reisnudeln. Richten Sie sich beim Einkauf nach dem Rezept. Reisnudeln sind einfach vorbereitet: Etwa 20 Minuten in warmem Wasser einweichen, bis sie geschmeidig sind. Im Durchschlag oder Sieb abtropfen lassen. Dann können sie für Suppen oder pfannengerührte Gerichte verwendet werden.

FEN-REISNUDELN (SHA-HE-REISNUDELN): Die Chinesen bereiten große Teigplatten mit dem Namen »Fen« (das bedeutet Reisnudel) aus einer Mischung von Reismehl, Weizenstärke und Wasser zu. Die Platten werden gedämpft. Wenn sie gar sind, schneidet man sie in lange Nudeln und isst sie sofort mit Sauce.

GLASNUDELN: Diese Nudeln werden aus dem Mehl der Mungbohne gemacht, nicht aus Getreide. Sie sind ganz dünn und durchscheinend weiß. Unverwechselbar eng gebündelt und in Plastik verpackt, findet man sie im Chinaladen und im Supermarkt. Glasnudeln sind in China kein eigenständiges Gericht. Man isst sie in Suppe, zu Schmorgerichten oder frittiert als Garnierung. Sie müssen vor dem Verwenden etwa 5 Minuten in warmem Wasser eingeweicht werden. Sie sind sehr lang und können nach dem Einweichen kleiner geschnitten werden. Wenn Sie Glasnudeln frittieren, brauchen Sie sie nicht einzuweichen, müssen sie aber aus dem engen Bündel lösen. Das geht am besten, indem Sie die Nudeln in eine große Tüte geben und darin auseinander ziehen. Sonst fliegen sie durch die ganze Küche.

ÖL Öl ist das wichtigste Kochfett in China. Am beliebtesten ist Erdnussöl (siehe unten). In manchen Gegenden, vor allem im Norden Chinas, werden tierische Fette wie Schmalz und Hühnerfett verwendet. Ich nehme fast ausschließlich Erdnussöl, denn mir ist tierisches Fett zu schwer.

Ich habe bei den Rezepten angegeben, ob Öl wieder verwendet werden kann. Wo das der Fall ist, muss es nach Gebrauch komplett abkühlen und dann durch Musseline oder ein feines Sieb in ein gut verschließbares Gefäß geschüttet werden. Öl an einen kühlen, trockenen Ort stellen. Wenn Sie es im Kühlschrank aufheben, wird das Öl trüb, aber beim Erwärmen wird es wieder klar. Ich finde Öl am besten, wenn man es insgesamt nur zweimal verwendet; außerdem ist das gesünder, da der Gehalt an ungünstigen gesättigten Fettsäuren bei jedem Erwärmen ansteigt.

ERDNUSSÖL: Das ist mein Favorit für die chinesische Küche, da es einen unaufdringlichen Eigengeschmack hat. Es hat zwar einen etwas höheren Gehalt an gesättigten Fettsäuren als andere Öle, lässt sich aber sehr stark erhitzen, ohne zu verbrennen. Daher ist es ideal für pfannengerührte und frittierte Gerichte. Sie bekommen Erdnussöl in den meisten Supermärkten. Der beste Ersatz dafür ist Maiskeimöl.
MAISKEIMÖL: Es eignet sich ebenfalls für die chinesische Küche, denn es lässt sich stark erhitzen. Ich finde es aber vom Geschmack langweilig und mag den Geruch nicht. Maiskeimöl ist reich an ungesättigten Fettsäuren und gehört zu den gesunden Ölen.
ANDERE PFLANZENÖLE: Zu den billigeren Pflanzenölen gehören Sojabohnenöl, Distelöl und Sonnenblumenöl. Sie sind hell und relativ geschmacksneutral. Grundsätzlich kann man sie in der chinesischen Küche verwenden, aber sie rauchen und verbrennen bei niedrigeren Temperaturen als Erdnussöl, weshalb man beim Kochen extrem aufpassen muss.
SESAMÖL: Dieses dickflüssige goldbraune Öl, das aus Sesamsamen gewonnen wird, hat einen unverwechselbar nussigen Geschmack und Geruch. Es ist als Würzöl in der chinesischen Küche weit verbreitet, wird aber kaum als Kochöl verwendet, da es sehr schnell heiß wird und verbrennt. Verwenden Sie Sesamöl wie ein Gewürz. Oft wird es einem Gericht zum Schluss beigegeben. Sie bekommen Sesamöl in Flaschen im Chinaladen und in vielen Supermärkten.

PAK CHOI Von diesem Kohl gibt es zahlreiche Sorten; am häufigsten bekommt man die Sorte mit den langen weißen Stängeln und den großen, leicht gekräuselten dunkelgrünen Blättern. Je kleiner die Pflanze, desto zarter ist sie. Pak choi schmeckt leicht und frisch und ein bisschen nach Senf. Er muss nur kurz gekocht werden. Inzwischen ist er auch in vielen Supermärkten erhältlich. Achten Sie beim Einkauf auf knackige Stängel und makellose Blätter. Am besten heben Sie Pak choi im Gemüsefach im Kühlschrank auf.

PILZE Pilze (Foto siehe S. 28) sind sehr beliebt in der chinesischen Küche. Es gibt viele verschiedene Sorten, und sie werden frisch und getrocknet verwendet. Hier sind die wichtigsten:
CHINESISCHE GETROCKNETE PILZE: Davon gibt es viele Sorten und Farben von hellbraun bis schwarz. Sie verleihen Gerichten ein ganz spezielles Aroma. Die besten sind groß, hellbraun und haben eine rissige Oberfläche. Sie sind am teuersten, werden aber relativ sparsam verwendet. Man erhält sie in Schachteln oder Tüten verpackt im Chinaladen. Getrocknete Pilze in einem luftdichten Behälter aufbewahren.

Oben:
Frische Eiernudeln
(Seite 27)

VERWENDUNG VON CHINESISCHEN GETROCKNETEN PILZEN

Pilze in warmem Wasser etwa 20 Minuten einweichen. Danach gut ausdrücken und die holzigen Stiele entfernen. Nur die Hüte werden verwendet. Das Einweichwasser können Sie aufheben und für Suppe oder zum Reis kochen verwenden. Gießen Sie die Flüssigkeit durch ein feines Sieb, damit Sand oder anderer von den Pilzen stammender Schmutz entfernt wird.

CHINESISCHES WOLKENOHR: Diese kleinen, schwarzen, getrockneten Blätter blähen sich beim Einweichen zu wolkenförmigen Gebilden auf, daher der Name. Wolkenohren in heißem Wasser 20 bis 30 Minuten einweichen, bis sie richtig weich sind. Gut abtropfen lassen und harte Teile abschneiden. Wolkenohren sind beliebt wegen ihrer knackigen Konsistenz und dem leichten Räuchergeschmack. Sie bekommen sie im Chinaladen, meist in kleinen Plastiktüten oder in Folie verpackt. In einem verschlossenen Gefäß an einem kühlen, trockenen Ort halten Sie unbegrenzt.

CHINESISCHES HOLZOHR: Das Holzohr ist die größere Variante des Wolkenohres. Holzohren werden genauso eingeweicht und zugeschnitten wie Wolkenohren. Beim Einweichen blähen sie sich etwa auf die fünffache Größe auf. Sie bekommen sie im chinesischen Supermarkt. In einem geschlossenen Gefäß an einem kühlen, trockenen Ort halten sie unbegrenzt.

REISSTROHPILZE: Diese gehören zu den aromatischsten Pilzen in China. Frische Reisstrohpilze haben dunkelbraune Hüte, die den Stiel fast ganz einhüllen. In Deutschland sind sie im Chinaladen, im Feinkostladen und in manchen Supermärkten in Dosen erhältlich. Pilze vor dem Verwenden abgießen und kalt abspülen.

REIS

LANGKORNREIS: Dies ist der am meisten verwendete Reis in der chinesischen Küche, und auch hiervon gibt es zahlreiche Sorten. Die Chinesen pflegen Reis zu waschen, aber bei Reis aus dem Supermarkt ist das nicht notwendig. Die Auswahl an Reissorten wird immer größer, was ich sehr erfreulich finde.

KURZKORNREIS: Dieser Reis wird mehr im Norden Chinas verwendet. Mit ihm wird »Congée«, eine Art Reisbrei gemacht, den man zum Frühstück isst. Kurzkornreis enthält mehr Stärke als Langkornreis.

KLEBREIS: Diese Sorte hat kurze, runde Körner und enthält mehr Gluten (Kleber) als andere Sorten. In China wird Klebreis vor allem für Füllungen, Reispudding und Gebäck verwendet. In Lotosblätter gehüllt, wird Klebreis gern als Abschluss eines festlichen Essens gereicht. Aus Klebreis wird Reiswein und Essig gewonnen. Sie bekommen Klebreis in Supermärkten und im Asienladen. Klebreis muss vor dem Verwenden mindestens 2 Stunden eingeweicht werden, am besten über Nacht. Kochen Sie ihn wie Langkornreis (Rezept siehe S. 221–222).

REIS WASCHEN

Wie schon gesagt: Reis aus dem Supermarkt muss man nicht waschen. Wenn Sie Reis offen gekauft haben und es machen wollen wie die Chinesen, geben Sie ihn in eine große Schüssel und füllen diese mit kaltem Wasser auf. Reis mit den Händen im Wasser hin- und herbewegen. Das trüb gewordene Wasser abgießen. Diesen Vorgang so oft wiederholen, bis das Wasser klar ist.

REISWEIN Reiswein ist eine wichtige Zutat in der chinesischen Küche. Er wird zum Kochen verwendet und getrunken. Meiner Meinung nach kommt der beste Reiswein aus Shaoxing in der Zhejiang-Provinz im Osten. Er wird aus Klebreis, Hefe und Quellwasser hergestellt; sein Geschmack und sein Aroma sind unverwechselbar. Sie bekommen ihn im Chinaladen. Am besten heben Sie ihn fest verkorkt bei Zimmertemperatur auf. Notfalls können Sie Reiswein durch guten trockenen Sherry ersetzen, aber Sie werden nicht diesen ganz speziellen Geschmack erhalten. Verwechseln Sie Shaoxing-Reiswein nicht mit Sake, dem japanischen Reiswein. Er schmeckt vollkommen anders. Wein aus Trauben ist ebenfalls kein Ersatz.

SALZ Tafelsalz ist das feinste Salz. Doch manche Köche bevorzugen Meersalz, da es ein besonderes Aroma hat. Sie finden Meersalz oft in Körben im Chinaladen. Steinsalz mit seinen großen Kristallen ist ein hervorragender Wärmeleiter und wird in der Küche in Südchina verwendet, vor allem in Gerichten mit Huhn oder Taube.

SAUCEN UND PASTEN Die chinesische Küche verwendet eine Anzahl von meist dickflüssigen aromatischen Saucen und Pasten. Sie sind unabdingbar für den Originalgeschmack vieler Gerichte. Kaufen Sie eine Auswahl davon im Asienladen oder Supermarkt. Die meisten gibt es in Gläsern oder Dosen. Saucen aus der Dose nach dem Öffnen in Schraubgläser füllen und im Kühlschrank aufbewahren, wo sie unbegrenzt halten.

CHILI-BOHNEN-SAUCE: Diese dickflüssige dunkle Sauce oder Paste wird aus Sojabohnen, Chilis und anderen Gewürzen gemacht. Es gibt sie in mehreren Abstufungen von leicht pikant bis höllisch scharf, je nach Marke. Sie bekommen die Sauce oder Paste im Asienladen und vielen Supermärkten. Ich persönlich mag Produkte aus Hongkong, China und Taiwan am liebsten. Produkte aus Singapur enthalten oft Glutamat und andere Zusatzstoffe. Verschließen Sie das Glas mit der Sauce gut und heben Sie es im Kühlschrank oder an einem kühlen Ort auf. Verwechseln Sie Chili-Bohnen-Sauce nicht mit Chilisauce (siehe unten): Das ist eine schärfere, dünnflüssige rote Sauce, die ohne Bohnen gemacht und überwiegend als Dip gereicht wird.

CHILISAUCE: Diese hellrote, scharfe Sauce wird aus Chilis, Essig, Zucker und Salz gemacht. Manchmal kommt sie beim Kochen zum Einsatz, doch meist wird sie als Dip gegessen. Es gibt auch hier verschiedene Hersteller, und Sie sollten mehrere Produkte testen, bis Sie Ihre Lieblingssauce gefunden haben. Wem die Sauce zu scharf ist, der kann sie mit heißem Wasser verdünnen. Nicht zu verwechseln mit Chili-Bohnen-Sauce (siehe oben), der dunklen, dickflüssigen Sauce zum Kochen.
HOISIN-SAUCE: Sie ist relativ dickflüssig und dunkel-rotbraun. Sie wird aus Sojabohnen, Essig, Zucker, Gewürzen und anderen Aromen hergestellt. Der Geschmack ist zugleich scharf und süß. Hoisin-Sauce gibt es im Asienladen und in vielen Supermärkten in Dosen und Gläsern. Im Kühlschrank hält sie unbegrenzt.
AUSTERNSAUCE: Diese dicke braune Sauce wird aus einem Konzentrat von Austern gemacht, die in Sojasauce und Brühe gekocht werden. Trotz des Namens schmeckt sie nicht nach Fisch. Sie hat ein intensives Aroma und wird nicht nur zum Kochen verwendet, sondern auch als Würze für Gemüse, Geflügel und Fleisch. Dabei wird sie mit Öl verdünnt. Sie bekommen Austernsauce in Flaschen im Supermarkt und Chinaladen. Die teureren Marken sind besser. Die Sauce im Kühlschrank lagern.
SESAMPASTE: Diese reichhaltige, dicke cremige Paste wird aus Sesamsamen gemacht. Man verwendet sie für heiße und kalte Gerichte. Sie bekommen Sesampaste im Supermarkt und Chinaladen in Gläsern. Sie ist auch unter dem Namen Tahin im Handel.
SOJASAUCEN: Eine der wichtigsten Zutaten der chinesischen Küche. Sie wird aus einer Mischung von Sojabohnen, Mehl und Wasser gemacht, die fermentiert und einige Monate ruht. Daraus destilliert man eine Flüssigkeit, und das ist die Sojasauce. Es gibt zwei Hauptsorten:
Helle Sojasauce: Wie der Name schon sagt, ist diese Sauce hell, aber sie ist reich an Geschmack und besser zum Kochen geeignet. Sie ist salziger als dunkle Sojasauce.
Dunkle Sojasauce: Diese Sauce ist länger gereift als helle Sojasauce, daher die dunkle, fast schwarze Farbe. Sie ist dickflüssiger und schmeckt intensiver als helle Sojasauce. Besonders geeignet ist sie für Eintöpfe. Ich ziehe sie als Sauce zum Dippen der hellen Sojasauce vor.
Früher gab es im Supermarkt fast nur dunkle Sojasauce. Doch heute sind beide Sorten weit verbreitet. Im Chinaladen bekommen Sie helle und dunkle Sojasauce in bester Qualität.
SOJABOHNENPASTE: Diese dicke würzige Paste besteht aus gelben Bohnen, Mehl und Salz, die zusammen fermentiert werden. Sie ist relativ salzig und verleiht Saucen einen speziellen Geschmack. Es gibt zwei Sorten: Eine enthält ganze Bohnen in Sauce (heißt manchmal »Gesalzene Bohnen«); die andere enthält pürierte Sojabohnen. Ich ziehe die erste vor, da sie weniger salzig ist und eine angenehme Konsistenz hat.

SCHALOTTEN Schalotten sind kleine Mitglieder der Zwiebelfamilie mit einer kupferroten Haut. Sie haben einen unverwechselbaren Zwiebelgeschmack, sind aber milder als Gemüsezwiebeln. Sie finden Schalotten im Supermarkt und Gemüseladen. In China bekommt man sie frisch oder eingelegt, und manchmal isst man sie mit eingelegten Eiern als Snack. Schalotten sind zwar etwas teurer, aber man braucht nur wenig, um das spezielle Aroma zu erhalten. Bewahren Sie Schalotten an einem dunklen, kühlen Ort auf (nicht im Kühlschrank) und bereiten Sie sie zu wie Gemüsezwiebeln.

SCHINKEN Chinesischer Schinken schmeckt intensiv und relativ salzig. Er wird meist zum Garnieren oder als Würze für Suppen, Saucen, pfannengerührte Gerichte, Nudeln und Reis verwendet. Leider bekommt man ihn nicht außerhalb von Asien. Parmaschinken oder magerer Räucherspeck (ohne Fett!) können als Ersatz verwendet werden.

SCHWARZE FERMENTIERTE BOHNEN Diese kleinen schwarzen Sojabohnen (Foto siehe S. 21 rechts) sind auch als gesalzene schwarze Bohnen im Handel. Sie werden durch Fermentieren in Salz und Gewürzen haltbar gemacht. Sie haben einen unverwechselbaren, leicht salzigen Geschmack und einen angenehmen Duft. Man verwendet sie als Gewürz, besonders gerne mit Knoblauch und frischem Ingwer. Sie bekommen sie preiswert im Chinaladen in Dosen oder kleinen Plastiktüten. Vor dem Verwenden kurz mit Wasser abspülen. Ich schneide sie klein, da auf diese Weise das Aroma besser herauskommt. Übrige Bohnen mit Flüssigkeit in einen luftdichten Behälter geben; sie halten im Kühlschrank unbegrenzt.

SCHWEINENETZ Dies ist ein filigranes Membrangewebe, mit dem empfindliche Zutaten wie Fisch oder Fleisch vor dem Garen eingehüllt werden. Es handelt sich um den unteren Magen von Schwein oder Kuh. Während des Garens schmilzt das Fett und erhält die Füllung saftig. Schweinenetz ist leicht verderblich, also kaufen Sie immer nur die benötigte Menge. Es lässt sich gut verpackt einfrieren. Zum Auftauen mit kaltem Wasser abspülen. Ich weiche Schweinenetz vor dem Verwenden in Wasser ein, weil sich so das Fett leicht löst, ohne das filigrane Netz zu zerstören. Bestellen Sie Schweinenetz beim Metzger.

Unten:
Chinesische Wurst
(Seite 36)

SHERRY Wenn Sie keinen Shaoxing-Reiswein bekommen, können Sie guten trockenen Sherry verwenden, aber nicht süßen Sherry oder Cream Sherry.

SESAMSAMEN Dies sind die getrockneten Samen der Sesampflanze. Ungeschält reicht die Farbpalette von gräulich weiß bis schwarz. Geschält sind die Samen flach, cremefarben und an einem Ende spitz zulaufend. Am besten in einem Glas an einem kühlen dunklen Ort aufbewahren, dann halten sie mehrere Wochen.

REZEPT FÜR GERÖSTETE SESAMSAMEN

Den Wok oder eine schwere Pfanne stark erhitzen. Sesamsamen hineingeben und gelegentlich rühren. Wenn die Sesamsamen nach 3 bis 5 Minuten bräunen, nochmals umrühren und auf einen Teller geben. Sie können Sesamsamen auch im Backofen rösten. Backofen auf 160 °C (Gas Stufe 1–2, Umluft 140 °C) vorheizen. Sesamsamen auf einem Backblech auslegen und 10 bis 15 Minuten rösten, bis sie leicht braun sind. Geröstete Sesamsamen abkühlen lassen und in einem Glas an einem dunklen kühlen Ort aufbewahren.

SHRIMPPASTE Sie wird viel in Südchina verwendet und verleiht den Speisen exotischen Geschmack und Duft. Sie wird aus gemahlenen und fermentierten Shrimps (Foto siehe S. 35) gemacht. Die Paste riecht roh viel intensiver, als sie nach dem Kochen schmeckt. Sie bekommen Shrimppaste – auch Garnelenpaste genannt – im Glas im Supermarkt und Chinaladen. Im Kühlschrank hält sie unbegrenzt.

SICHUAN-PFEFFERKÖRNER Sie sind in China unter dem Namen »Blütenpfeffer« bekannt, weil sie wie sich öffnende Blütenknospen aussehen. Sie sind rotbraun und haben einen intensiven Geruch, der sie deutlich von den schärferen schwarzen Pfefferkörnern unterscheidet. Übrigens handelt es sich hier gar nicht um Pfeffer, sondern um getrocknete Beeren eines Strauches, der zur Familie der Zitrusfrüchte gehört. Der Geruch erinnert mich an Lavendel, während der Geschmack scharf und würzig ist. Sie können Sichuan-Pfefferkörner in einer Pfeffermühle mahlen. Häufig werden die Körner vor dem Mahlen geröstet, was ihr Aroma noch besser herausbringt. Sichuan-Pfeffer ist relativ billig und wird meist in Plastiktütchen im Chinaladen verkauft. In einem gut schließenden Gefäß hält er unbegrenzt.

REZEPT FÜR GERÖSTETE SICHUAN-PFEFFERKÖRNER

Den Wok oder eine schwere Pfanne auf mittlere Hitze erhitzen. Pfefferkörner (höchstens 150 g) hineingeben und etwa 5 Minuten unter Rühren rösten, bis sie bräunen und anfangen zu rauchen. Aus dem Wok nehmen und abkühlen lassen.
Geröstete Pfefferkörner in einer Pfeffermühle mahlen oder mit Mörser und Stößel grob zerkleinern. Bis zum Benutzen in einem gut verschließbaren Gefäß aufbewahren. Sie können auch die ganzen gerösteten Pfefferkörner in einem gut verschließbaren Gefäß aufbewahren und bei Bedarf die gewünschte Menge mahlen.

SICHUAN-GEMÜSE Es gibt viele Sorten eingelegtes Gemüse in China. Zu den bekanntesten gehört eingelegtes Gemüse aus der Provinz Sichuan. Verschiedene Gemüse, zum Beispiel Senfkohl, werden mit Salz und Chili eingelegt. Man bekommt Sichuan-Gemüse im Chinaladen in Dosen. Es verleiht Gerichten

Oben:
Shrimps

einen angenehmen Biss und leicht scharfen Geschmack. Vor dem Verwenden mit kaltem Wasser abspülen und dann nach Rezept zerkleinern. Übriges Gemüse in einem verschließbaren Gefäß im Kühlschrank aufheben, wo es unbegrenzt hält.

SPEISESTÄRKE In China gibt es viele Mehl- und Stärkesorten, zum Beispiel aus Wasserkastanien, Taro und Pfeilwurzel. Überwiegend benutzt man sie zum Binden und Eindicken von Saucen und für Ausbackteige. Diese exotischen Sorten bekommt man außerhalb von China nicht ohne weiteres. Deshalb verwende ich in meinen Rezepten Maisstärke, die genauso gut ist. In Marinaden sorgt Stärke dafür, dass die Zutaten gut umhüllt werden, und sie verleiht ihnen eine samtige Konsistenz. Außerdem schützt die Stärke die Zutaten beim Frittieren vor dem Austrocknen. Als Bindemittel für Füllungen ist Stärke ebenfalls hilfreich. Sie wird mit kaltem Wasser angerührt und dann unter die Flüssigkeit gemischt. Beim Kochen wird Stärke durchsichtig und glänzend.

SPINAT Die in westlichen Ländern bekannten Spinatsorten unterscheiden sich sehr vom Spinat in China. Trotzdem können sie als Ersatz verwendet werden. Spinat wird meist pfannengerührt, daher ist tiefgefrorener Spinat wegen seines hohen Feuchtigkeitsgehalts ungeeignet. Chinesischer Wasserspinat wird in China am liebsten verwendet, und Sie bekommen ihn manchmal frisch im Chinaladen. Er hat hohle Stängel und zarte, grüne, spitze Blätter; er ist heller als der normale Spinat und schmeckt milder. Sie sollten Spinat ganz frisch zubereiten, am besten am Einkaufstag.

STERNANIS Das sind die harten getrockneten Samenschoten des Anisbusches. Sternanis erinnert in Duft und Geschmack an gewöhnlichen Anis, ist aber etwas kräftiger und hat eine leichte Lakritznote. Sternanis ist ein Bestandteil des Fünf-Gewürze-Pulvers und wird in Schmorgerichten verwendet, denen es einen satten Duft und Geschmack verleiht. Sie bekommen Sternanis in Plastiktütchen im Chinaladen und sollten ihn in einem Schraubglas an einem kühlen dunklen Ort aufbewahren.

TOFU (Foto siehe S. 21 links), der vielseitige »Quark« aus Sojabohnen, ist im Westen unter seinem japanischen Namen bekannt geworden. Ursprünglich war er aber eine chinesische Erfindung namens Dau fu. In der chinesischen Küche spielt er seit über 1000 Jahren eine große Rolle, denn er ist nährstoffreich und enthält viel Protein. Die Konsistenz von Tofu ist sehr spezifisch, der Geschmack eher neutral. Er wird aus gelben Sojabohnen gemacht, die eingeweicht, gemahlen, mit Wasser gemischt, kurz gekocht und schließlich gepresst werden. In Deutschland gibt es zwei Arten: zu Blöcken gepresster, fester Tofu und die weiche Sorte, die auch unter der Bezeichnung »Seidentofu« bekannt ist. Seidentofu verwendet man überwiegend für Suppen, während der feste Tofu pfannengerührt, geschmort oder pochiert werden kann. Fester Tofu ist rein weiß, und man bekommt ihn in Supermärkten, Chinaläden und Naturkostläden. Hier gibt es manchmal

auch geräuchterten Tofu. Fester Tofu wird meist in Plastikgefäßen in Lake angeboten. So läßt er sich im Kühlschrank bis zu fünf Tage lagern, wobei das Wasser täglich gewechselt werden muss.
Festen Tofu schneidet man in Würfel oder Scheiben. Dazu brauchen Sie ein scharfes Messer und etwas Vorsicht, er zerkrümelt leicht. Auch beim Kochen nicht zu heftig rühren, da er sonst zerfällt.

VOGELNESTER Diese gehören zu den begehrten chinesischen Delikatessen. Es gibt in Hongkong und Taiwan Geschäfte, die sich auf den Verkauf von Vogelnestern spezialisiert haben. Vogelnester werden getrocknet verkauft und dann entsprechend dem Rezept eingeweicht. Das Ergebnis ist ein relativ geschmackloses, weiches Gelee, das auf das Aroma der Sauce oder Brühe angewiesen ist.

WAN-TAN-TEIG Er wird aus Mehl und Eiern gemacht und ist tiefgefroren als Fertigprodukt im Chinaladen erhältlich. Die dünnen Teigblätter sind etwa 8 cm groß und quadratisch. Sie werden mit Hackfleisch oder Gemüse gefüllt und frittiert, gedämpft oder in Suppe serviert. Meist werden sie in Päckchen von 30 bis 40 Stück angeboten. Ziehen Sie die gewünschte Anzahl tiefgefrorener Teigblätter vom Stapel und tauen Sie sie vor dem Verwenden vollständig auf.

Unten:
Yellow lump sugar
(Seite 37)

WASSERKASTANIEN Wasserkastanien sind ein süßes Wurzelgemüse etwa von der Größe einer Walnuss. Sie sind innen weiß und knackig. In China isst man sie gerne als Snack. Dazu werden sie entweder mit Schale gekocht oder geschält und dann in Zucker gesiedet. Sie werden auch in vielen würzigen Gerichten verwendet, vor allem im Süden Chinas. Leider bekommt man in Deutschland fast nie frische Wasserkastanien. Sie schmecken besser als Dosenware und können ungeschält in einer Papiertüte zwei Wochen im Kühlschrank aufbewahrt werden. Wasserkastanien vor dem Verwenden schälen. Wasserkastanien in Dosen gibt es in vielen Chinaläden und Supermärkten. Ihre Konsistenz ist in Ordnung, aber sie haben nicht sehr viel Geschmack. Vor dem Gebrauch mit kaltem Wasser abspülen. Übrige Wasserkastanien in einem Gefäß mit kaltem Wasser bedeckt aufheben. Sie halten mehrere Wochen im Kühlschrank, wenn Sie das Wasser täglich wechseln.

WURST Chinesische Würste (Foto siehe S. 33) sehen aus wie dünne Salami und sind etwa 15 cm lang. Sie werden aus Entenleber, Schweineleber oder Schweinefleisch gemacht und sind immer geräuchert. Sie sind dunkelrot, gesprenkelt mit weißen Fettstückchen. Der Geschmack variiert natürlich von Sorte zu Sorte, aber grundsätzlich schmecken sie eher süß. Vor dem Essen muss man sie 10 Minuten dämpfen. Meist werden sie in Hühner- und Reisgerichten verwendet. Chinesische Würste sind in den meisten Chinaläden erhältlich.

ZIMTSTANGE UND ZIMTRINDE Zimtstangen (Foto siehe S. 25 Mitte) sind eingerollte Stücke der Rinde vom Zimtbaum. Beim chinesischen Zimt ist die Rinde dicker und rollt sich nicht so eng auf. Er schmeckt schärfer und intensiver. Sie sollten versuchen, im Chinaladen chinesische Zimtrinde zu bekommen. Ersatzweise lässt sich der dünne, in jedem Supermarkt erhältliche Ceylon-Zimt verwenden. Zimt verleiht Schmorgerichten eine frische Note. Er ist Bestandteil des Fünf-Gewürz-Pulvers. Bewahren Sie die Rinden oder Stangen in einem gut verschließbaren Glas auf, dann bleiben Duft und Geschmack erhalten. Zimtpulver ist kein Ersatz für Zimtrinden oder -stangen.

ZITRUSSCHALE Getrocknete Schale von Zitrusfrüchten, zum Beispiel Mandarine oder Orange, würzen in der chinesischen Küche geschmorte und geräucherte Gerichte. Auch pfannengerührte Speisen werden damit verfeinert. Durch das Trocknen intensiviert sich das Aroma, aber Sie können auch die gleiche Menge frische Schale verwenden. Im Chinaladen bekommen Sie getrocknete Zitrusschale, meist in Plastik verpackt. Aber man kann sie auch leicht selbst machen:

REZEPT FÜR GETROCKNETE ZITRUSSCHALE:

Schälen Sie eine Mandarine oder Orange und entfernen Sie so viel wie möglich von der weißen Innenhaut. Alternativ raspeln Sie die Schale auf einer groben Reibe. Schale auf Küchenpapier legen und in der Sonne, einem gut gelüfteten Schrank oder im warmen, ausgeschalteten Backofen trocknen lassen, bis sie hart geworden ist. In einem gut schließenden Gefäß kühl und trocken aufbewahren.
Verwendung:
Die benötigte Menge in warmem Wasser einweichen. Dann je nach Rezept zerkleinern. Geraspelte Schale brauchen Sie nicht einzuweichen.

ZUCKER Zucker wird schon seit 1000 Jahren in China für herzhafte Gerichte verwendet. Richtig dosiert, sorgt er für eine Balance der verschiedenen Geschmacksrichtungen in Saucen und anderen Speisen. Chinesischer Zucker ist in verschiedenen Sorten und Formen erhältlich, von denen es in Deutschland nur einige gibt: Sie bekommen im Chinaladen chinesischen Zucker in Stangenform (»golden slab sugar«, auf Deutsch »brauner Rohrzucker«). Meine Lieblingssorte heißt »Rohrzucker in Stücken« (auf englisch »rock sugar« oder »yellow lumb sugar«). Rohrzucker schmeckt zurückhaltender als normaler Streuzucker. Außerdem verleiht er Schmorgerichten und Saucen einen ganz besonderen Glanz. Er wird meist in kleinen Päckchen verkauft. Wenn die Klumpen zu groß sind, schlagen Sie sie mit einem Holzhammer oder Nudelholz in kleinere Stücke. Wenn Sie keinen Rohrzucker bekommen, verwenden Sie braunen oder weißen Zucker oder Kandiszucker.

Extrascharfes Chiliöl

Alle Regionen

4 EL getrocknete rote Chilischoten
150 ml Erdnussöl
2 TL ungeröstete Sichuan-Pfefferkörner

Für alle Fans von scharfem Essen ist Chiliöl ein Muss. Sie können es im Chinaladen kaufen, aber auch leicht selbst machen. Chiliöl kann Gerichten beim Kochen als Scharfmacher zugegeben werden oder aber man verwendet es als Dip pur oder mit Essig und Sojasauce vermischt, zum Beispiel für die Chinesischen Ravioli (Rezept siehe S. 244–245). Ein Rezept für weniger scharfes Chiliöl finden Sie auf S. 22.

Chilis mit Samen grob zerkleinern. Den Wok stark erhitzen. Öl hineingeben. Wenn es sehr heiß ist und anfängt zu rauchen, Herdplatte auf schwache Hitze stellen. Chilis und Pfeffer hineingeben und 15 Minuten im Öl kochen. Mischung abkühlen lassen, in ein Glas füllen und 2 Tage stehen lassen. Öl durchsieben. Es hält unbegrenzt.

Fünf-Gewürze-Salz

Aus Beijing und Sichuan

3 EL Salz
1 TL Fünf-Gewürze-Pulver

Diese Gewürzmischung zum Dippen ähnelt dem gerösteten Pfeffer-Salz, hat aber den charakteristischen Geschmack des Fünf-Gewürze-Pulvers. Es schmeckt am besten zu gebratenem Huhn oder Taube, aber auch zu Fisch.

Den Wok stark erhitzen. Salz hineingeben und 1 Minute pfannenrühren, bis es sehr heiß ist. Wok von der Herdplatte ziehen und Fünf-Gewürze-Pulver hineinrühren. Gut mit dem Salz vermischen. Abkühlen lassen und in ein Schraubglas füllen.

Ingwer-Reiswein oder Ingwer-Sherry

Alle Regionen

3 EL fein gehackter frischer Ingwer
85 ml Shaoxing-Reiswein oder trockener Sherry

Reiswein oder Sherry wird mit frischem Ingwer aromatisiert. Verwenden Sie den aromatisierten Reiswein oder Sherry anstelle von nicht aromatisiertem. Frischen Ingwer kann man auch in Reiswein oder Sherry einlegen und als Snack essen.

Ingwer mit Shaoxing-Reiswein oder Sherry vermischen. Mischung in ein Glas geben und bis zum Gebrauch im Kühlschrank aufheben. Hält mindestens 2 Monate.

Ingwer-Frühlingszwiebel-Sauce

Aus Kanton

3 EL fein gehackte Frühlingszwiebeln
2 TL fein gehackter frischer Ingwer
2 TL Salz
3 EL Erdnussöl

In dieser einfachen Sauce wird das Öl erhitzt und dann über die Gewürze gegeben, um ihren ganzen Duft und Geschmack zum Vorschein zu bringen. Die Sauce ist ideal zum Dippen von Fleisch und Geflügel, zum Beispiel zu Schmorhühnchen mit Lauch (Rezept siehe S. 134) und Zweimal gegartem Huhn (Rezept siehe S. 135).

Frühlingzwiebeln, Ingwer und Salz in einer hitzefesten Schüssel vermischen. Den Wok oder eine Pfanne stark erhitzen. Öl hineingeben. Wenn es sehr heiß ist und anfängt zu rauchen, Wok von der Herdplatte nehmen. Heißes Öl in die Schüssel mit den Zutaten gießen. Die Sauce sollte kurz zischen. Sie kann sofort benutzt werden.

Geröstetes Pfeffer-Salz

Alle Regionen

50 g ungeröstete Sichuan-Pfefferkörner
75 g grobes Meersalz oder Tafelsalz

Diese Mischung aus grobem Salz und Sichuan-Pfeffer wird in ganz China verwendet. Man tunkt frittierte Speisen hinein. Das trockene Rösten bringt das ganze Aroma der Pfefferkörner zum Vorschein.

Den Wok oder eine schwere Pfanne bei mittlerer Hitze erhitzen. Pfeffer und Salz hineingeben und pfannenrühren, bis die Mischung anfängt zu rauchen und braun zu werden. In einer Gewürzmühle, einer Kaffeemühle oder mit Mörser und Stößel zerkleinern und bis zum Verwenden in einem Schraubglas aufheben.

Süßsaure Sauce

Aus Kanton und Fujian

2 EL Ingwermarmelade
2 EL Orangenmarmelade
1 TL Salz
3 EL heller Reisessig oder Cidre-Essig
2 EL Ketchup

Dies ist meine Version einer feinen süßsauren Sauce, die zu allen frittierten Speisen gereicht werden kann, zum Beispiel zu Wan-Tan-Teigtaschen (Rezept siehe S. 260). Am besten in einem fest verschlossenen Glas im Kühlschrank aufheben.

Alle Zutaten in eine kleine Schüssel geben und gut vermischen. Zum Servieren auf einen kleinen Teller geben, zum Aufbewahren in ein Schraubglas in den Kühlschrank.

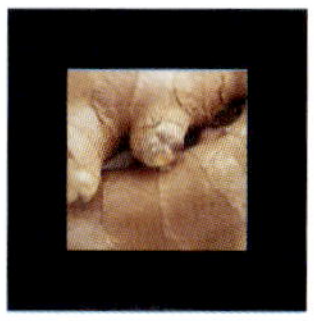

Küchen-
geräte

Wer chinesisch kochen will, muss sich nicht lauter neue Küchengeräte zulegen – aber manche erleichtern das Kochen gewaltig! Außerdem verlässt man sich doch gerne auf Geräte, die seit Jahrhunderten benutzt werden. Einmal mit Wok und Co. vertraut geworden, sind Sie in der kulinarischen Welt Chinas angekommen. Die meisten hier vorgestellten Geräte bekommen Sie in Küchenläden, Kaufhäusern und großen Supermärkten.

WOK Die Anschaffung eines guten Woks lohnt sich! Dieses vielseitige Gerät wird zum Pfannenrühren, Blanchieren, Frittieren und Schmoren verwendet. Seine besondere Form mit den hohen Wänden und dem gewölbten oder leicht abgeflachten Boden sorgt für schnelle, gleichmäßige Hitzeverteilung. Beim Pfannenrühren verhindern die hohen Wände das Herausfallen von Zutaten; beim Frittieren braucht man wenig Öl, da seine Form die Hitze konzentriert.

Es gibt zwei Grundtypen: den traditionellen kantonesischen Wok mit kurzen Griffen auf beiden Seiten. Und den Pau-Wok oder Peking-Wok (Foto siehe oben), der einen 30 bis 35 cm langen Griff hat. Das Modell mit den zwei Griffen lässt sich leichter bewegen, wenn es voller Flüssigkeit ist. Daher ist es ideal zum Dämpfen und Frittieren. Der Peking-Wok eignet sich zum Pfannenrühren, da man ihn mit einer Hand am langen Griff halten kann, während die andere Hand rührt. Der lange Griff sorgt auch für eine sichere Distanz zwischen Ihnen und der Hitzequelle.

Ein Wok mit gewölbtem Boden kann nur auf Gasherden benutzt werden. Es gibt aber viele Modelle mit abgeflachtem Boden für andere Herde. Obwohl damit der ursprüngliche Zweck nicht perfekt erfüllt ist, wird auch bei diesen Woks die Hitze konzentriert, und die hohen Wände unterscheiden ihn ebenfalls von herkömmlichen Bratpfannen.

EINKAUF: Wählen Sie einen Wok mit etwa 30 bis 35 cm Durchmesser und hohen Wänden. Es ist besser, eine kleine Portion im großen Wok zu kochen als umgekehrt. Vorsicht bei modernen Woks, sie haben oft weniger hohe Wände oder einen zu flachen Boden. Ein schwerer Wok aus Gusseisen ist besser als ein leichter aus Edelstahl oder Aluminium, der keine starke Hitze verträgt.

VORBEREITUNG: Alle Woks (außer ganz modernen mit Antihaftbeschichtung) müssen vor dem Gebrauch gereinigt und geölt werden. Viele muss man schrubben, um das Maschinenöl zu entfernen, das vom Hersteller als Transportschutz verwendet wurde. Dies sollte das einzige Mal sein, dass Sie ihren Wok schrubben, außer Sie lassen ihn verrosten. Verwenden Sie ein flüssiges Reinigungsmittel und Wasser. Den sauberen Wok zum Trocknen auf eine warme Herdplatte stellen. Wenn er ganz trocken ist, zwei Esslöffel Pflanzenöl hineingeben (kein Olivenöl!) und mit Küchenpapier überall verteilen. Wok 20 Minuten bei schwacher Hitze auf der Herdplatte stehen lassen und mit Küchenpapier auswischen. Das Küchenpapier wird schwarz. Wiederholen Sie das Einölen, Erhitzen und Auswischen so oft, bis das Küchenpapier nicht mehr schwarz wird. Ihr Wok wird im Laufe der Zeit dunkler, was ein gutes Zeichen ist.

REINIGUNG: Wenn Ihr Wok einmal gereinigt und geölt worden ist, sollte er nie wieder mit Seife geschrubbt werden. Nach dem Benutzen nur mit Wasser säubern und komplett trocknen lassen. Das geht am besten, wenn Sie ihn 1 Minute auf die warme Herdplatte stellen. Wenn Ihr Wok doch einmal rostet, muss er wieder mit Scheuermilch gereinigt und geölt werden wie oben beschrieben.

ZUBEHÖR

STANDRING: Ein Ring oder Gestell aus Metall, mit dem der Wok mit gewölbtem Boden fest auf dem Herd steht. Er ist unentbehrlich zum Dämpfen, Frittieren und Schmoren.

Es gibt zwei Ausführungen: ein breiter Ring mit etwa sechs Luftlöchern oder ein rundes Drahtgestell. Für den Gasherd kann man nur die zweite Variante nehmen; beim Ring ist die Belüftung nicht gut genug, was die Gasflamme ersticken kann.

DECKEL: Der leichte, runde Deckel aus Aluminium ist wichtig beim Dämpfen. Die meisten Woks werden mit Deckel verkauft, aber Sie können auch einen Deckel einzeln im Chinaladen kaufen. Ein großer Pfannendeckel tut es auch, wichtig ist nur, dass er fest sitzt.

WOKSCHAUFEL: Ein Pfannenheber aus Metall mit langem Stiel, der wie eine kleine Schaufel geformt ist. Ideal zum schnellen Rühren. Ein Kochlöffel mit langem Stiel tut es auch.

DÄMPFEINSATZ: Wenn Sie im Wok dämpfen, brauchen Sie einen Einsatz aus Metall oder Holz, auf den das Gargut gelegt wird, damit es nicht mit Wasser in Berührung kommt. Bei den meisten Woks ist ein Dämpfeinsatz dabei, aber sie können ihn auch einzeln im Chinaladen kaufen. Was auch immer Sie benutzen, entscheidend ist, dass sich die Speisen über dem Wasser befinden und im Dampf gedämpft werden und nicht im Wasser gekocht.

BAMBUSBÜRSTE: Diese harte Bürste aus gespaltenem Bambus benutzt man zum Reinigen. Die ölige Schutzschicht des Woks wird mit ihr nicht entfernt. Sie sieht dekorativ aus und ist billig im Asienladen zu bekommen, aber nicht unbedingt notwendig. Eine weiche Spülbürste tut es auch.

FRITTEUSE Wer eine Fritteuse hat, findet es wahrscheinlich einfacher und sicherer, damit zu frittieren als im Wok. Die in den Rezepten angegebenen Ölmengen beziehen sich auf das Frittieren im Wok. Wenn Sie eine Fritteuse benutzen, brauchen Sie etwa die doppelte Menge. Füllen Sie die Fritteuse nie mehr als bis zur Hälfte mit Öl.

KÜCHENBEIL Das Allround-Schneideinstrument für den chinesischen Koch, das alle anderen Messer überflüssig macht. Wenn Sie damit vertraut geworden sind, werden Sie sehen, wie gut es sich zum Schneiden, Würfeln, Hacken, Filetieren und Zerkleinern eignet. Die meisten chinesischen Köche haben drei Küchenbeile – ein leichtes, ein mittleres und ein schweres. Natürlich können Sie Ihre gewohnten Messer benutzen. Sollten Sie sich ein Küchenbeil anschaffen, kaufen Sie ein gutes aus rostfreiem Stahl und schleifen Sie es regelmäßig.

SCHNEIDEBRETT Moderne Schneidebretter aus Hartholz oder Acryl sind eine große Verbesserung gegenüber den traditionellen chinesischen Schneidebrettern aus Weichholz. Diese Bretter waren schnell abgenutzt und boten einen fruchtbaren Boden für Bakterien. Schneidebretter aus Hartholz oder Acryl sind leicht zu reinigen, kein Ort für Bakterien, und sie halten viel länger. In der chinesischen Küche wird viel gehackt und geschnitten, und Sie sollten zumindest ein gutes, großes und stabiles Schneidebrett haben. Legen Sie nie Zutaten auf ein Brett, auf dem zuvor rohes Fleisch oder Geflügel gelegen hat. Benutzen Sie ein extra Brett für rohes Fleisch und Geflügel und reinigen Sie es gründlich.

DÄMPFKORB Leider ist Dämpfen im Westen nicht sehr verbreitet, obwohl es für viele empfindliche Zutaten wie Fisch und Gemüse die beste Garmethode ist. Es lohnt sich, sich damit vertraut zu machen. In China werden seit Jahrtausenden Dämpfkörbe aus Bambus benutzt. Es gibt sie in vielen Größen; ein Durchmesser von 25 cm eignet sich für die Küche zu Hause am besten. Die Zutaten liegen im Korb, der im Wok oder Topf über kochendem Wasser steht. Damit nichts haftet, kann man den Korb mit feuchter Musseline auslegen. Ein fest sitzender Deckel aus Bambus verhindert, dass Dampf entweicht. Man kann auch mehrere Dämpfkörbe – gefüllt mit verschiedenen Speisen – aufeinander gestapelt gleichzeitig benutzen. Natürlich erfüllt ein breiter Dämpftopf aus Metall auch seinen Zweck. Den Dämpfkorb aus Bambus sollten Sie vor dem ersten Gebrauch kurz waschen und dann etwa 5 Minuten ohne Inhalt dämpfen.

REISKOCHER Elektrische Reiskocher werden immer beliebter. Sie kochen den Reis perfekt und halten ihn während des Essens warm. Ein weiterer Vorteil ist, dass eine Kochstelle weniger gebraucht wird, die dann für die Zubereitung anderer Gerichte zur Verfügung steht. Reiskocher sind allerdings relativ teuer, und die Anschaffung lohnt sich nur, wenn Sie wirklich oft große Mengen Reis kochen.

TONTOPF Die Chinesen benutzen den leichten Tontopf (siehe Foto links) zum Schmoren, für Suppen und zum Reis kochen. Er sorgt dafür, dass die Aromen die Zutaten durchdringen. Die Außenseite ist rauh und fühlt sich sandig an. Man bekommt Tontöpfe mit passenden Deckeln in vielen Größen. Der Tontopf wird direkt auf die Herdplatte gestellt (die meisten Chinesen haben keinen Backofen). Stellen Sie nie einen leeren Tontopf auf eine heiße Herdplatte oder einen heißen Tontopf auf eine kalte Unterlage – er zerspringt! Wenigstens ein bisschen Flüssigkeit muss immer im Topf sein. Wenn der Tontopf mit Zutaten gefüllt ist, kann er große Hitze aushalten. Wer einen Tontopf auf dem Elektroherd benutzt, sollte einen Asbest- oder Drahtuntersetzer auf die Platte legen. Statt dem Tontopf können Sie auch einen normalen Topf nehmen. Vorsicht: Den Deckel vom heißen Topf beim Abnehmen immer von einem selbst weg halten, da heißer Dampf entweicht.

ESS-STÄBCHEN Viele Menschen in westlichen Ländern finden es zunächst schwierig, mit Stäbchen zu essen. Ich habe Freunde immer zum Benutzen von Ess-Stäbchen angeregt, da es spannend ist, neue Techniken zu lernen und Ess-Stäbchen einer physischen Einführung in die chinesische Küche gleichkommen! Sie werden als Kombination von Löffel und Messer benutzt, außerdem zum Rühren, Schlagen und Mischen. Sie bekommen hölzerne Ess-Stäbchen (die ich denen aus Plastik vorziehe) billig im Asienladen. Natürlich können Sie aber auch bei Ihrem gewohnten Besteck bleiben.

SONSTIGES Schüsseln aus rostfreiem Edelstahl in vielen Größen, Siebe und Durchschläge runden die Liste der Küchengeräte ab. Sie sind fast unverzichtbar, denn in vielen Rezepten werden Zutaten und Flüssigkeiten abgegossen. In der chinesischen Küche wird auch viel gerührt und gemischt. Hier gilt: Lieber ein Teil zuviel als eines zu wenig.

Küchentechnik

Alle von Menschen geschaffenen Werke, die nach Größe streben, brauchen eine solide Basis. So ist es auch mit der chinesischen Küche. Die Vorbereitung der Zutaten vor dem eigentlichen Kochen ist in der chinesischen Küche wichtiger und zeitaufwendiger als in vielen anderen Küchen. Aber wenn die Basis geschaffen ist, geht das Übrige relativ einfach und schnell.

Die angemessene Vorbereitung der Zutaten in der chinesischen Küche ist absolute Voraussetzung für das Gelingen der Rezepte: Fleisch und Gemüse müssen in die richtige Größe und Form geschnitten werden, damit sie schnell und gleichmäßig garen und Aroma und Konsistenz behalten. Außerdem ist das wichtig für die ansprechende Optik des fertigen Gerichts. Chinesische Köche sind ziemlich streng mit ihren Schneidetechniken, besonders bei Gemüse. In China wird ein Küchenbeil verwendet, aber Sie können auch ein scharfes Messer nehmen.

Die chinesische Küche ist raffiniert und bedient sich einiger im Westen unbekannter Methoden. Manchmal werden für ein einziges Gericht viele Techniken angewandt. Doch sie sind kein Geheimwissen, und ein bisschen Übung macht hier den Meister. Wählen Sie für eine Mahlzeit Gerichte aus, die mit verschiedenen Techniken zubereitet werden. Beschränken Sie sich auf ein pfannengerührtes Gericht, bis Sie mit dieser besonderen Methode vertraut geworden sind.

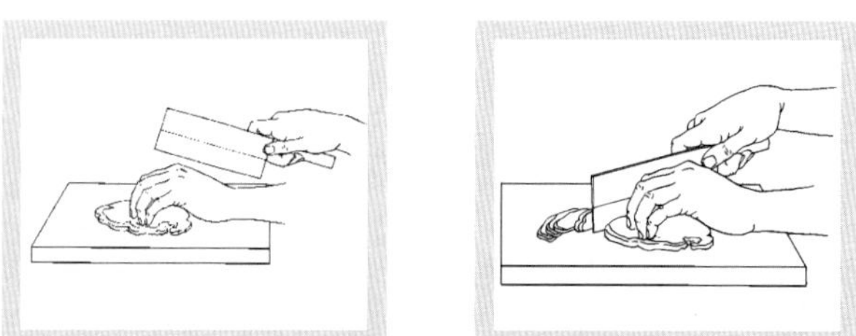

In Scheiben schneiden

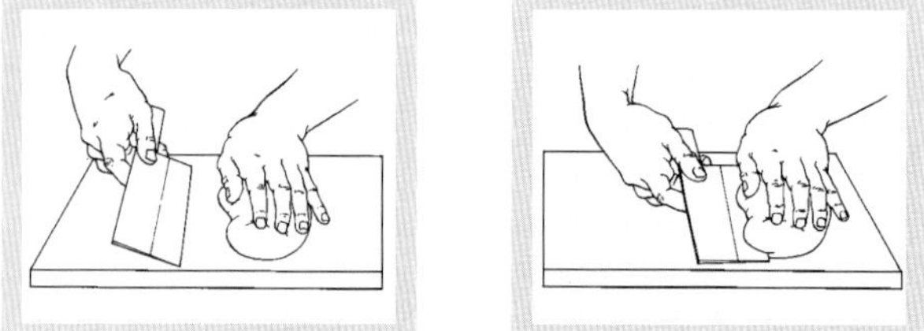

Horizontal in Scheiben schneiden

IN SCHEIBEN SCHNEIDEN Dies ist die konventionelle Methode, Zutaten zu zerkleinern. Halten Sie die Zutat mit einer Hand auf dem Schneidebrett fest und schneiden sie mit der anderen Hand senkrecht in dünne Scheiben. Fleisch wird immer entgegen der Maserung geschnitten, damit die Fasern aufbrechen und das Fleisch zarter wird. Wenn Sie mit dem Küchenbeil schneiden, ruht der Zeigefinger auf der Oberkante, während der Daumen das Beil an der Ihnen zugewandten Seite hält und die Schnittkante führt. Halten Sie die Zutat mit der anderen Hand; Finger dabei zur Handfläche pressen.

HORIZONTAL IN SCHEIBEN SCHNEIDEN Mit dieser Technik teilt man Zutaten in zwei dünnere Scheiben und bewahrt ihre typische Form (zum Beispiel Nieren). Hierzu ist das Küchenbeil mit der großen Schneide gut geeignet. Halten Sie die Schneide parallel zum Schneidebrett. Legen Sie Ihre freie Hand auf die Zutat, damit sie nicht verrutscht. Schneiden Sie langsam seitlich durch die Zutat. Falls erforderlich, schneiden Sie die Hälften auf die gleiche Weise nochmals in zwei dünnere Scheiben.

Diagonal schneiden

DIAGONAL SCHNEIDEN Mit dieser Technik werden Gemüse wie Spargel, Möhren oder Frühlingszwiebeln geschnitten. Der Sinn ist, die der Hitze ausgesetzte Oberfläche zu vergrößern, damit das Gemüse schneller gar ist. Halten Sie Küchenbeil oder Messer schräg und schneiden Sie gleichmäßige Scheiben.

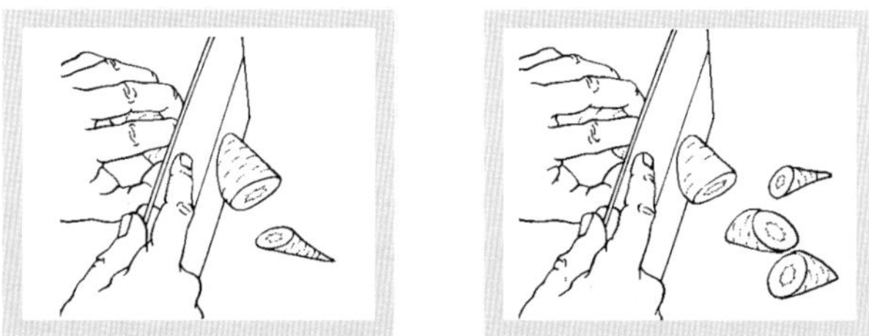

Rollend schneiden

ROLLEND SCHNEIDEN Diese Technik ähnelt dem Diagonalschneiden und wird für größere Gemüse wie Zucchini, Auberginen und chinesischen Rettich verwendet. Machen Sie an einem Ende des Gemüses einen schrägen Schnitt. Drehen Sie das Gemüse um 180° und machen den nächsten diagonalen Schnitt. Fahren Sie fort, bis Sie auf diese Weise das ganze Gemüse in rautenförmige Stücke geschnitten haben.

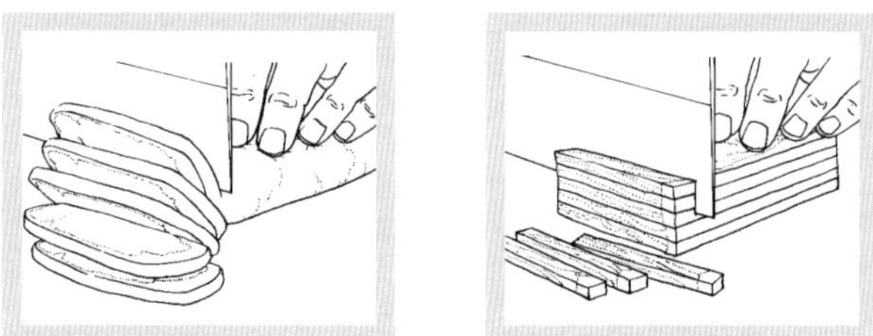

In Stifte schneiden

IN STIFTE SCHNEIDEN Diese Technik ist ähnlich wie die Julienne-Technik in der französischen Küche. Zutaten werden in streichholzdünne Stifte geschnitten. Zutat in dünne Scheiben schneiden, mehrere Scheiben aufeinander legen, längs in dünne Streifen schneiden. Manche Zutaten, besonders Fleisch und Hühnerbrust, lassen sich besser schneiden, wenn sie zuvor 20 Minuten im Tiefkühlfach gelegen haben.

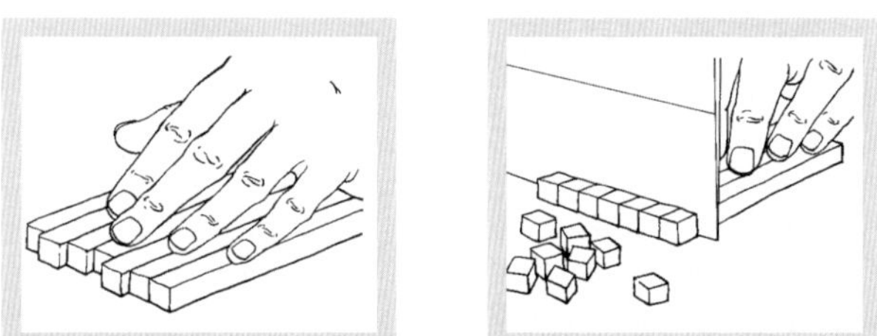

Würfeln

WÜRFELN Mit dieser Technik werden Zutaten in kleine Würfel geschnitten. Zutat zuerst in Scheiben schneiden. Mehrere Scheiben aufeinander legen und längs in Stifte schneiden (siehe oben). Stifte nebeneinander legen und quer in gleich große Würfel schneiden.

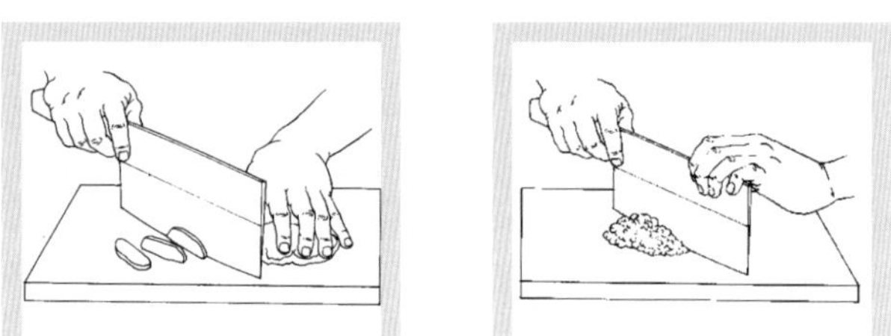

Fein hacken

FEIN HACKEN Hier werden Zutaten ganz fein zerkleinert. Chinesische Profi-Köche machen das mit zwei Küchenbeilen, die rasend schnell auf die Zutat heruntersausen. Mit einem Küchenbeil oder Messer lassen sich auch gute Resultate erzielen, es dauert nur länger. Zutat in Scheiben schneiden. Mit dem Küchenbeil oder einem scharfen Messer kreuz und quer hacken, bis sich die Stücke auf dem Schneidebrett ausgebreitet haben. Zusammenschieben und wieder hacken. Diesen Vorgang wiederholen, bis die Zutat fein genug ist. Es geht einfacher, wenn Sie das Beil oder Messer mit beiden Händen oben festhalten statt am Griff. Natürlich können Sie einen Mixer verwenden, aber Vorsicht, dass die Zutaten nicht zu fein gemixt werden und Konsistenz und Geschmack verlieren.

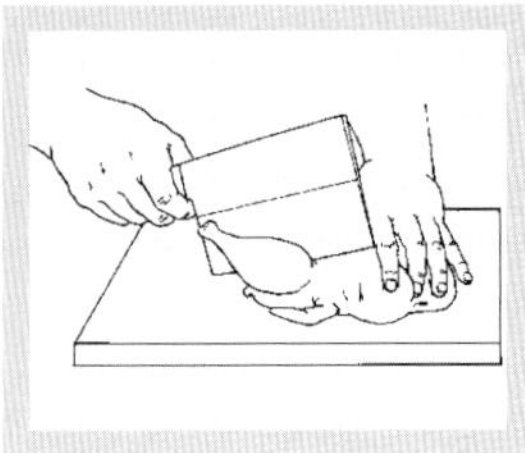 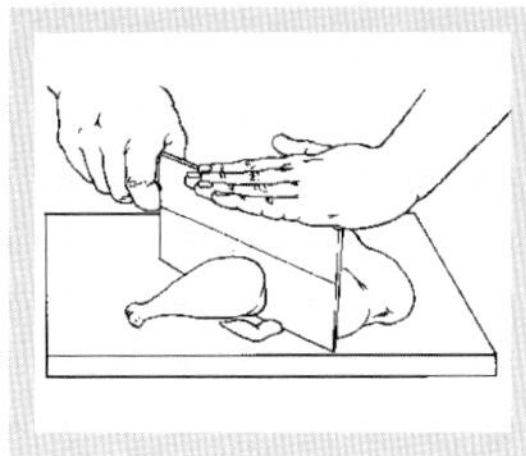

Durchteilen

DURCHTEILEN Diesen Ausdruck verwendet man, wenn eine Zutat vollständig durchgeschnitten wird. Meist trifft das auf ganze Vögel zu oder anderes Fleisch mit Knochen. Zutat auf ein fest stehendes Schneidebrett legen. Mit einer geraden scharfen senkrechten Bewegung mit dem Küchenbeil oder Messer schneiden. Wenn Sie durch Knochen schneiden, lassen Sie die Klinge heruntersausen und schneiden dann mit Druck der anderen Hand auf dem Messerrücken ganz durch. Hierfür ist ein Küchenbeil oder ein schweres Messer am besten.

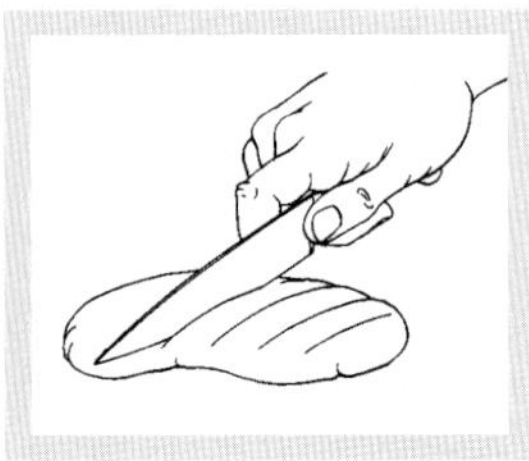 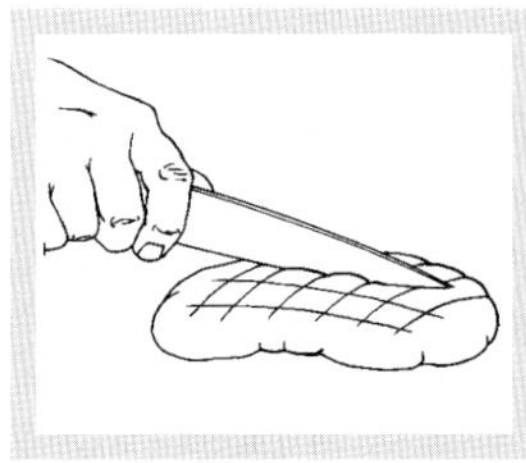

Einritzen

EINRITZEN Manche Zutaten werden vor dem Kochen kreuzförmig eingeritzt, damit sie schneller und gleichmäßig garen. Außerdem sieht es schön aus. Nehmen Sie ein Küchenbeil oder ein scharfes Messer und schneiden Sie die Zutat leicht schräg etwa 3 mm tief ein. Achten Sie darauf, nicht durchzuschneiden. Schneiden Sie die gesamte Oberfläche kreuzförmig ein.

MARINIEREN Wenn man rohes Fleisch oder Geflügel in Flüssigkeit wie Sojasauce, Reiswein oder auch angerührte Stärke einlegt, wird es zarter und nimmt das Aroma der Marinade auf. Auch Zucker, Chilis, Fünf-Gewürze-Pulver und Sichuan-Pfefferkörner können in die Marinade gegeben werden. Die Marinierzeit sollte mindestens 20 Minuten betragen. In der Regel nimmt man das marinierte Fleisch mit dem Schaumlöffel aus der Marinade und gart es dann nach Rezept.

EINDICKEN In der chinesischen Küche wird Speisestärke verwendet, die man mit etwas Wasser anrührt, um Saucen einzudicken und Gerichte zu glasieren. Achten Sie darauf, dass die angerührte Stärkemischung glatt ist und keine Klümpchen hat.

MIT EINEM STÄRKEMANTEL ÜBERZIEHEN Mit dieser Technik werden empfindliche Zutaten wie Hühnerbrust oder Garnelen beim Kochen geschützt. Die Zutat wird mit einer Mischung aus Eiweiß, Speisestärke und manchmal Salz umhüllt. Anschließend wird sie 20 bis 30 Minuten in den Kühlschrank gestellt, damit die Hülle sich an die Zutat heftet. Der Mantel schützt Geschmack und Konsistenz der Zutat, wenn sie in heißes Öl oder Wasser getaucht wird.

BLANCHIEREN Hier werden Zutaten kurz in heißes Wasser oder Öl gegeben, wobei sie kurz gegart werden, aber nicht vollständig. Blanchieren dient dazu, harte Zutaten vorzukochen, damit sie später mit anderen Zutaten schnell gegart werden könnnen. Hühnerbrust wird oft in einem Stärkemantel (siehe oben) in Öl oder Wasser blanchiert. Manchmal blanchiert man Fleisch, um es zu säubern und überschüssiges Fett zu entfernen. Harte Gemüse wie Möhren und Brokkoli werden einige Minuten in kochendem Wasser blanchiert, abgegossen und in sehr kaltes Wasser getaucht, was den Garprozess sofort stoppt. Oft wird das Gemüse dann pfannengerührt.

POCHIEREN Beim Pochieren werden Zutaten sanft gesiedet, bis sie teilweise gegart sind. Danach kommen sie zum Beispiel in Suppe oder Sauce, wo der Kochprozess fortgesetzt wird. Empfindliche Zutaten mit zartem Aroma wie Eier oder Huhn werden oft pochiert.

PFANNENRÜHREN Dies ist wohl die bekannteste chinesische Garmethode, und vielleicht auch die schwierigste. Das Gelingen hängt davon ab, dass alle Zutaten vorbereitet, abgemessen und zur Hand sind. Außerdem braucht man starke Hitze. Der große Vorteil des Pfannenrührens ist, dass Zutaten in wenig Öl schnell garen, wobei Aroma und Konsistenz erhalten bleiben. Entscheidend ist, dass die Zutaten nicht zu lange kochen oder ölig werden. Geben Sie nicht auf, wenn etwas nicht gleich gelingt. Wenn Sie die Technik des Pfannenrührens einmal beherrschen, wird sie bestimmt zu einer Ihrer liebsten Garmethoden. Ein Wok ist hier auf alle Fälle praktisch, da seine Form für eine gute Hitzeverteilung sorgt und die hohen Wände verhindern, dass Zutaten beim schnellen, heftigen Rühren herausfallen.

Wenn alle Zutaten zum Pfannenrühren vorbereitet sind, geht es wie folgt weiter:

Den Wok oder eine Pfanne sehr stark erhitzen und erst dann das Öl hineingeben. Das sorgt für gleichmäßige Hitze und verhindert, dass Zutaten haften. Erdnussöl ist mein Lieblingsöl, da es große Hitze verträgt, ohne zu verbrennen. Öl hineingeben und gleichmäßig im Wok verteilen. Wok und Öl müssen sehr heiß sein. Wenn das Öl anfängt zu rauchen, werden die Zutaten hineingegeben.

Wenn Sie Öl aromatisieren, muss es ebenfalls sehr heiß sein und rauchen. Dann Knoblauch, Frühlingszwiebeln, Ingwer, getrocknete Chilis oder Salz hineingeben und schnell einige Sekunden im Öl bewegen. Je nach Rezept fortfahren. In manchen Rezepten werden die Zutaten zum Aromatisieren später herausgenommen.

Wenn Sie – je nach Rezept – mehrere Zutaten ins heiße Öl geben, müssen Sie ununterbrochen rühren und die Zutaten bewegen. Das geht am besten mit der Wokschaufel oder einem langstieligen Löffel. Wenn Sie Fleisch pfannenrühren, lassen Sie es auf jeder Seite einige Sekunden liegen, bevor Sie weiterrühren. Bewegen Sie die Zutaten immer von der Mitte des Woks zum Rand. Pfannenrühren ist ein lebhafter Vorgang, und oft lässt sich bei der starken Hitze nicht verhindern, dass Öl spritzt. Daher ziehe ich den Wok mit dem langen Griff vor.

Manche pfannengerührten Gerichte werden mit angerührter Speisestärke eingedickt. Damit es keine Klumpen gibt, nehmen Sie den Wok etwa 1 Minute vorher von der Herdplatte und rühren dann die Speisestärke hinein. Anschließend den Wok wieder auf die Herdplatte stellen und die Flüssigkeit bei starker Hitze eindicken.

FRITTIEREN Es gehört zu den wichtigsten Garmethoden in der chinesischen Küche. Wichtig ist, dass die Hitze stimmt, sodass Zutaten außen versiegelt werden, aber nicht eher braun werden, bevor sie innen gegart sind. Auch hier macht Übung den Meister. Man braucht viel Öl zum Frittieren, was aber nicht heißt, dass die Speisen ölig sind. Die Chinesen frittieren im Wok, wobei man weniger Öl benötigt als in der Fritteuse. Wenn Sie den Wok benutzen, sorgen Sie dafür, dass er fest steht, bevor Sie das Öl hineingeben, lassen Sie ihn nicht unbeaufsichtigt. Viele Leute frittieren lieber mit der Fritteuse. Füllen Sie diese niemals mehr als halb voll mit Öl.

WORAUF SIE BEIM FRITTIEREN ACHTEN MÜSSEN:

Warten Sie, bis das Öl sehr heiß ist, bevor Sie die Zutaten hineingeben. Das Öl sollte anfangen zu rauchen. Sie können prüfen, ob es heiß genug ist, indem Sie ein kleines Stück der Zutat hineingeben. Wenn rundherum Blasen aufsteigen, ist das Öl heiß genug. Regulieren Sie die Hitzezufuhr, um zu verhindern, dass das Öl überhitzt wird.

Um die Gefahr von spritzendem Öl zu verringern, tupfen Sie die rohen Zutaten mit Küchenpapier trocken. Marinierte Zutaten mit einem Schaumlöffel herausnehmen und abtropfen lassen, bevor Sie ins heiße Öl kommen. Zutaten in Ausbackteig ebenfalls vor dem Frittieren abtropfen lassen.

Frittieröl kann wieder verwendet werden. Gießen Sie das abgekühlte Öl durch mehrere Schichten Musseline oder ein feines Sieb in ein Schraubglas. Dadurch werden Speisereste entfernt, die beim nächsten Erhitzen verbrennen und das Öl bitter machen könnten. Schreiben Sie auf das Glas, was im Öl frittiert worden ist, und verwenden Sie es nur für das gleiche Gericht wieder. Frittieröl kann nur zweimal benutzt werden. Ich finde, dass es nach dem zweiten Verwenden an Qualität verliert.

BRATEN Diese Technik ist ähnlich wie Sautieren. Man braucht etwas mehr Öl als zum Pfannenrühren aber viel weniger als zum Frittieren. Die Zutat wird auf einer Seite angebraten, gewendet und von der anderen Seite fertig gebraten. Manchmal gießt man das Öl danach ab und gibt Sauce dazu. Für das Braten ist eine normale Bratpfanne ideal.

SIEDEN UND GARZIEHEN Diese Techniken ähneln sich. Beim Sieden werden Zutaten in Flüssigkeit gegeben, diese wird bis kurz vor dem Kochen erhitzt. Dann wird die Hitze reduziert und die Zutat ganz sanft gesiedet. Diese Technik verwendet man für Brühe. Beim Garziehen werden Zutaten ebenfalls in Flüssigkeit (meist Brühe) kurz gesiedet. Dann schaltet man die Herdplatte aus, und die Zutat zieht in der Brühe gar.

SCHMOREN UND ROT-SCHMOREN Diese Technik wird häufig für weniger zartes Fleisch und manches Gemüse verwendet. Meist wird die Zutat zuerst angebraten und dann in gewürzte Brühe oder Sauce gegeben. Diese bringt man zum Kochen, dann reduziert man die Hitze, und die Zutat schmort ganz langsam, bis sie gar ist.

Rot-Schmoren heißt es, wenn Zutaten in einer dunklen Flüssigkeit, zum Beispiel dunkler Sojasauce geschmort werden. Sie färbt die Speisen rotbraun – daher der Name. Die Schmorsauce kann eingefroren und wieder verwendet werden, wobei sie jedesmal intensiver und besser wird.

DÄMPFEN Die Chinesen dämpfen schon seit Jahrtausenden. Neben Pfannenrühren und Frittieren ist es die am meisten verbreitete Garmethode. Beim Dämpfen werden Zutaten sanft in Wasserdampf gegart. Diese Methode ist ideal, um zarte Aromen hervorzubringen. Daher wird sie viel für Fisch angewandt. Die Chinesen verwenden Bambusdämpfer, aber Sie können auch Geräte aus anderen Materialien benutzen.

Mit dem Bambusdämpfer im Wok dämpfen: Hierfür brauchen Sie einen Bambusdämpfer von etwa 25 cm Durchmesser. Den Wok etwa 5 cm hoch mit Wasser füllen und das Wasser zum Sieden bringen. Bambusdämpfer mit den Speisen hineinstellen. Er sollte rundherum fest auf der schrägen Wand des Woks stehen. Bambusdeckel auflegen und Speisen dämpfen, bis sie gar sind. Falls nötig, kochendes Wasser nachgießen.

Mit dem Wok dämpfen: Etwa 5 cm Wasser in den Wok gießen. Einen Dämpfeinsatz aus Metall oder Holz in den Wok stellen. Wasser zum Sieden bringen und die Speisen, die gedämpft werden sollen, auf einen hitzefesten Teller legen. Den Teller auf den Dämpfeinsatz stellen. Fest schließenden Deckel auflegen. Falls nötig, heißes Wasser nachgießen. Das Wasser darf nie direkt an die Speisen kommen.

Mit einem großen Topf dämpfen: Einen Dämpfeinsatz in den Topf stellen und etwa 5 cm hoch Wasser eingießen. Wasser zum Sieden bringen und Speisen auf einen hitzefesten Teller legen. Teller auf den Dämpfeinsatz stellen und Topfdeckel auflegen. Falls nötig, heißes Wasser nachgießen.

Mit einem europäischen Dämpftopf dämpfen: Wenn Sie einen Dämpftopf aus Metall haben, der groß genug ist für die Zutaten, werden Sie auch damit gute Ergebnisse erzielen. Achten Sie darauf, dass nie zu viel oder zu wenig Wasser im Topf ist.

Wenn Sie keinen Dämpfeinsatz aus Holz oder Metall haben, können Sie den Teller mit den Speisen auch auf eine umgedrehte Schüssel stellen. Wichtig ist beim Dämpfen, dass die Speisen oberhalb des Wassers sind. Das Wasser sollte mindestens 2,5 cm unterhalb des hitzefesten Tellers stehen.

RÖSTEN In China wird nur in kommerziellen Einrichtungen geröstet, da die meisten Familien keinen Backofen haben. Die Chinesen rösten Fleisch und Geflügel in einem trommelförmigen Metallofen, der etwa 1,5 m hoch steht und mit Kohle befeuert wird. Die Speisen werden an Haken im Ofen aufgehängt. Das Fleisch wird rundherum der extrem starken Hitze ausgesetzt, was es außen besonders knusprig macht, während das Innere saftig bleibt. Die beste Annäherung an diese Methode ist, Speisen auf einen Rost zu geben und diesen in ein Blech zu stellen. So kann die Hitze des Backofens auch an alle Seite des Geflügels oder Fleisches gelangen.

GRILLEN In manchen Teilen von Nord- und Südchina ist Grillen populär. Mariniertes Fleisch wird über einem Kohlefeuer gegrillt und ständig mit Sauce oder Marinade bestrichen, damit es saftig bleibt. Mit modernen Grills erzielt man im Grunde das selbe Ergebnis.

ZWEIMAL-GAREN Wie der Name schon sagt, wendet man hier zwei Garmethoden an, zum Beispiel Sieden und Pfannenrühren. Man benötigt diese Technik, um die Konsistenz einer Zutat zu verändern, eine Zutat zu aromatisieren oder so vorzubereiten, dass sie anschließend leicht weiterzuverarbeiten ist. Oft wird auf diese Weise vorab Fett von Fleisch ausgelassen, bevor es richtig gegart wird.

AUFWÄRMEN Zum Aufwärmen von fertigen Speisen eignet sich Dämpfen, da es wärmt, aber nicht weiter gart und das Gericht nicht austrocknet. Suppen und Schmorgerichte bei ganz schwacher Hitze erwärmen, aber nicht zum Kochen bringen. Sobald das Gericht heiß ist, servieren. Die Mikrowelle eignet sich auch gut zum Aufwärmen.

GARNIEREN Die Präsentation der Speisen ist in der chinesischen Küche entscheidend. Deshalb sind Schneidetechniken so wichtig, denn die verschiedenen Zutaten in einem Gericht sollen auch optisch harmonieren. Die Chinesen garnieren gerne mit ganz unterschiedlichen Verzierungen, wobei die Palette vom einfachen Büschel aus Frühlingszwiebeln bis zur etwas komplizierteren Tomatenrose oder dem Gurkenfächer reicht. Hier sind einige Vorschläge:

Frühlingszwiebelbüschel

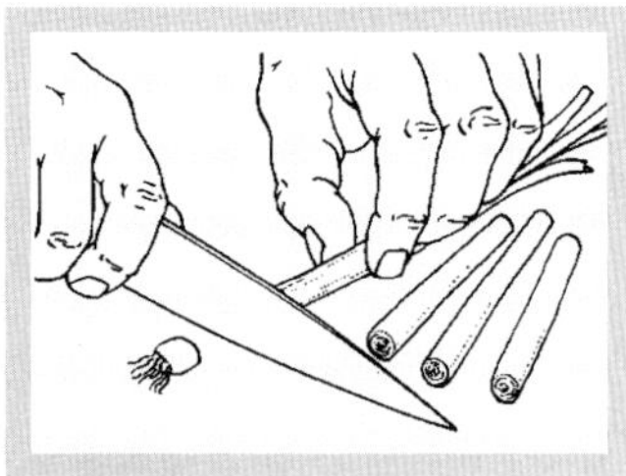

1 Grünes Ende und Wurzel von der Frühlingszwiebel abschneiden. Auf diese Weise sollten Sie ein etwa 7,5 cm langes weißes Stück erhalten.

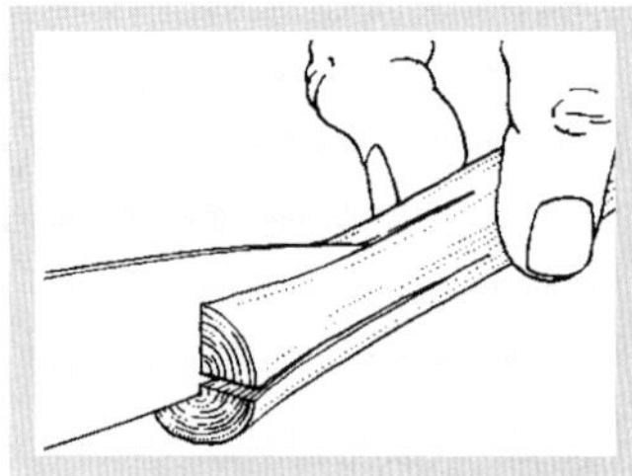

2 Frühlingszwiebel an einem Ende etwa 2,5 cm weit längs einschneiden. Frühlingszwiebel um 90° drehen und nochmals schneiden. Das Gleiche am anderen Ende wiederholen.

3 Frühlingszwiebel in Eiswasser legen, bis die Enden sich aufrollen. Vor dem Verwenden trockentupfen.

Radieschenrose

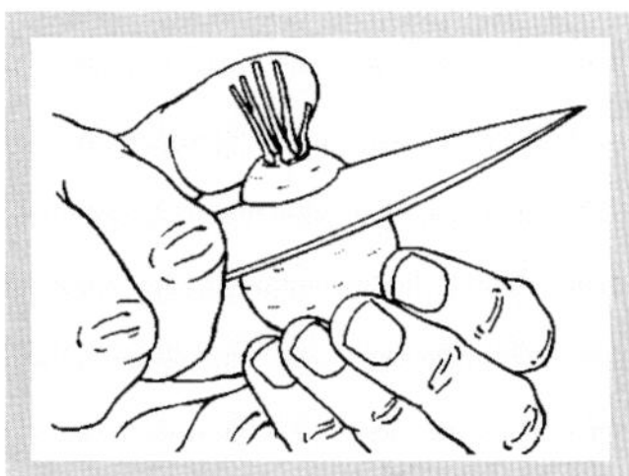

1 Blätter vom Radieschen abtrennen, oberes und unteres Ende abschneiden.

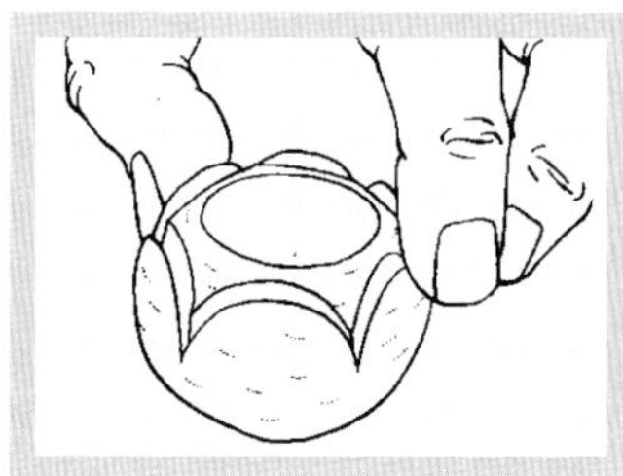

2 Radieschen rundherum einschneiden und »Blätter« rund schneiden.

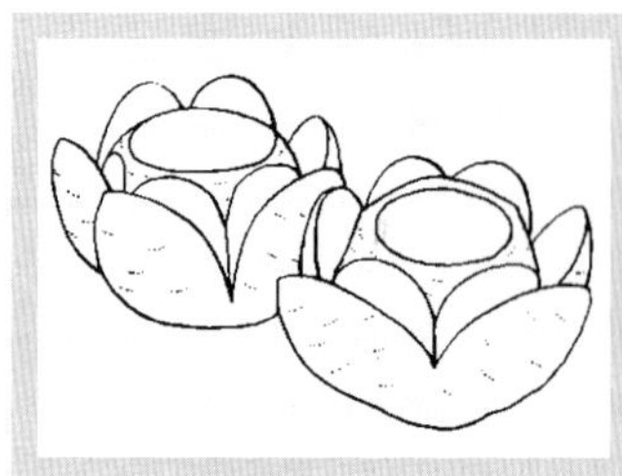

3 Radieschenrose etwa 1 Stunde in Eiswasser legen.

Möhrenblüten

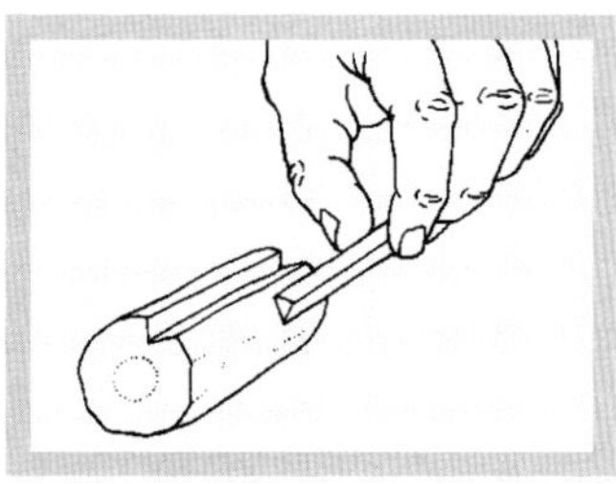

1 Möhre schälen, in 7,5 cm lange Stücke schneiden und längs V-förmig nicht ganz bis zur Mitte einschneiden.

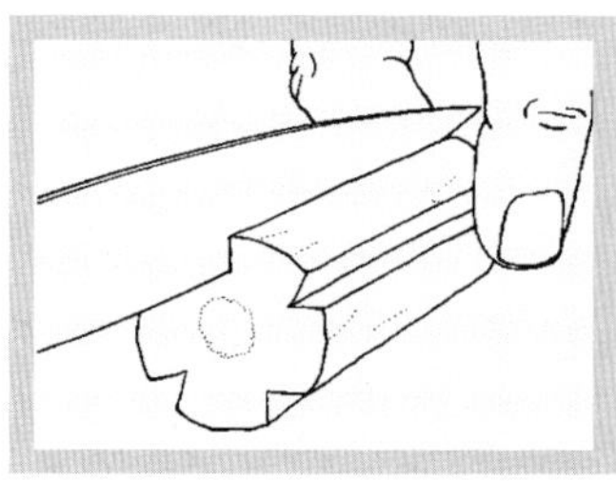

2 Rundherum 3 bis 4 solcher Schnitte in regelmäßigem Abstand in die Möhrenstücke ausführen.

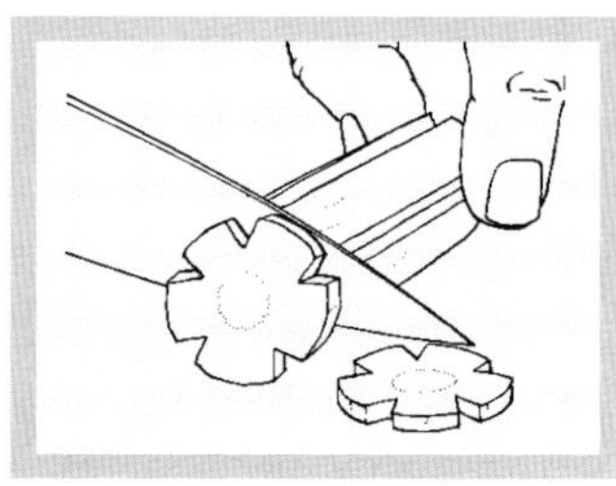

3 Möhren quer in dünne Scheiben schneiden. Bis zum Verwenden in kaltes Wasser legen.

Chiliblüte

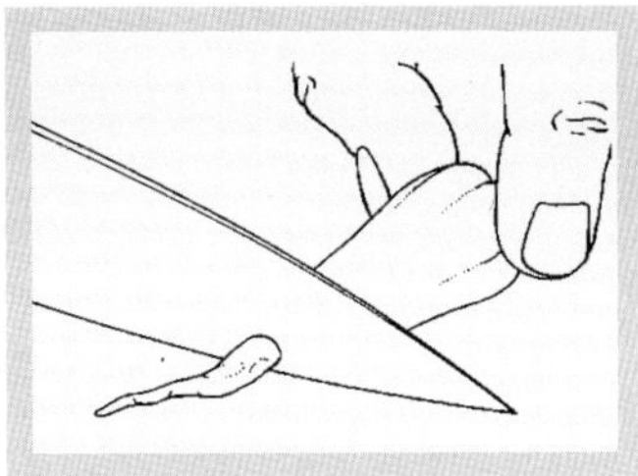

1 Spitze der Chili abschneiden, Stielansatz dabei nicht entfernen.

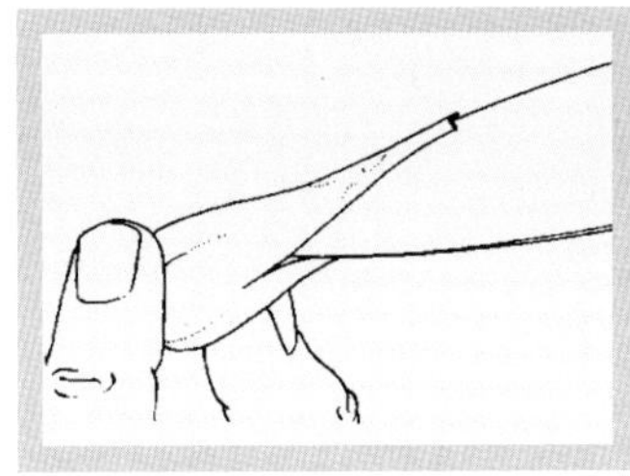

2 Chili längs viermal vom Stielansatz zur Spitze einschneiden. Samen und Trennwände entfernen.

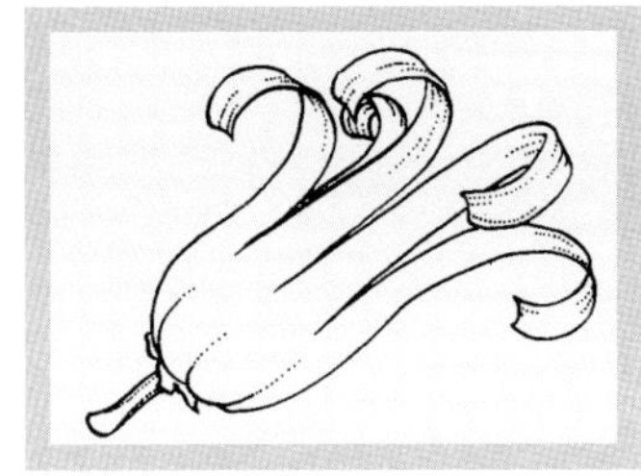

3 Chili in kaltes Wasser legen. Hier wird sie bald »aufblühen«.

Tomatenrose

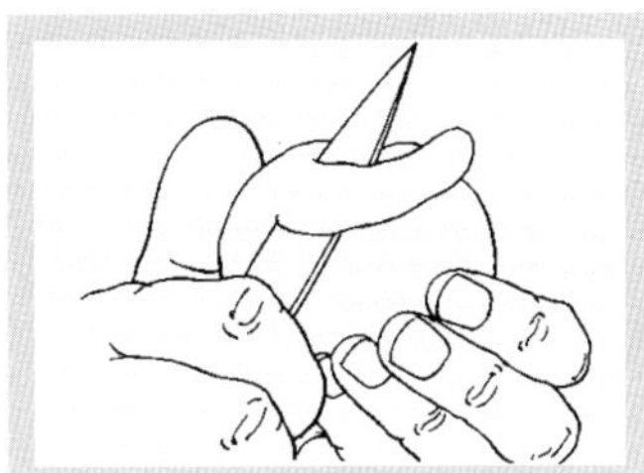

1 Eine feste Tomate mit einem sehr scharfen Messer rundherum in einem Stück abschälen.

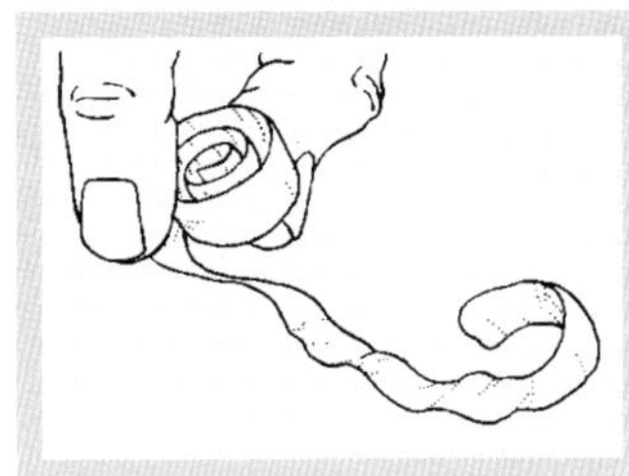

2 Die Tomatenschale zu einer festen Spirale zusammenrollen.

3 Die Spirale umdrehen – und schon habenSie eine Tomatenrose!

Gurkenfächer

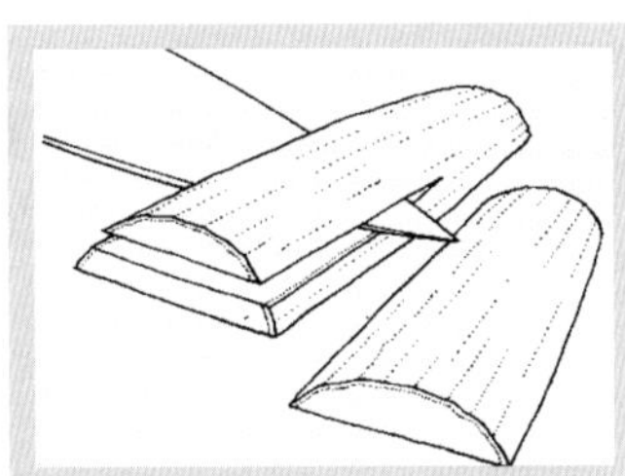

1 Gurke quer halbieren und jeweils das runde Ende abschneiden. Gurke längs halbieren.

2 Gurkenhälften mit der Schale nach oben hinlegen und der Länge nach horizontal durchschneiden, sodass Sie sehr dünne Gurkenscheiben erhalten, die immer aus Schale und etwas Fleisch bestehen.

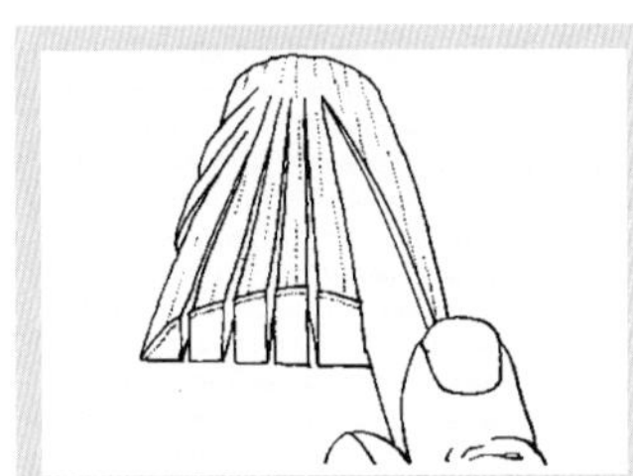

3 Die Scheiben jetzt längs mehrmals einschneiden, wie auf dem Bild gezeigt. Dabei nicht ganz durchschneiden.

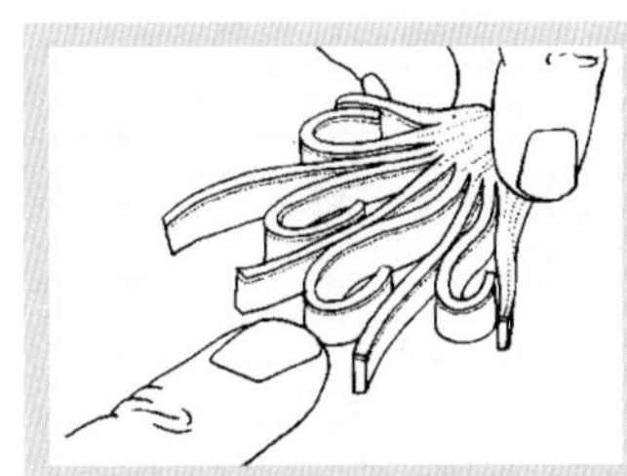

4 Jede zweite Scheibe nach innen biegen und fest hinein drücken, damit sie nicht herausrutscht.

5 Gurkenfächer bis zum Verwenden in kaltes Wasser legen.

Menüs

UND WIE MAN CHINESISCH ISST

Eine chinesische Mahlzeit besteht traditionell aus Suppe, entweder Reis, Nudeln oder Brot, einem Gemüsegericht und mindestens zwei Gerichten mit Fleisch, Fisch oder Geflügel. Manchmal gibt es vor und nach dem Essen Tee, aber während der Mahlzeit wird Suppe – eine klare Brühe – getrunken. Man serviert in China Suppe nicht als eigenen Gang, außer bei Banketten: Wenn es bei diesen Gelegenheiten überhaupt Suppe gibt, wird sie entweder als Abschluss gereicht oder zwischen einzelnen Gängen zum Neutralisieren der Geschmacksnerven. Bei Banketten trinkt man Wein, Bier, Spirituosen oder Obstsaft zum Essen. Die Speisen werden bei großen, sorgfältig komponierten Festmenüs nacheinander aufgetragen, damit man das Besondere jedes Gerichtes ganz für sich genießt. Es kann durchaus acht bis zwölf Gänge geben. Reis wird beim Bankett nicht gereicht, aber zum Schluss gibt es gebratenen Reis für den Fall, dass wirklich noch jemand hungrig ist.

Im Alltag werden alle Speisen – auch die Suppe – gemeinsam serviert. Die Gerichte stehen in der Mitte des Tisches. Jeder hat eine Reisschüssel, in die er zunächst gedämpften Reis füllt. Dann bedient sich jeder selbst mit seinen Ess-Stäbchen von den verschiedenen Speisen und gibt etwas in seine Reisschüssel. Diese Portion wird mit Reis gegessen, und danach nimmt man sich eine Leckerei von einem anderen Teller. Kein Chinese käme auch nur im Traum auf die Idee, seine Reisschüssel mit so viel Essen zu füllen, wie ihm mengenmäßig von jedem Gericht zustehen würde. Essen ist ein gesellschaftliches Ereignis, und jeder achtet darauf, dass auch die anderen am Tisch genug abbekommen. So zu essen ist wirklich sehr zivilisiert und ausgesprochen unterhaltsam.

Natürlich können Sie chinesisches Essen auch anders servieren. Ich finde, dass viele chinesische Speisen sehr gut zu europäischen Gerichten passen. Wer noch ungeübt ist, macht am besten nur ein oder zwei chinesische Rezepte und baut diese in ein nicht-chinesisches Menü ein. Suppen und pfannengerührte Gemüse lassen sich besonders gut integrieren.

Wenn Sie ein durch und durch chinesisches Essen planen, achten Sie darauf, dass Konsistenzen, Aromen, Farben und Formen harmonisieren. Außer einem Grundnahrungsmittel wie gedämpftem Reis sollten Sie eine Auswahl an Fleisch, Geflügel und Fisch servieren. Das Essen wird ausgewogener (und einfacher für Sie!), wenn Sie verschiedene Garmethoden wählen. Kombinieren Sie ein pfannengerührtes Gericht mit einem geschmorten, gedämpften oder kalten Gericht. Wählen Sie ein oder zwei Rezepte, die sich vorbereiten lassen. Machen Sie höchstens zwei pfannengerührte Speisen, sonst wird es vor dem Essen hektisch.

TISCH DECKEN Sie brauchen für chinesisches Essen kein besonderes Geschirr oder Besteck, obwohl es mit Ess-Stäbchen einfach am besten schmeckt! Messer sind überflüssig, da alle Zutaten vor dem Kochen in mundgerechte Stücke zerkleinert werden. Jeder bekommt eine Reisschüssel, eine Suppenschüssel, eine Teetasse, wenn Sie Tee servieren, und einen kleinen Teller für Knochen und andere Abfälle. Wenn Sie Dips und Saucen haben, brauchen Sie pro Person ein kleines Schälchen oder Tellerchen. Suppenschüsseln oder Müslischalen sind perfekt für Reis und Suppe. Ess-Stäbchen werden rechts neben die Reisschüssel gelegt. Ein Löffel aus Metall oder Porzellan wird für Suppen und Nudelgerichte benötigt.

Die Chinesen bedienen sich (und andere) mit ihren eigenen Ess-Stäbchen. Manchmal gibt es auch Ess-Stäbchen speziell zum Servieren.

Essen mit Stäbchen

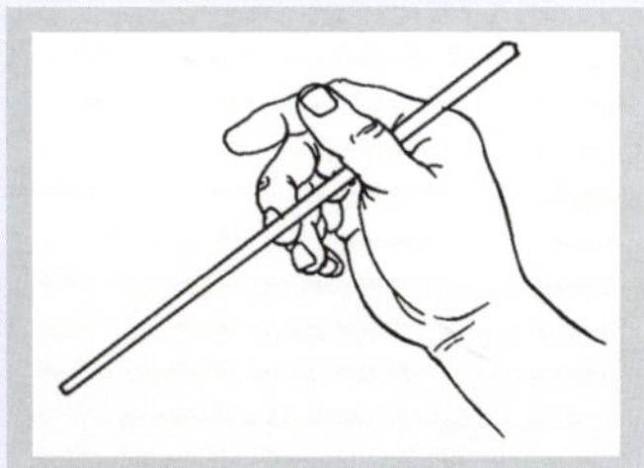

1 Das erste Stäbchen zwischen Daumen und Zeigefinger (etwa zwei Drittel vom unteren Ende des Stäbchens entfernt) legen und auf dem Ringfinger ruhen lassen.

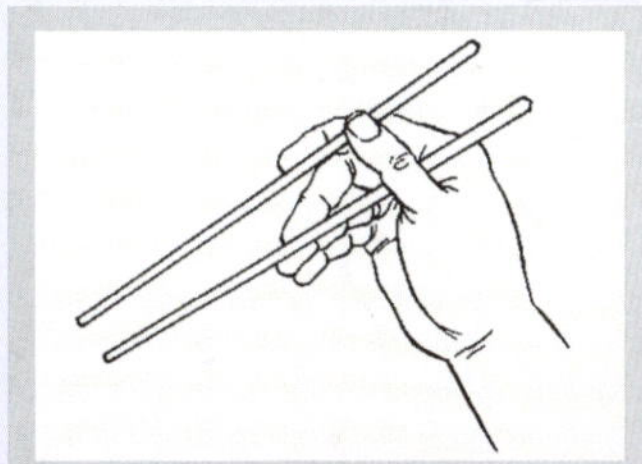

2 Das zweite Stäbchen zwischen Daumen und Zeigefinger halten, sodass das dünne Ende auf der gleichen Höhe ist mit dem des ersten Stäbchens.

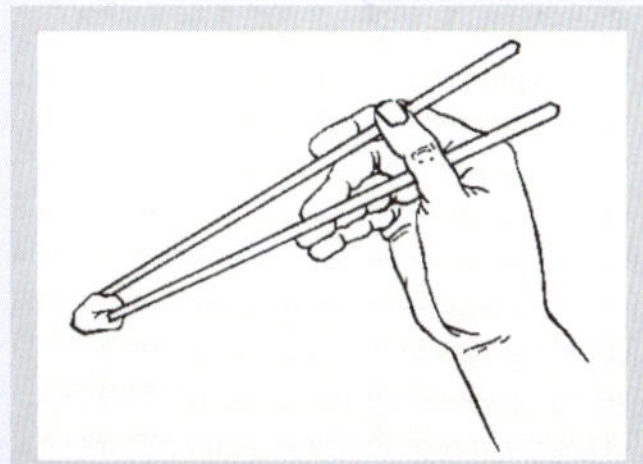

3 Das untere Stäbchen wird fest gehalten, das zweite wird mit dem Zeigefinger bewegt. Es ist übrigens absolut zulässig, die Reisschale ganz nah unter dem Kinn zu halten und den Reis mit den Stäbchen in den Mund zu »schaufeln«.

GETRÄNKE Wer es ganz authentisch macht, serviert eine klare Suppe zum Essen. Eine andere Möglichkeit ist chinesischer Tee, der ohne Milch und Zucker gereicht wird. Es gibt verschiedene Sorten: Grüner oder unfermentierter Tee wird aus grünen Blättern gemacht, ist hellgelb und schmeckt erfrischend.

Schwarzer Tee wird aus fermentierten schwarzen Blättern gemacht, ist rötlich und schmeckt ziemlich kräftig. Oolong-Tee wird aus teilweise fermentierten Blättern gemacht und ist sehr dunkel und stark. Von allen chinesischen Tees finde ich grünen Jasmintee am besten zum Essen.

Wein wird in China meist aus fermentiertem Reis gemacht. Der berühmteste ist Shaoxing-Reiswein, der auch viel zum Kochen verwendet wird. Er schmeckt völlig anders als Wein aus Trauben und ist als Getränk für Europäer etwas gewöhnungsbedürftig. Viele europäische Weine passen gut zu chinesischem Essen, vor allem trockene Weiße und leichte Rote. Bei den wohlhabenden Hongkong-Chinesen sind in den letzten Jahren Whisky und Cognac als Getränke zum Essen sehr beliebt geworden.

MENÜS UND MENGEN Ich habe in diesem Buch oft angemerkt, welche Rezepte gut zusammenpassen. Natürlich müssen Sie sich nicht an diese Vorschläge halten. Eine chinesische Mahlzeit besteht aus mindestens drei Gerichten, Reis und Suppe. Ich schlage vor, dass Sie sich zunächst auf wenige Gerichte konzentrieren, bis Ihnen Rezepte und Techniken vertraut sind. Übrigens kochen die meisten Chinesen komplizierte Delikatessen gar nicht selbst, sondern genießen sie im Restaurant. (Chinesen, die in der Stadt leben, gehen überhaupt oft zum Essen aus, obwohl viele Restaurants bescheiden und einfach sind.)

Chinesische Küche kann zeitaufwendig sein. Die Rezepte in diesem Buch basieren darauf, dass Sie pro Essen zwei Fleisch-, Hühner- oder Fischgerichte zubereiten (dazu kommt noch ein Gemüsegericht, Reis oder Nudeln und eventuell eine Suppe). Bei dieser Zusammenstellung rechnet man mit 175 g bis 225 g Fleisch, Huhn oder Fisch pro Person. Wenn Sie mit einem einzigen Gericht starten wollen, verdoppeln sie die im Rezept angegebenen Mengen. Auf diese Weise kommen Sie ganz leicht in den Genuss der authentischen chinesischen Küche! Und wenn Sie sicherer geworden sind, können Sie sich an die Zubereitung mehrerer Gerichte wagen.

Menüvorschläge

Hier sind einige Anregungen für ausgewogene und köstliche Menüs.

Familienmenüs für jeden Tag

FÜR 4 PERSONEN
Tomaten-Eierblumen-Suppe (Rezept S. 62)
Fischfilet mit Knoblauch, Frühlingszwiebeln und Ingwer (Rezept S. 160)
Rindfleisch mit Orange (Rezept S. 104)
Salat mit Austernsauce (Rezept S. 210)
Gedämpfter Reis (Rezept S. 221–222)

Nierensuppe mit Tofu (Rezept S. 70)
Schweinehackfleisch mit Gemüse (Rezept S. 84)
Kalte marinierte Bohnensprossen (Rezept S. 198)
Brokkoli mit Ingwer (Rezept S. 199)
Gedämpfter Reis (Rezept S. 221–222)

Nudelsuppe mit Rindfleisch (Rezept S. 234)
Wan-Tan-Teigtaschen (Rezept S. 260)
Scharf gewürzte Gurken (Rezept S. 208)
Pfirsiche in Honigsirup (Rezept S. 266)
(Dies ist ein leichtes Mittag- oder Abendessen)

Maissuppe mit Curry (Rezept S. 64)
Fünf-Gewürze-Spareribs (Rezept S. 95)
Fischfilet mit Ingwer (Rezept S. 155)
Kalte pikante Nudeln (Rezept S. 231)
Zuckerschoten mit Wasserkastanien (Rezept S. 210)

Für Gäste im Sommer

FÜR 6 PERSONEN
Sesamgarnelen-Toast (Rezept S. 255)
Hühnersalat (Rezept S. 141)
Schweinefleisch mit Frühlingszwiebeln (Rezept S. 85)
Spinat mit Knoblauch (Rezept S. 216)
Gedämpfter Reis (Rezept S. 221–222)
Obstsalat (Rezept S. 266)

FÜR 4 PERSONEN
Kalte pikante Nudeln (Rezept S. 231)
Hühnerschenkel in Bohnensauce (Rezept S. 119)
Jakobsmuscheln mit Schweinenieren (Rezept S. 172)
Süßsaurer kalter Chinakohl (Rezept S. 202)
Frisches Obst (siehe S. 264)

Bankett für einen besonderen Anlass

Dieses Menü sollten Sie erst machen, wenn Sie mit der chinesischen Küche vertraut sind, und die Rezepte schon einzeln probiert haben. Es braucht viel Vorbereitung, wird Ihre Gäste aber sehr beeindrucken. Die Speisen sind so ausgewählt, dass sie nacheinander als unabhängige Gänge serviert werden.

FÜR 6 BIS 8 PERSONEN
Karamel-Walnüsse (Rezept S. 263)
Maissuppe mit Krabbenfleisch (Rezept S. 75)
Regenbogen-Rindfleisch (Rezept S. 100–101)
Pekingente mit chinesischen Pfannkuchen (Rezepte S. 142–143 und 248)
Zuckerschoten mit Wasserkastanien (Rezept S. 210)
Schweinefleisch mit Tofu (Rezept S. 94)
Frisches Obst (siehe S. 264)

Für Gäste im Winter

FÜR 4 PERSONEN
Scharf-saure Suppe (Rezept S. 76)
Jakobsmuscheln auf Sichuan-Art (Rezept S. 173)
Fünf-Gewürze-Täubchen (Rezept S. 148)
Blumenkohl mit Austernsauce (Rezept S. 201)
Gedämpfter Reis (Rezept S. 221–222)

FÜR 4 BIS 6 PERSONEN
Wan-Tan-Suppe (Rezept S. 66)
Curryhuhn mit Paprikaschoten (Rezept S. 121)
Geschmortes Peking-Lamm (Rezept S. 112)
Pikante Auberginen (Rezept S. 191)
Gedämpfter Reis (Rezept S. 221–222)
Krabben-Kräcker (Rezept S. 253)
Mongolischer Feuertopf (Rezept S. 110–111)
Schweinefleisch mit Frühlingszwiebeln (Rezept S. 85) nach Belieben

Suppen werden in China selten als Gang innerhalb einer Mahlzeit serviert – außer bei Banketten. Bei diesen eher formellen Einladungen gibt es zwischendurch leichte Suppen. Sie zeigen das Ende eines Ganges an und reinigen den Gaumen für das nächste Gericht. Öfters wird am Ende des Essens – vor dem Dessert – eine klare Brühe serviert. Doch bei den meisten Familienmahlzeiten kommt die Suppe mit den anderen Gerichten auf den Tisch. Sie ergänzt die Aromen und wird getrunken.

Die chinesische Küche kennt zwei Arten von Suppe: dünne und dicke. Dünne Suppen sind meist klare Brühen, die mit wenig Fleisch, Fisch, Meeresfrüchten oder Gemüse aromatisiert werden. Sie dienen als Begleiter zu anderen Speisen und als Getränk. Ich erinnere mich, dass bei Familientreffen eine große Suppenterrine mit klarer Brühe und Stückchen von Fleisch und frischem Gemüse den Tisch beherrschte, während alle anderen Speisen um sie herum angeordnet waren. Es gehörte zum guten Ton, beim Essen Suppe zu trinken.

Dicke Suppen sind eigenständige Gerichte. Sie sind reichhaltig; manche kann man durchaus als Eintöpfe bezeichnen. Sie werden mit starker Brühe gekocht und mit viel Fleisch, Fisch oder Meeresfrüchten, Gemüse und Gewürzen angereichert. Meist dickt man sie mit Mehl oder Stärke ein. Manche Suppen kochen im Schmortopf viele Stunden, bis sich alle Aromen verbunden haben. Haifischflossensuppe ist wohl die berühmteste dicke Suppe aus China. Sie ist eine klassische Feinschmecker-Suppe. Haifischflossen sind sehr teuer, und die Zubereitung der Suppe ist extrem zeitaufwendig. Ich würde sie an Ihrer Stelle lieber im Restaurant essen.

Die Basis für eine gute chinesische Suppe – und überhaupt jede Suppe – ist gute Brühe. Ich habe schon als Kind meiner Mutter zugesehen, wenn sie voller Hingabe in der Küche Brühe kochte. Diese ersten Einblicke wurden in der Restaurantküche meines Onkels bestätigt: Hier war ein großer Topf Brühe das Herzstück der Küche. Alle großen Küchen legen Wert auf gute Brühe. Die Franzosen nennen sie »Fonds de cuisine«, was so viel bedeutet wie Grundlage der Küche. Man braucht für viele chinesische Gerichte gute Brühe, aber unabkömmlich ist sie für Suppen. Die Chinesen mögen am liebsten Hühnerbrühe, manchmal werden Schweineknochen mitgekocht, um den Geschmack anzureichern. Rinderbrühe gibt es im Norden von China, aber viele Chinesen finden sie zu intensiv.

Die Suppen in diesem Kapitel sind leicht zu machen, vor allem, wenn Sie gute Brühe vorrätig haben. Sie können die Suppe gleichzeitig mit anderen Speisen servieren, als separaten Gang oder als leichte eigenständige Mahlzeit. Alle Suppen lassen sich gut mit Gerichten aus der westlichen Küche kombinieren, also beschränken Sie Ihre Suppenkünste nicht nur auf den chinesischen Abend.

Suppen

HÜHNERBRÜHE

Hühnerbrühe ist die Basis für Suppen und Saucen. Die Hauptzutat kostet nicht viel; die Brühe selbst ist leicht und köstlich und passt perfekt zu anderen Lebensmitteln, deren Geschmack sie ergänzt und hervorhebt. Kein Wunder, dass Hühnerbrühe zu den wichtigsten Grundzutaten der chinesischen Küche gehört. Sie brodelt in der kaiserlichen Hofküche und in der mobilen Mini-Küche des Straßenhändlers. Chinesische Hühnerbrühe ist nichts anderes als die Essenz des Huhnes, gewürzt mit Ingwer und Frühlingszwiebeln. In Verbindung mit diesen typischen Gewürzen enthält chinesische Brühe im Grunde das Wesen der chinesischen Küche. Viele berühmte Rezepte basieren auf Hühnerbrühe. Es gibt zwei Arten in der chinesischen Küche: klare Brühe aus Hühnerknochen und Hühnerfleisch und eine reichhaltige Brühe, der Schinken oder Schweineknochen zugegeben werden. Je nach Rezept benötigt man die eine oder andere, doch prinzipiell können beide als Basis für alle Suppen und Saucen verwendet werden.

Während der letzten Kaiserdynastie, der Ching-Dynastie (1644–1911) erreichte die Palastküche ihren Höhepunkt in der Perfektionierung von Speisen. Zu den am meisten geschätzten Gerichten gehörte eine Hühnerconsommé, die wegen ihrer subtilen, leichten und aromatischen Eleganz besonders geliebt wurde.

Dies macht einem bewusst, dass richtig zubereitete Brühe bereits eine perfekte klare Suppe ist. Ich ziehe übrigens leichte Hühnerbrühe den starken Brühen mit Schinken oder Schweineknochen vor. Sie passt besser zu meinem Stil. Die Hühnerbrühe auf der nebenstehenden Seite eignet sich für alle chinesischen Gerichte.

Natürlich gibt es fertige Brühe im Glas oder als Würfel zu kaufen, aber die Qualität lässt oft zu wünschen übrig; viele Produkte sind salzig, andere enthalten Zusätze und Farbstoffe, die sowohl den natürlichen Geschmack der anderen Zutaten als auch – bei häufigem Gebrauch – Ihre Gesundheit beeinträchtigen können. Hausgemachte Brühe braucht etwas Zeit, geht aber wirklich einfach und schmeckt unverwechselbar gut. Man kann sie auch einfrieren. Dies ist der erste Schritt auf Ihrem Weg zum erfolgreichen chinesischen Kochen: ein Vorrat an echter, selbst gekochter Brühe. Damit können Sie jederzeit beste Suppen und feinste Saucen zubereiten. Einige Dinge müssen Sie beim Zubereiten der Brühe beachten.

Gute Brühe basiert auf Fleisch, das sie aromatisiert und gehaltvoll macht. Sie brauchen auf alle Fälle etwas Hühnerfleisch, ideal ist ein ganzes Huhn.

Die Brühe darf niemals kochen, denn dann mischt sich das Fett mit der Flüssigkeit, und die Brühe wird trüb. Klare Brühe schmeckt am besten.

Verwenden Sie einen großen, schweren Topf, in dem alle Zutaten gut bedeckt sind und das Wasser nur langsam verdampft.

Lassen Sie die Brühe langsam sieden und schöpfen Sie regelmäßig den Schaum ab. Nicht ungeduldig sein, Sie werden bei jedem chinesischen Essen für die Mühe belohnt.

Seihen Sie die fertige Brühe durch mehrere Schichten Musseline oder ein feines Sieb.

Lassen Sie die Brühe ganz abkühlen. Dann im Kühlschrank aufheben oder vor dem Einfrieren nochmals Fett abschöpfen.

In China werden Fleisch und Knochen für Brühe oft zuerst blanchiert, damit die Brühe ganz klar ist. Ich halte das für unnötig. Die hier beschriebene Methode des langsamen Siedens führt zum gleichen Ergebnis. Denken Sie daran, rohe Hühnerknochen für die nächste Brühe aufzuheben – eventuell in der Tiefkühltruhe.

Für etwa 3,4 l Brühe

- 2 kg rohe Hühnerknochen (Rücken, Füße, Flügel usw.)
- 750 g Hühnerteile (Flügel, Ober- und Unterschenkel usw.)
- 3,4 l kaltes Wasser
- 40 g frischer Ingwer
- 6 Frühlingszwiebeln
- 6 Knoblauchzehen
- 1 TL Salz

Hühnerknochen und Hühnerteile in einen großen Topf geben (die Knochen können gefroren oder aufgetaut sein). Mit Wasser bedecken und dieses erhitzen. Inzwischen den Ingwer in Scheiben schneiden. Die Wurzel und das grüne Ende von den Frühlingszwiebeln abschneiden. Knoblauchzehen in der Schale leicht zerdrücken.

Mit einem großen, flachen Löffel den aufsteigenden Schaum von der Brühe abschöpfen. Achten Sie darauf, dass die Flüssigkeit niemals kocht. So oft abschöpfen, bis die Brühe klar ist. Das kann 20 bis 40 Minuten dauern. Brühe dabei nicht umrühren.

Herdplatte auf schwache Hitze herunterschalten.

Ingwer, Frühlingszwiebeln, Knoblauch und Salz zur Brühe geben. Brühe bei ganz schwacher Hitze 2 bis 4 Stunden sieden lassen. Während dieser Zeit mindestens zweimal das Fett abschöpfen. (Nur durch die lange Kochzeit erhält die Brühe – und jede Suppe, die Sie damit kochen – das volle Aroma der Zutaten.)

Die fertige Brühe durch mehrfach übereinander gelegte, angefeuchtete Musseline oder ein sehr feines Sieb gießen. Vollständig abkühlen lassen. Nochmals alles Fett, das an die Oberfläche gekommen ist, abschöpfen. Die Brühe ist jetzt fertig zum Verwenden oder Einfrieren.

Hühner-Schweine-Brühe

Alle Regionen

Schwein wird in der chinesischen Küche viel verwendet. Schweineknochen verleihen Hühnerbrühe einen intensiven, süßlichen Geschmack. Meine ganze Familie liebte diese Brühe, und sie wurde zum Essen getrunken und zum »Reinigen« der Reisschüssel verwendet. Ich pflegte die Knochen nach Knorpel abzusuchen, den ich in Sojasauce tauchte und aß. Servieren Sie diese Brühe als leichte Suppe zu chinesischen Mahlzeiten.

Für etwa 2,2 l Brühe

30 g frischer Ingwer
2 Frühlingszwiebeln
750 g rohe Schweineknochen
2,25 l Hühnerbrühe (Rezept siehe S. 59)
1 1/2 TL Salz

Ingwer in Scheiben schneiden. Die Wurzel und den grünen Teil von den Frühlingszwiebeln abschneiden. Schweineknochen in einen großen Topf geben und mit der Hühnerbrühe bedecken (Knochen vor der Verwendung auftauen, sonst wird die Brühe trüb).

Flüssigkeit zum Sieden bringen und Schaum von der Oberfläche abschöpfen. Ingwer, Frühlingszwiebeln und Salz dazugeben. Brühe bei sehr schwacher Hitze 1 1/2 Stunden sieden lassen.

Brühe durch angefeuchtete Musseline oder ein feines Sieb gießen und abkühlen lassen. Nochmals das Fett von der Oberfläche abschöpfen. Sie können die Brühe als Suppe servieren oder als Basis für andere Suppen verwenden, zum Beispiel für Kürbissuppe mit Schinken (Rezept siehe S. 72).

Hühnersuppe mit Spinat

Spinat ist in China sehr beliebt, vor allem wegen seines unverwechselbaren Geschmacks, aber auch wegen der Farbe. Diese Suppe ist leicht und attraktiv. Die Zutaten werden einzeln blanchiert und dann in die Brühe gegeben, damit sie ihr Eigenaroma behalten. Die Suppe geht ganz einfach und lässt sich gut vorbereiten.

Aus Shanghai

Für 4 Personen

450 g frischer Spinat
175 g Hühnerbrust
1 Eiweiß
1/2 TL Salz
1 TL Speisestärke
1,2 l Hühnerbrühe (Rezept siehe S. 59)
2 EL helle Sojasauce
2 TL Zucker
1 EL Shaoxing-Reiswein oder trockener Sherry
2 TL Sesamöl
2 EL fein gehackte Frühlingszwiebeln

Stiele vom Spinat entfernen und Blätter gut waschen. In kochendem Wasser einige Sekunden blanchieren, bis sie sich kräuseln. Mit kaltem Wasser abspülen, damit sie nicht weiter garen.

Hühnerfleisch in dünne, etwa 5 cm lange Streifen schneiden. Mit Eiweiß, Salz und Speisestärke vermischen. Etwa 20 Minuten in den Kühlschrank stellen.

In einem anderen Topf Wasser aufkochen. Das Hühnerfleisch 2 Minuten blanchieren, bis die Stücke weiß und etwas fest geworden sind. Hühnerfleisch abgießen. (Bis hierhin können Sie die Suppe vorbereiten.)

Kurz vor dem Servieren die Hühnerbrühe erhitzen und mit Sojasauce, Zucker und Reiswein würzen. Spinat und Hühnerfleisch hineingeben. Suppe wieder zum Sieden bringen, Sesamöl unterrühren und Frühlingszwiebeln darüber streuen. Suppe sofort servieren.

Tomaten-Eierblumen-Suppe

Aus Kanton

Kaum zu glauben, dass Tomaten erst vor knapp 200 Jahren in China eingeführt wurden, vermutlich von den Portugiesen. Sie wurden nach und nach in die Küche des Südens integriert und entwickelten sich zu einer populären Zutat. Mit ihrem intensiven, süßlichen Geschmack, der kräftigen Farbe und ihrer Vielseitigkeit sind Tomaten ideal für die chinesische Küche. In diesem Rezept heben sie das Ei hervor, das auf der Suppe schwimmt wie Lilien auf einem Teich – meine liebste Version dieser bekannten Suppe. Den Effekt erreicht man, indem man die Eier in einem dünnen Strahl langsam in die Suppe gießt und nicht auf einmal hineingibt. Das Ei dickt die Suppe zwar etwas ein, aber sie zählt noch zu den dünnen Suppen.

Sie sieht eindrucksvoll aus, ist aber leicht zu machen. Am besten schmeckt sie im Sommer mit frischen, besonders aromatischen Tomaten. Grundsätzlich können Sie auch Tomaten aus der Dose verwenden. Ich ziehe frische Tomaten vor.

Für 4 Personen

1,2 l Hühnerbrühe (Rezept siehe S. 59)
225 g frische Tomaten oder Tomaten aus der Dose
2 Eier
2 TL Sesamöl
1 TL Zucker
1 TL Salz
1 EL helle Sojasauce
3 EL fein gehackte Frühlingszwiebeln (nur der weiße Teil)

Zum Garnieren

3 EL fein gehackte Frühlingszwiebeln (nur der grüne Teil)

Hühnerbrühe in einen Topf geben und zum Sieden bringen. Die frischen Tomaten häuten, entkernen und in 2,5 cm große Würfel schneiden. Dosentomaten abtropfen und in kleine Stücke schneiden. Eier mit dem Sesamöl in einer kleinen Schüssel leicht schlagen.

Zucker, Salz und Sojasauce zur Brühe geben und gut umrühren. Tomaten dazugeben und 2 Minuten sieden lassen. Frühlingszwiebeln untermischen. Geschlagene Eier in einem ganz dünnen Strahl langsam einfließen lassen.

Mit einem Ess-Stäbchen oder einer Gabel das Ei in Fäden ziehen. (Ich finde, das geht am besten, indem man das Stäbchen in Form von einer Acht bewegt.) Suppe mit den fein gehackten Frühlingszwiebeln garnieren und sofort servieren.

Hühnersuppe mit Brunnenkresse

Aus Kanton und Fujian

Diese Suppe stammt aus meinen Kindertagen. Meine Mutter machte sie mit Schweinefleisch, und nie vergesse ich den köstlichen Duft, der aus der Küche kam. Ich fischte die Fleischstücke aus der Suppe und tauchte sie in Sojasauce. Dann gab ich Brühe in meine Reisschale, um den Reis zu aromatisieren. Diese Suppe gehörte in unserem Restaurant zu den Favoriten der Mitarbeiter, weil sie so fein schmeckt und einfach zu machen ist. Heutzutage mag ich sie am liebsten ohne Fleisch. Verwenden Sie nur die Blätter der Brunnenkresse, sie sind feiner als die Stiele.

Für 4 Personen

1,2 l Hühnerbrühe (Rezept siehe S. 59)
2 EL helle Sojasauce
1 TL Zucker
1/2 TL Salz
1/4 TL weißer Pfeffer
150 g Brunnenkresse
2 TL fein gehackter frischer Ingwer
3 EL fein gehackte Frühlingszwiebeln

Die Brühe in einem großen Topf zum Sieden bringen. Sojasauce, Zucker, Salz und Pfeffer dazugeben. 3 Minuten sieden lassen. Brunnenkresse waschen, Stiele entfernen. Die Blätter der Brunnenkresse, Ingwer und Frühlingszwiebeln zur Brühe geben und alles 4 Minuten sieden lassen. Sofort servieren.

Maissuppe mit Curry

Aus Kanton und Fujian

Curry ist populär in Süd- und Ostchina, wo er von zurückkehrenden Auswanderern aus Südostasien eingeführt wurde. Die Chinesen mögen am liebsten Currypulver oder Paste aus Madras, aber im Gegensatz zu den Indern verwendet man ihn nur sparsam als zusätzliches Gewürz zu den sonstigen Würzen, denn Curry soll nicht dominieren.
Dieses Rezept ist meine Variante einer Maissuppe, die außerhalb Chinas sehr beliebt ist. Sie geht ganz leicht und schmeckt köstlich. Wer Mais aus der Dose verwendet, kann die Stärke weglassen. Wenn Sie diese attraktive, leuchtend gelbe Suppe mit anderen chinesischen Gerichten servieren möchte, schlage ich Schweinefleisch mit Frühlingszwiebeln (Rezept siehe S. 85) vor, außerdem grünes Gemüse, zum Beispiel Spinat, und gedämpften Reis (Rezept siehe S. 221–222).

Für 4 Personen

450 g frischer Mais oder 275 g Mais aus der Dose
225 g Hühnerbrust ohne Haut und Knochen
1 Eiweiß
2 TL Salz
2 TL Sesamöl
1 TL Speisestärke
1 Ei
1,2 l Hühnerbrühe (Rezept siehe S. 59)
1 EL Shaoxing-Reiswein oder trockener Sherry
1 EL Currypulver oder Madras-Currypaste
1 TL Zucker
2 TL Speisestärke, mit 2 TL Wasser angerührt

zum Garnieren

2 EL fein gehackte Frühlingszwiebeln

Frische Maiskolben waschen. Körner mit einem scharfen Messer abschneiden. Sie sollten etwa 275 g Maiskörner erhalten. Mais aus der Dose mit der Flüssigkeit in eine Schüssel geben und beiseite stellen.
Die Hühnerbrust mit einem scharfen Messer in feine Streifen von etwa 7,5 cm Länge schneiden. Hühnerstreifen mit Eiweiß, 1 Teelöffel Salz, 1 Teelöffel Sesamöl und der trockenen Speisestärke in einer Schüssel vermischen. 15 Minuten in den Kühlschrank stellen. Das Ei mit 1 Teelöffel Sesamöl in einer kleinen Schüssel verrühren und beiseite stellen.
Wasser in einem Topf zum Kochen bringen. Herdplatte ausschalten, und die Hühnerstreifen etwa 20 Sekunden blanchieren, bis sie weiß werden. Hühnerstreifen mit einem Schaumlöffel herausnehmen und gut abtropfen lassen.
Brühe in einem großen Topf zum Sieden bringen, Mais hineingeben und offen 10 Minuten sieden lassen. Reiswein, Currypulver oder Currypaste, 1 Teelöffel Salz, den Zucker und – falls die Suppe mit frischem Mais gemacht wird – die angerührte Speisestärke dazugeben. Brühe zum Kochen bringen, Hitze reduzieren und alles etwa 5 Minuten sieden lassen.
Hühnerstreifen dazugeben. In einem dünnen Strahl das Ei einfließen lassen. Mit einem Ess-Stäbchen oder einer Gabel Ei in dünne Fäden ziehen. Suppe in eine große Terrine füllen, mit den Frühlingszwiebeln garnieren und sofort servieren.

Hühnersuppe mit Pilzen

Diese Suppe enthält zwei klassische Zutaten der südchinesischen Küche: Huhn und getrocknete Pilze. Oft wird dunkles Hühnerfleisch von den Schenkeln verwendet, das den Geschmack der Suppe intensiver macht. Nehmen Sie unbedingt chinesische getrocknete Pilze, ihr leichter Räuchergeschmack gibt der Suppe das gewisse Etwas.
In diesem Rezept werden zwei Kochtechniken angewandt. Zunächst wird das Huhn pfannengerührt. Dann werden alle Zutaten mit dem Huhn gekocht. Das Ergebnis ist eine herzhafte Suppe, die man wunderbar mit Baguette in einem nicht-chinesischen Menü servieren kann. Aufgewärmt schmeckt sie übrigens noch besser.

Aus Kanton

Für 4 Personen

225 g Hühnerschenkel ohne Haut und Knochen
2 EL Shaoxing-Reiswein oder trockener Sherry
2 1/2 EL helle Sojasauce
1 TL Sesamöl
1 TL Speisestärke
25 g chinesische getrocknete Pilze
1,2 l Hühnerbrühe (Rezept siehe S. 59)
1 EL fein gehackte Frühlingszwiebeln
1 TL Salz
1/2 TL weißer Pfeffer
25 g fein geschnittener Parmaschinken oder magerer Räucherspeck
2 TL Erdnussöl

Hühnerfleisch in etwa 1 cm große Würfel schneiden. Knochen entfernen. Fleischwürfel mit 1 Esslöffel Reiswein, 1 1/2 Esslöffeln Sojasauce, Sesamöl und Speisestärke in einer Schüssel vermischen und 20 Minuten ruhen lassen.

Getrocknete Pilze 20 Minuten in warmem Wasser einweichen. Abtropfen lassen und noch vorhandene Flüssigkeit ausdrücken. Stiele entfernen und Hüte in ganz dünne Streifen schneiden.

Brühe in einem großen Topf zum Sieden bringen. Die Marinade vom Hühnerfleisch dazugeben. Pilze, Frühlingszwiebeln, Salz, Pfeffer, Schinken oder Speck, 1 Esslöffel Reiswein und 1 Esslöffel Sojasauce in die Brühe geben. Suppe sieden lassen.

Inzwischen den Wok oder eine große Pfanne stark erhitzen. Öl hineingeben. Wenn das Öl sehr heiß ist und anfängt zu rauchen, Hühnerwürfel hineingeben und bei starker Hitze etwa 5 Minuten pfannenrühren, bis sie goldbraun sind. In einem Sieb abtropfen lassen. Hühnerwürfel in die Suppe geben und diese nochmals 5 Minuten sieden lassen. Sofort servieren.

Wan-Tan-Suppe

Dies ist eine der populärsten Suppen der Straßenverkäufer in Südchina, und sie erfreut sich gleich großer Beliebtheit in chinesischen Restaurants im Westen. Die Wan-Tan-Teigtaschen werden pikant gefüllt, in Wasser pochiert und dann in feinster Brühe serviert. Dieses Rezept für eine originalgetreue Wan-Tan-Suppe gelingt leicht und passt zu jedem Familienessen. Die hellgelben, viereckigen Teigblätter gibt es tiefgefroren im Chinaladen und in manchen Supermärkten. Teigblätter vor dem Verwenden vollständig auftauen lassen.

Aus Kanton

Für 4 bis 6 Personen

FÜR DIE FÜLLUNG

250 g geschälte rohe Garnelen
250 g Schweinehackfleisch
1 TL Salz
1/2 TL weißer Pfeffer
1 1/2 EL helle Sojasauce
2 EL fein gehackte Frühlingszwiebeln
1 EL Shaoxing-Reiswein oder trockener Sherry
1 TL Zucker
2 TL Sesamöl
1 geschlagenes Eiweiß

FÜR DIE WAN TAN UND DIE SUPPE

250 g Wan-Tan-Teigblätter
1,2 l Hühnerbrühe (Rezept siehe S. 59)
1 EL helle Sojasauce
1 TL Sesamöl

ZUM GARNIEREN

gehackte Frühlingszwiebeln

Garnelen grob hacken und mit dem Schweinehackfleisch in eine große Schüssel geben. Salz und Pfeffer dazugeben und alles mit den Händen oder einem Holzlöffel verrühren. Alle anderen Zutaten für die Füllung dazugeben und gut mit Garnelen und Hackfleisch mischen. Die Schüssel mit Folie abdecken und mindestens 20 Minuten in den Kühlschrank stellen.

Ein Teigblatt auslegen und 1 Esslöffel Füllung in die Mitte geben. Die Ränder des Teigblattes mit Wasser anfeuchten. Teigblatt um die Füllung herum zur Mitte falten, die Enden mit den Fingern zusammendrücken. Das Ganze soll wie ein gefülltes Täschchen aussehen. Alle Wan Tan auf diese Weise füllen.

Brühe, Sojasauce und Sesamöl in einem großen Topf zum Sieden bringen. In einem anderen Topf Salzwasser aufkochen und die Wan Tan darin etwa 1 Minute pochieren, bis sie an die Oberfläche kommen. Mit dem Schaumlöffel herausholen und in die Brühe geben. Wan Tan in der Brühe etwa 2 Minuten sieden lassen. Suppe in eine große Terrine geben oder auf Suppenschälchen verteilen. Mit Frühlingszwiebeln garnieren und sofort servieren.

Glasnudelsuppe mit Bohnensprossen

Diese einfache Suppe ist typisch für die frische, leichte Küche des Südens. Die Vorbereitung erfordert etwas Zeit – wie bei vielen guten Suppen – aber es lohnt sich. Verwenden Sie ganz frische, knackige Bohnensprossen. Für den charakteristischen Räuchergeschmack wird eigentlich chinesischer Schinken verwendet, den man aber in Europa nicht bekommt. Parmaschinken oder Räucherspeck sind ein guter Ersatz.

Aus Kanton und Fujian

Für 4 Personen

50 g Glasnudeln
75 g frische Bohnensprossen
1,2 l Hühnerbrühe (Rezept siehe S. 59)
1 EL helle Sojasauce
75 g fein geschnittener Parmaschinken oder magerer Räucherspeck
2 EL fein gehackter frischer Koriander
1 EL fein gehackte Frühlingszwiebeln

Glasnudeln in einer Schüssel mit warmem Wasser etwa 20 Minuten einweichen. In einem Sieb gut abtropfen lassen und in 5 cm lange Stücke schneiden. Von den Bohnensprossen beide Enden abschneiden, das sieht schöner aus.

Hühnerbrühe in einem großen Topf erhitzen. Nudeln und Sojasauce hineingeben und 2 Minuten sieden lassen. Schinken oder Speck, Koriander und Frühlingszwiebeln dazugeben und nochmals 30 Sekunden sieden lassen. Bohnensprossen in die Brühe geben und 30 Sekunden ziehen lassen. Suppe sofort servieren.

Suppe mit Taubenfleisch

Die Zubereitung dieser Suppe ist ungewöhnlich, geht aber ganz leicht. Die Technik nennt sich »Zweifach-Dämpfen«. Die Zutaten werden in einer zugedeckten Kasserole, die mit Suppe gefüllt ist, über Wasser gedämpft. Dadurch kommen die Aromen heraus. Diese Technik wird übrigens für Haifischflossensuppe und Vogelnestersuppe verwendet. Ergebnis ist eine reichhaltige und zugleich leichte Suppe. Sie können auch andere Wildvögel wie Rebhuhn, Schnepfe oder Wachtel verwenden. Servieren Sie diese feine Suppe zu einer besonderen Gelegenheit. Man kann sie auch einfrieren.

Aus Shanghai

Für 4 Personen

2 Tauben (je etwa 350–450 g)
25 g Parmaschinken oder magerer Räucherspeck
20 g frischer Ingwer
1,2 l frische Hühnerbrühe (Rezept siehe S. 59)
4 Frühlingszwiebeln
2 EL Shaoxing-Reiswein oder trockener Sherry
½ TL Salz

Mit einem schweren, scharfen Messer die Tauben vierteln. Wasser in einem Topf aufkochen, Hitze reduzieren, Tauben hineingeben und etwa 10 Minuten ziehen lassen (dadurch werden die Tauben entfettet und gereinigt). Tauben mit einem Schaumlöffel aus dem Wasser holen und abtropfen lassen. Parmaschinken oder Räucherspeck sehr fein hacken. Ingwer in Scheiben schneiden.

Einen Dämpftopf bereit stellen oder einen Dämpfeinsatz in den Wok oder einen hohen Topf stellen. Etwa 5 cm Wasser angießen und aufkochen lassen.

Inzwischen die Brühe in einem anderen großen Topf aufkochen lassen. In eine hitzefeste Kasserole aus Glas oder Porzellan umfüllen. Tauben, Schinken, Frühlingszwiebeln, Ingwer, Reiswein und Salz dazugeben. Kasserole mit einem Deckel oder Alufolie abdecken, auf den Dämpfeinsatz in den Wok stellen und den Deckel locker auflegen. (Hier geschieht das »Zweifach-Dämpfen«: Eine Kasserole, in der Suppe und anderen Zutaten garen, steht in einem Dämpftopf).

Die Hitze reduzieren und alles bei schwacher Hitze 2 bis 3 Stunden dämpfen, bis das Taubenfleisch zart ist. Gelegentlich kochendes Wasser dazugießen.

Sie können die Suppe auch in einem normalen großen Topf kochen, aber das Ergebnis lässt sich nicht vergleichen. Wenn die Suppe fertig ist, alle Zutaten mit einem Schaumlöffel herausholen. Frühlingszwiebeln, Ingwer und Schinken entfernen. Taubenfleisch auf Suppenteller verteilen, Suppe darüber geben und sofort servieren. Sie kann auch eingefroren werden.

Nierensuppe mit Tofu

Meine Mutter kochte häufig Nierensuppe für das Abendessen, weil sie lecker und preiswert war. Manchmal gab sie Brunnenkresse oder Spinat dazu. In diesem Rezept werden die Nieren zunächst in Natron gereinigt und dann kurz blanchiert, bevor sie in die Suppe kommen. Dadurch können die Fleischsäfte die Suppe nicht eintrüben. Die Suppe ist leicht und nahrhaft und lässt sich gut wieder aufwärmen. Sie passt zu Huhn mit Cashewnüssen (Rezept siehe S. 130) und pikanten Pilzen (Rezept siehe S. 211).

Aus Fujian

Für 4 bis 6 Personen

- 450 g Schweinenieren
- 1 TL Natron
- 2 TL heller Reisessig oder Cidre-Essig
- 2 TL Salz
- 400 g Tofu
- 1,2 l Hühnerbrühe (Rezept siehe S. 59) oder Hühner-Schweine-Brühe (Rezept siehe S. 60)
- 1 EL fein gehackter frischer Ingwer
- 2 TL fein gehackte Frühlingszwiebeln
- 2 EL helle Sojasauce
- 2 TL Zucker

Mit einem scharfen Messer die dünne Haut von den Nieren abtrennen. Jede Niere waagrecht halbieren, sodass die Form in etwa erhalten bleibt. Kleine Fettstückchen und die sie umgebende feste Haut abschneiden. Die Nierenhälften flach auf ein Schneidebrett legen und die Oberseite mit einem kleinen Messer erst längs, dann quer mehrmals einschneiden (siehe S. 113). Nieren in dünne Scheiben schneiden und im Natron wälzen. Etwa 20 Minuten darin ruhen lassen. Anschließend mit kaltem Wasser gründlich abspülen und in Essig und 1 Teelöffel Salz wälzen. Fleischstücke in ein Sieb geben und mindestens 30 Minuten abtropfen lassen.

Wasser in einem Topf zum Kochen bringen. Nierenscheiben mit Küchenpapier trockentupfen und im Wasser etwa 2 Minuten blanchieren. Im Sieb oder Durchschlag abtropfen lassen. Tofu in etwa 1 cm große Würfel schneiden.

In einem anderen Topf Brühe erhitzen und die übrigen Zutaten und 1 Teelöffel Salz hineingeben. Etwa 5 Minuten sieden lassen, Nierenstreifen in die Suppe geben. Alle Zutaten gut verrühren und Suppe nochmals 2 Minuten sieden lassen. Sofort auftragen oder abkühlen lassen und bei Bedarf langsam wieder erwärmen.

Spinatsuppe mit Tofu

Diese leichte Suppe sieht sehr hübsch aus durch den Farbkontrast von Spinat und Tofu. Verwenden Sie selbst gemachte Brühe, denn die Zutaten schmecken so fein, dass die Qualität der Brühe entscheidend ist. Die Suppe geht leicht und passt gut zu westlichen Gerichten.

Aus Kanton und Fujian

Für 4 Personen

450 g frischer Spinat
450 g Tofu
1,2 l Hühnerbrühe (Rezept siehe S. 59)
1 EL Shaoxing-Reiswein oder trockener Sherry
1 EL helle Sojasauce
1 TL Salz
1 TL Zucker
1 TL Sesamöl
1 TL dunkle Sojasauce
Salz und schwarzer Pfeffer zum Abschmecken

ZUM GARNIEREN
gehackte Frühlingszwiebeln

Spinat von den Stielen befreien. Blätter gut waschen und abtropfen lassen.

Tofu in etwa 1 cm große Würfel schneiden und auf Küchenpapier abtropfen lassen.

Hühnerbrühe in einem großen Topf erhitzen. Tofu hineingeben und 2 Minuten sieden lassen. Alle anderen Zutaten (bis auf den Spinat) zur Brühe geben und 10 Minuten sieden lassen. Spinat dazugeben und 2 Minuten kochen. Suppe mit Frühlingszwiebeln bestreuen und sofort auftragen.

Kürbissuppe mit Schinken

In China gibt es andere Kürbis- und Zucchinisorten als in westlichen Ländern. Diese Suppe ist eine Abwandlung eines klassischen Rezeptes, das mit jungen Wachskürbissen oder chinesischer Wintermelone gemacht wird. Die Haut der jungen Wachskürbisse hat einen weichen Flaum, der an Pfirsichhaut erinnert. Gemüsekürbis schmeckt sehr ähnlich und kann für dieses Rezept verwendet werden. Diese klare Suppe passt gut zu Schweinefleisch süßsauer (Rezept siehe S.88–89) und Spinat mit Knoblauch (Rezept siehe S. 216).

Aus Sichuan

Für 4 Personen

225 g Gemüsekürbis oder Zucchini

1,2 l Hühnerbrühe (Rezept siehe S. 59) oder Hühner-Schweine-Brühe (Rezept siehe S. 60)

50 g fein geschnittener Parmaschinken oder magerer Räucherspeck

1 1/2 TL Chili-Bohnen-Sauce

1 1/2 EL helle Sojasauce

2 EL dunkle Sojasauce

1 TL Shaoxing-Reiswein oder trockener Sherry

1/2 TL Salz

2 TL Sesamöl

Kürbis oder Zucchini waschen und beide Enden abschneiden. Die Kerne vom Kürbis entfernen. Gemüse in etwa 1 cm große Würfel schneiden.

Brühe in einem großen Topf aufkochen lassen. Kürbis oder Zucchini, Parmaschinken oder Speck und alle anderen Zutaten bis auf das Sesamöl hineingeben. Suppe offen 15 Minuten sieden lassen.

Sesamöl dazugeben und gut unterrühren. Suppe in eine Terrine füllen oder auf Suppenschalen verteilen. Sofort servieren.

Kohlsuppe mit Schweinefleisch

Oft kann man aus ganz einfachen Zutaten köstliche Suppen machen, wie diese herzhafte Kohlsuppe zeigt. Sie ist typisch für die Familienküche im Norden, vor allem im Herbst und Winter, wenn es reichlich Kohl gibt. Die Suppe geht ganz einfach. Die leichte Süße des Chinakohls passt perfekt zu dem Geschmack von Schweinefleisch.

Aus Beijing

Für 4 Personen

- 1,2 l Hühnerbrühe (Rezept siehe S. 59)
- 175 g mageres Schweinefleisch
- 2 TL Shaoxing-Reiswein oder trockener Sherry
- 3 TL helle Sojasauce
- 1/2 TL Speisestärke
- 1/2 TL Sesamöl
- 1 EL Ednussöl
- 350 g Chinakohl
- 1 TL dunkle Sojasauce
- Salz und schwarzer Pfeffer zum Abschmecken

ZUM GARNIEREN

- fein gehackte Frühlingszwiebeln

Hühnerbrühe in einen mittelgroßen Topf geben und zum Sieden bringen.

Schweinefleisch ganz fein schneiden und mit 1 Teelöffel Reiswein, 1 Teelöffel heller Sojasauce, der Stärke und dem Sesamöl vermischen.

Einen Wok oder eine Pfanne sehr stark erhitzen. Erdnussöl hineingeben. Wenn das Öl sehr heiß ist und anfängt zu rauchen, das Schweinefleisch hineingeben und 1 Minute pfannenrühren. Wok von der Herdplatte nehmen und beiseite stellen.

Chinakohl waschen und Blätter quer zur Rippe in Streifen schneiden. Chinakohl, 1 Teelöffel Reiswein, 1 Teelöffel helle Sojasauce und die dunkle Sojasauce in die Brühe geben und 5 Minuten sieden. Schweinefleisch hineingeben und 1 Minute sieden. Suppe mit Salz und Pfeffer abschmecken und in eine Terrine oder Suppenschälchen füllen. Mit Frühlingszwiebeln garnieren und sofort servieren.

Maissuppe mit Krabbenfleisch

Meine Mutter machte diese Suppe mit frischem Mais. Sie können Mais aus der Dose oder gefrorenen Mais nehmen, aber sie wird nicht an die meiner Mutter herankommen! Die Suppe lässt sich gut aufwärmen. Sie passt zu Rindfleisch in Austernsauce (Rezept siehe S. 103) und Brokkoli mit Ingwer (Rezept siehe S. 199).

Aus Kanton

Für 4 Personen

450 g frische Maiskolben oder 275 g Mais aus der Dose oder TK-Mais
1 Eiweiß
1 TL Sesamöl
1,2 l Hühnerbrühe (Rezept siehe S. 59)
1 EL Shaoxing-Reiswein oder trockener Sherry
1 EL helle Sojasauce
2 TL fein gehackter frischer Ingwer
1 TL Salz
1/4 TL weißer Pfeffer
1 TL Zucker
2 TL Speisestärke, mit 2 TL Wasser angerührt
225 g frisch gekochtes oder gefrorenes Krebsfleisch

Zum Garnieren
2 EL fein gehackte Frühlingszwiebeln

Frische Maiskolben waschen. Mit einem scharfen Messer die Körner abschneiden. Sie sollten etwa 275 g Maiskörner erhalten. Eiweiß mit dem Sesamöl in einer kleinen Schüssel verrühren und beiseite stellen.

Brühe in einem großen Topf zum Kochen bringen. Maiskörner hineingeben. 15 Minuten offen sieden lassen, dann Reiswein, Sherry, Sojasauce, Ingwer, Salz, Pfeffer und die angerührte Speisestärke dazugeben. Suppe aufkochen lassen, dann die Hitze reduzieren, sodass die Suppe siedet. Krabbenfleisch hineingeben. Eiweißmischung in einem dünnen Strahl einfließen lassen, dabei ständig rühren. Suppe in eine große Terrine füllen, mit Frühlingszwiebeln bestreuen und sofort servieren.

Scharf-saure Suppe

Diese reichhaltige Suppe ist in westlichen Ländern sehr beliebt, da sie ideal ist für kalte Tage. Scharfe und saure Aromen verbinden sich in einer kräftigen Brühe, die man gut wieder aufwärmen kann. Die Zutatenliste ist etwas lang, aber die Suppe geht im Grunde einfach. Sie schmeckt köstlich, voll verschiedener Konsistenzen und gegensätzlicher Aromen. Sie stammt ursprünglich aus dem Norden Chinas, ist aber auch in Westchina sehr populär, wo die Menschen gerne scharf essen.

Aus Beijing und Sichuan

Für 4 Personen

- 100 g mageres Schweinefleisch ohne Knochen
- 2 EL helle Sojasauce
- 1 TL Shaoxing-Reiswein oder trockener Sherry
- 2 1/2 TL Sesamöl
- 1/2 TL Speisestärke
- 1 Prise Salz
- 1 Prise Zucker
- 25 g getrocknete chinesische Pilze
- 15 g getrocknete Holzohren-Pilze
- 2 Eier
- 1,2 l Hühnerbrühe (Rezept siehe S. 59)
- 250 g abgetropfter und fein geschnittener Tofu
- 1 EL dunkle Sojasauce
- 1 TL weißer Pfeffer
- 6 EL heller Reisessig oder Cidre-Essig
- 1 EL Chiliöl
- 1 EL frisch gehackter Koriander

Schweinefleisch sehr fein schneiden. Mit 1/2 Esslöffel heller Sojasauce, Reiswein, 1/2 Teelöffel Sesamöl, Speisestärke und je einer Prise Salz und Zucker vermischen und beiseite stellen. Beide Pilzsorten 20 Minuten in warmem Wasser einweichen. Flüssigkeit ausdrücken, Stiele entfernen und Hüte fein schneiden. Eier schlagen, 1 Prise Salz und 2 Teelöffel Sesamöl unterrühren. Beiseite stellen.

Hühnerbrühe in einem großen Topf zum Sieden bringen. 2 Teelöffel Salz hineingeben. Schweinefleisch dazugeben und 1 Minute sieden lassen. Pilze und Tofu dazugeben und 2 Minuten sieden lassen.

Eiermischung in einem dünnen Strahl einfließen lassen und mit einem Ess-Stäbchen oder einer Gabel in dünne Fäden ziehen. Suppe von der Herdplatte nehmen und 1 1/2 TL helle Sojasauce, dunkle Sojasauce, Pfeffer und Reisessig dazugeben. Suppe gut umrühren und Sesamöl, Chiliöl und frischen Koriander einrühren. Suppe auf eine Terrine oder Schälchen verteilen und servieren.

Chinakohlsuppe

In vielen chinesischen Familien werden einfache klare Suppen wie diese gekocht. Die Suppe wird während des Essens getrunken, deshalb muss sie leicht und erfrischend sein. Der Chinakohl bringt den leicht süßlichen Geschmack, während das eingelegte Sichuan-Gemüse für etwas Biss sorgt. Vegetarier ersetzen die Hühnerbrühe durch Wasser oder Gemüsebrühe.

Aus Beijing und Sichuan

Für 4 Personen

450 g Chinakohl
100 g eingelegtes Sichuan-Gemüse
1,2 l Hühnerbrühe (Rezept siehe S. 59)
1 EL helle Sojasauce
2 TL dunkle Sojasauce
2 EL Shaoxing-Reiswein oder trockener Sherry
2 TL Zucker
Salz und schwarzer Pfeffer zum Abschmecken
2 TL Sesamöl

Zum Garnieren
gehackte Frühlingszwiebeln

Chinakohl waschen und Blätter quer zur Rippe in Streifen schneiden. Eingelegtes Gemüse abtropfen lassen und sehr fein hacken. Hühnerbrühe in einem Topf erhitzen. Chinakohl und eingelegtes Gemüse hineingeben und 3 Minuten sieden lassen. Beide Sojasaucen, Reiswein und Zucker dazugeben und nochmals 5 Minuten sieden lassen. Suppe mit Salz und Pfeffer abschmecken. Sesamöl einrühren. Suppe in eine große Terrine umfüllen oder auf Suppenschüsseln verteilen. Mit Frühlingszwiebeln garnieren und sofort servieren.

Chinesische Holzohren-Pilze (Seite 30)

Spargelsuppe mit Hühnerfleisch

Spargel ist recht neu in der chinesischen Küche, er hat sich aber vor allem in Hongkong und Südchina schnell durchgesetzt. In dieser köstlichen Suppe wird er mit zartem Hühnerfleisch kombiniert, das gehackt und in Eiweiß gewälzt wurde. Ergebnis ist eine leichte, feine Suppe mit attraktiven Farbkontrasten: eine ideale Vorspeise!

Aus Hongkong und Kanton

Für 4 Personen

1,2 l Hühnerbrühe (Rezept siehe S. 59)
225 g frischer grüner Spargel
225 g Hühnerbrust ohne Haut und Knochen
1 Eiweiß
1 TL Sesamöl
1 ½ TL Salz
2 TL Shaoxing-Reiswein oder trockener Sherry
2 TL helle Sojasauce
schwarzer Pfeffer zum Abschmecken

Zum Garnieren
gehackte Frühlingszwiebeln

Hühnerbrühe in einen mittelgroßen Topf geben und zum Sieden bringen. Spargel waschen, das untere Ende abschneiden und die Stangen in 2,5 cm lange Stücke schneiden.

Hühnerbrust klein schneiden. Mit Eiweiß, Sesamöl und ½ Teelöffel Salz im Mixer fein zerkleinern. Mischung in eine Schüssel geben, mit Folie zudecken und 5 Minuten in den Kühlschrank stellen.

Spargel, Reiswein, Sojasauce, 1 Teelöffel Salz und Pfeffer zur siedenden Brühe geben. 3 Minuten kochen, bis der Spargel gar ist. Topf von der Herdplatte nehmen. Zerkleinertes Hühnerfleisch hineingeben, dabei kräftig rühren, damit das Fleisch auseinanderfällt. Topf wieder auf die Herdplatte stellen und alles 1 Minute sieden, bis das Hühnerfleisch gar ist. Mit Frühlingszwiebeln garnieren und sofort servieren.

Wann immer man in meiner Familie über Fleisch sprach, war damit Schweinefleisch gemeint. Ganz selten gab es Rindfleisch, und Lamm kam bei uns kaum auf den Tisch. Ich selbst bin zwar in Amerika aufgewachsen, doch meine Familie stammt aus dem Süden Chinas, wo Rind- und Lammfleisch selten sind. Rind, Hammel und Ziege isst man eher im Norden Chinas, wo der Einfluss von Moslems und Mongolen stark ist. Grundsätzlich meinen aber die meisten Chinesen Schweinefleisch, wenn sie von Fleisch reden. Es gibt unzählige Gerichte mit Schweinefleisch in der chinesischen Küche. Schweinefleisch ist sehr vielseitig und lässt sich auf verschiedene Weise zubereiten. Es schmeckt eher zurückhaltend und kann daher mit unendlich vielen Zutaten, Gewürzen und Saucen kombiniert werden. Schweinefett wird übrigens in China sehr geschätzt und viel zum Kochen verwendet. Es verleiht den Gerichten ein ganz besonderes Aroma.

Dieses Kapitel enthält neben vielen Schweinefleischgerichten auch Rezepte mit Rindfleisch und Lamm. Oft lässt sich Schweinefleisch durch Rindfleisch ersetzen: Schweinefleisch mit Frühlingszwiebeln (Rezept siehe S. 85) und Schweinehackfleisch mit Gemüse (Rezept siehe S. 84) schmecken genauso gut mit Rindfleisch.

Schaf und Ziege haben im Chinesischen das gleiche Schriftzeichen. Ziegenfleisch ist vor allem in Nordchina verbreitet. Ich persönlich mag lieber Lamm. Ein chinesischer Dichter schrieb einmal: »Es gibt zweiundsiebzig Wege, Lamm zu kochen; von diesen sind nur achtzehn oder neunzehn wohlschmeckend.« Die Rezepte in diesem Kapitel gehören natürlich in diese Kategorie!

Grundsätzlich nehme ich lieber frisches Fleisch als gefrorenes. Durch das Einfrieren wird die Faserstruktur zerstört, und das Fleisch wird beim Auftauen wässrig; außerdem finde ich, dass frisches Fleisch besser schmeckt. Besonders wichtig ist die Fleischqualität bei pfannengerührten Gerichten. Das Fleisch sollte möglichst trocken sein, damit es in seinen eigenen Säften brät und nicht dämpft. Obwohl die Chinesen Fleisch gerne mögen, essen sie eher kleine Mengen – auch ein Grund dafür, dass die chinesische Küche so gesund ist.

Fleisch

FLEISCHSTÜCKE

Folgende Fleischstücke eignen sich am besten für die chinesische Küche.

SCHWEINEFLEISCH: Für pfannengerührte Gerichte eignet sich Lendenkotelett ohne Fett und Knochen, Schweinesteak und Filet. Schweinebauch ist ideal zum Schmoren. Das beste Schweinehackfleisch kommt von der Schulter und ist preisgünstig.

RINDFLEISCH: Mein Favorit zum Pfannenrühren ist Filetsteak, da es mager und zart ist und sehr gut schmeckt. Es ist ein bisschen teurer, aber meist braucht man nicht viel davon. Sirloinsteak (aus dem Schluss-Stück des Roastbeefs), Rumpsteak und T-bone-Steak eignen sich ebenfalls. Für Schmorgerichte nehme ich Rinderbrust. Sie ist zwar etwas fett, aber Geschmack, Konsistenz, und die Fähigkeit, die Aromen der Sauce aufzunehmen, sind unschlagbar. Hachse und Nacken eignen sich auch für langsame Garmethoden.

LAMMFLEISCH: Lendenkoteletts ohne Fett und Knochen sind ideal zum Pfannenrühren. Lammfilet (aus dem Nacken) und Lammsteaks eignen sich auch. Zum Schmoren sollten Sie Brust, Nackenstück oder Schulter verwenden.

GETROCKNETES UND GERÄUCHERTES FLEISCH: Da die Kühlmöglichkeiten in China vielerorts eingeschränkt sind, wird in vielen Rezepten getrocknetes oder geräuchertes Fleisch verwendet. Vor allem Zhejiang und Yunnan sind berühmt für Schinken, den man leider im Westen nicht bekommt. Ich empfehle Parmaschinken oder Räucherspeck als Ersatz.

INNEREIEN: In der chinesischen Küche wird nichts verschwendet. Jeder Teil eines Tieres wird verwendet. Selbst Stücke, die Menschen im Westen als Abfall betrachten, sind beliebt. Innereien werden meist geschmort, nur Leber wird eher pfannengerührt.

Schweinefleisch mit Bohnensauce

Schweinefleisch passt wunderbar zu schwarzen fermentierten Bohnen, deren salzig-pikanter Geschmack typisch für die Küche im Süden ist. Dieses einfache Familiengericht aß ich sehr oft als Kind. Manchmal variierte meine Mutter das Rezept ein bisschen und gab scharfe Chili-Bohnen-Sauce dazu. Das Gericht ist schnell gemacht und schmeckt mit Reis und einem pfannengerührten Gemüse.

Aus Kanton
Garmethode: Pfannenrühren

Für 4 Personen

450 g mageres Schweinefleisch
1 EL Shaoxing-Reiswein oder trockener Sherry
2 1/2 EL helle Sojasauce
2 EL Sesamöl
1 TL Speisestärke
1 1/2 EL schwarze fermentierte Bohnen
1 1/2 EL Erdnussöl
1 EL fein gehackter Knoblauch
3 EL fein gehackte Frühlingszwiebeln
1 EL gehackte Schalotten
1 TL Zucker
1 EL Hühnerbrühe (Rezept siehe S. 59) oder Wasser

Schweinefleisch in dünne Streifen von etwa 5 cm Länge schneiden. Fleischstreifen in eine Schüssel geben und mit Reiswein, 1 Esslöffel heller Sojasauce, 1 Esslöffel Sesamöl und Speisestärke vermischen. Etwa 20 Minuten marinieren lassen. Schwarze Bohnen abspülen und grob hacken.

Den Wok oder eine große Pfanne stark erhitzen. Die Hälfte vom Erdnussöl hineingeben. Wenn es sehr heiß ist und anfängt zu rauchen, Schweinefleisch mit einem Schaumlöffel aus der Marinade nehmen und in das Öl geben.
2 bis 3 Minuten pfannenrühren und in eine Schüssel geben.

Wok oder Pfanne säubern, erhitzen und das restliche Öl hineingeben. Schwarze Bohnen, Knoblauch, Frühlingszwiebeln und Schalotten hinzufügen. Nach wenigen Sekunden 1 1/2 Esslöffel helle Sojasauce, Zucker, Hühnerbrühe und 1 Esslöffel Sesamöl dazugeben. Aufkochen, das Schweinefleisch hinzufügen und 5 Minuten pfannenrühren. Auf einer vorgewärmten Servierplatte anrichten und sofort auftragen.

Schweinehackfleisch mit Gemüse

Das Besondere an diesem köstlichen und preiswerten Gericht ist das eingelegte Gemüse, das typisch ist für die nordchinesische Küche. Im Norden muss Gemüse für den langen, kalten Winter eingelegt oder eingesalzen werden. Versuchen Sie, eingelegtes Gemüse aus Sichuan oder Tianjin zu bekommen. Ansonsten können Sie süßsauren kalten Chinakohl (Rezept siehe S. 202) verwenden. Ich serviere dieses Gericht am liebsten auf frischen Salatblättern oder chinesischen Pfannkuchen (Rezept siehe S. 248). Es schmeckt auch mit gedämpftem Reis (Rezept siehe S. 221–222) und pfannengerührtem Gemüse, zum Beispiel Spinat mit Knoblauch (Rezept siehe S. 216).

Aus Beijing
Garmethode: Pfannenrühren

Für 4 Personen

- 100 g eingelegtes Sichuan- oder Tianjin-Gemüse oder süßsaurer kalter Chinakohl (Rezept siehe S. 202)
- $1\,^1/_2$ EL Erdnussöl
- 450 g Schweinehackfleisch
- 2 EL dunkle Sojasauce
- 1 EL Shaoxing-Reiswein oder trockener Sherry
- 2 TL Sesamöl
- 2 TL Zucker

Zum Garnieren

- 3 EL fein gehackte Frühlingszwiebeln

Eingelegtes Gemüse oder Chinakohl mit kaltem Wasser abspülen. In einem Durchschlag abtropfen lassen und mit Küchenpapier trockentupfen. Gemüse hacken und beiseite stellen.

Den Wok oder eine große Pfanne stark erhitzen. Öl hineingeben. Wenn es sehr heiß ist und anfängt zu rauchen, Schweinehackfleisch hineingeben und 2 Minuten pfannenrühren, bis es krümelig ist. Eingelegtes Gemüse oder Chinakohl, Sojasauce, Reiswein, Sesamöl und Zucker dazugeben und 5 Minuten pfannenrühren, bis das Fleisch gar ist. Auf eine vorgewärmte Servierplatte geben, mit Frühlingszwiebeln bestreuen und sofort servieren.

Wenn Sie das Gericht mit Pfannkuchen oder Salatblättern servieren, häuft jeder etwas Fleischmischung auf einen Pfannkuchen oder ein Salatblatt, rollt dies zusammen und isst es mit den Fingern.

Schweinefleisch mit Frühlingszwiebeln

Dieses Gericht ist ein Klassiker der südchinesischen Küche. Der Schlüssel zum Erfolg ist, das Schweinefleisch nicht zu stark zu braten.

Aus Kanton
Garmethode: Pfannenrühren

Für 3 bis 4 Personen

450 g mageres Schweinefleisch
1 EL Shaoxing-Reiswein oder trockener Sherry
1 EL helle Sojasauce
2 TL Sesamöl
1 TL Speisestärke
8 Frühlingszwiebeln
1 EL Erdnussöl
2 TL Salz
1 TL schwarzer Pfeffer
1 TL Zucker

Schweinefleisch in dünne Streifen von 5 cm Länge schneiden. Mit Reiswein, Sojasauce, Sesamöl und Speisestärke vermischen und etwa 20 Minuten marinieren. Frühlingszwiebeln waschen, putzen und schräg in etwa 5 cm lange Stücke schneiden.

Einen Wok oder eine große Pfanne stark erhitzen. Öl hineingeben. Wenn es sehr heiß ist und anfängt zu rauchen, Schweinefleisch hineingeben und pfannenrühren, bis es braun ist. Frühlingszwiebeln, Salz, Pfeffer und Zucker dazugeben. Alles etwa 5 Minuten pfannenrühren, bis das Schweinefleisch gar ist. Gericht auf einer vorgewärmten Servierschale anrichten. Flüssigkeit aus dem Wok darüber gießen.

Löwenkopf-Kasserole

Dieses Gericht mit dem phantasievollen Namen ist besonders populär in Ostchina. Die Fleischbälle sehen Löwenköpfen ähnlich, und die Kohlblätter stellen die Mähne dar. Es ist ein herzhaftes und köstliches Essen. Das Geheimnis der Konsistenz liegt an der Mischung des Hackfleisches mit kaltem Wasser und Eiweiß – das macht die Fleischbälle so zart. Der chinesische Koch mischt die Zutaten per Hand und wirft sie immer wieder an den Rand der Rührschüssel, damit der Fleischteig leicht und zart wird. Dieses Gericht können Sie gut vorbereiten und aufwärmen.

Aus Shanghai
Garmethoden: Braten und Schmoren

Für 4 Personen

- 450 g Chinakohlblätter
- 175 g Wasserkastanien (Dose)
- 450 g fettes Schweinehackfleisch
- 1 Eiweiß
- 4 EL kaltes Wasser
- 2 EL helle Sojasauce
- 1 EL dunkle Sojasauce
- 2 EL Shaoxing-Reiswein oder trockener Sherry
- 1 1/2 EL Zucker
- 2 TL Salz
- 1/2 TL schwarzer Pfeffer
- Speisestärke zum Bestäuben
- 4–5 EL Erdnussöl
- 4 geschälte und zerdrückte Knoblauchzehen
- 450 ml Hühnerbrühe (Rezept siehe S. 59)

Chinakohlblätter waschen und in 5 cm breite Streifen schneiden. Wasserkastanien abtropfen und grob hacken. Hackfleisch, Eiweiß und kaltes Wasser mit den Händen zu einer leichten und lockeren Masse vermischen. Wasserkastanien, Sojasaucen, Reiswein, Zucker, Salz und Pfeffer zum Fleischteig geben und alle Zutaten kurz vermischen.

Fleischteig in sechs Portionen teilen und zu Bällen rollen. Fleischbälle mit Speisestärke bestäuben. Den Wok oder eine große Pfanne stark erhitzen. 3–4 Esslöffel Öl hineingeben. Wenn es heiß ist und anfängt zu rauchen, Fleischbälle hineingeben. Hitze reduzieren und die Fleischbälle rundherum braun anbraten. Fleischbälle herausnehmen und auf Küchenpapier entfetten.

Wok oder Bratpfanne säubern und wieder stark erhitzen. 1 Esslöffel Öl hineingeben. Wenn es heiß ist und anfängt zu rauchen, Knoblauch hineingeben und 10 Sekunden pfannenrühren. Chinakohl dazugeben und 20 Sekunden pfannenrühren. Hühnerbrühe dazugießen und etwa 2 Minuten kochen, bis der Chinakohl weich ist. Diese Mischung in eine hitzefeste Kasserole oder einen schweren Topf füllen. Fleischbälle auf die Kohlblätter legen und Brühe aufkochen lassen. Hitze reduzieren und Fleischbälle zugedeckt 1 1/2 Stunden schmoren.

Kohlblätter auf einer vorgewärmten Servierplatte verteilen, Fleischbälle darauf legen, Sauce darüber gießen und das Gericht sofort servieren.

Zweimal gegartes Schweinefleisch

Dieses Rezept verbindet viele Elemente der traditionellen chinesischen Küche. Das meiste Aroma vom Schweinefleisch steckt im Fett, aber der Nachteil von fettem Fleisch ist die unangenehme Konsistenz. Zweimal garen lautet die Lösung des Problems in China. Zunächst wird das Fleisch langsam geschmort, um es zart zu machen und Fett auszulassen. Dann wird es pfannengerührt, wobei noch mehr Fett ausgelassen wird. Trotz des Fettverlustes behält das Schweinefleisch auf diese Weise seinen feinen Geschmack. Das Fleisch wird mit Gemüse und Sauce serviert. In China verwenden wir Schweinebauch, aber Sie können auch fleischige Spareribs nehmen. Servieren Sie dieses Gericht mit Reis. Es lässt sich übrigens gut aufwärmen.

Aus Sichuan
Garmethoden: Pfannenrühren und Schmoren

Für 4 Personen

1 kg Schweinebauch oder fleischige Spareribs
20 g frischer Ingwer
6 Frühlingszwiebeln
2 EL Erdnussöl
1 kleine Zwiebel
1 rote Paprikaschote
1 grüne Paprikaschote
225 g Lauch
3 EL fein gehackter Knoblauch
3 EL Hühnerbrühe (Rezept siehe S. 59)
3 EL Hoisin-Sauce
1 1/2 EL Chili-Bohnen-Sauce
2 EL Shaoxing-Reiswein oder trockener Sherry
1 EL dunkle Sojasauce
1 TL Salz
1 TL Zucker

Salzwasser in einem Topf aufkochen. Fleisch darin 10 Minuten sieden. Dabei ständig Schaum abschöpfen. Ingwer vierteln. Ingwer und Frühlingszwiebeln dazugeben. Hitze reduzieren, Deckel auflegen und alles bei schwacher Hitze 1 Stunde sieden. Fleisch in einem Durchschlag abtropfen und abkühlen lassen. Ingwer und Frühlingszwiebeln wegwerfen. Fleisch in 5 x 1 cm große Stücke schneiden.

Den Wok oder eine große Bratpfanne stark erhitzen. Öl hineingeben. Wenn es heiß ist und anfängt zu rauchen, Schweinefleisch zufügen. Wok kurz zudecken, damit das Fett nicht spritzt. Fleisch 20 Sekunden pfannenrühren, bis es braun ist bzw. das Fett vom Schweinebauch ausgelassen ist. Fleisch im Durchschlag abtropfen, 1 Esslöffel Öl im Wok belassen.

Zwiebel abziehen und in feine Ringe schneiden. Paprikaschoten putzen und in feine Streifen schneiden. Lauch putzen und den weißen Teil in dünne Ringe schneiden. Öl im Wok erhitzen. Knoblauch, Zwiebel, Paprika und Lauch 4 Minuten pfannenrühren, bis das Gemüse zart ist. Alle übrigen Gewürzzutaten dazugeben. Fleisch wieder hineingeben, Hitze reduzieren und alles zugedeckt 15 Minuten schmoren, bis das Fleisch zart ist. Sofort servieren.

Schweinefleisch süßsauer

Schweinefleisch süßsauer gehört zu den berühmtesten chinesischen Gerichten in der westlichen Welt. Leider wird es nur selten richtig zubereitet. Oft bekommt man schwere Teigklöße mit wenig Schweinefleisch, die in einer süßen, roten Sauce ertränkt sind. Doch wer die Kunst beherrscht, süßsaure Gerichte richtig zu kochen, erhält fein ausgewogene Speisen, deren süße und saure Aromen sich kaum mehr trennen lassen. Servieren Sie das Gericht mit gedämpftem Reis (Rezept siehe S. 221–222) und blanchiertem Gemüse, zum Beispiel Chinakohl in cremiger Sauce (Rezept siehe S. 205).

Aus Kanton und Fujian
Garmethoden: Frittieren und Schmoren

Rechts:
Chinakohl
(Seite 22)

Für 4 Personen

450 g mageres Schweinefleisch
1 EL Shaoxing-Reiswein oder trockener Sherry
1 EL helle Sojasauce
2 TL Sesamöl
1/2 TL Salz
1 mittelgroße grüne Paprikaschote
1 mittelgroße rote Paprikaschote
100 g kleine Möhren
50 g Frühlingszwiebeln
1 geschlagenes Ei
2 EL Speisestärke + Speisestärke zum Bestäuben
450 ml Erdnussöl (Fritteuse siehe S. 47)
75 g Litschis (Dose) oder frische Orangenschnitze

FÜR DIE SAUCE

150 ml Hühnerbrühe (Rezept siehe S. 59)
1 EL helle Sojasauce
2 TL dunkle Sojasauce
2 TL Sesamöl
1/2 TL Salz
1 TL weißer Pfeffer
1 1/2 EL heller Reisessig oder Cidre-Essig
1 EL Zucker
2 EL Tomatenmark oder Ketchup
2 TL Speisestärke
1 EL Wasser

Schweinefleisch in 2,5 cm große Würfel schneiden. Fleischwürfel mit Reiswein, heller Sojasauce, Sesamöl und Salz in einer Schüssel vermischen und 20 Minuten marinieren.
Inzwischen beide Paprikaschoten waschen, putzen und in 2,5 cm große Vierecke schneiden. Möhren schälen und in 2,5 cm lange Stücke schneiden. Frühlingszwiebeln putzen und in 2,5 cm lange Stücke teilen. (Die gleiche Größe der Zutaten macht dieses Gericht optisch besonders attraktiv.) Wasser in einem Topf aufkochen und Möhren 4 Minuten blanchieren. Abgießen und beiseite stellen.
Ei und Speisestärke zu einem glatten Teig vermischen. Fleischwürfel aus der Marinade nehmen, mit der trockenen Speisestärke bestäuben und im Teig wälzen, bis sie rundherum damit überzogen sind. Öl in der Fritteuse oder einem großen Wok erhitzen, bis es anfängt zu rauchen. Fleischwürfel mit dem Schaumlöffel ins Öl geben und goldbraun frittieren. Auf Küchenpapier entfetten.
Für die Sauce Hühnerbrühe, Sojasaucen, Sesamöl, Salz, Pfeffer, Essig, Zucker und Tomatenmark in einen großen Topf geben und aufkochen. Paprikaschoten, Möhren und Frühlingszwiebeln untermischen. Speisestärke und Wasser in einer Schüssel anrühren und zur Sauce geben. Aufkochen lassen und die Hitze reduzieren, sodass die Sauce siedet. Litschis abtropfen lassen. Litschis oder Orangen und Fleischwürfel in die Sauce geben. Alles mischen, in eine Schüssel füllen und sofort servieren.

Knuspriger Schweinebraten

In Südchina gibt es viele Geschäfte, die sich auf Zubereitung und Verkauf von ganzen gebratenen Schweinen und Spanferkeln spezialisiert haben. Dieses Fleisch schmeckt köstlich mit Reis oder in pfannengerührten Gerichten. Das Geheimnis der knusprigen Haut liegt darin, sie zu blanchieren und dann auf ähnliche Weise zu trocknen, wie es bei der berühmten Peking-Ente geschieht. Nach dem Trocknen wird die Haut geröstet, wobei das meiste Fett ausgelassen wird, und zartes Schweinefleisch, marmoriert mit wenig Fett übrig bleibt. Das Rezept lässt sich gut vorbereiten. Übriger Braten schmeckt wunderbar in einem Sandwich.

Aus Kanton
Garmethode: Rösten

Für 4 bis 6 Personen

1,5 kg Schweinebauch mit Schwarte, ohne Knochen
4 EL grobes Meersalz
2 EL geröstete und gemahlene Sichuan-Pfefferkörner (siehe S. 34)
2 TL frisch gemahlenes Fünf-Gewürze-Pulver
1 TL Zucker

Die Schwarte mit einem Messer einstechen, bis sie mit kleinen Löchern übersät ist. Zum Aufhängen einen Fleischerhaken in das Fleisch bohren. Wasser in einem Topf zum Kochen bringen. Mit einem Schöpflöffel mehrmals heißes Wasser über die Schwarte gießen. Fleisch beiseite stellen.

Den Wok oder eine große Pfanne stark erhitzen. Salz, Pfeffer, Fünf-Gewürze-Pulver und Zucker hineingeben und 3 Minuten pfannenrühren, bis alles heiß und gut vermischt ist. Etwas abkühlen lassen. Sobald Sie die Gewürze anfassen können, reiben Sie die Fleischseite damit ein. Fleisch 8 Stunden oder über Nacht an einen kühlen Ort oder vor ein Gebläse hängen.

Backofen auf 200 °C (Gas Stufe 3–4, Umluft 180 °C) vorheizen. Schweinefleisch mit der Schwarte nach oben auf den Rost legen. Die mit Wasser gefüllte Fettpfanne darunter stellen. Fleisch 15 Minuten rösten, dann den Ofen auf 180 °C (Gas Stufe 2–3, Umluft 160 °C) herunterschalten. Schweinebauch 2 Stunden rösten. Ofen auf 230 °C (Gas Stufe 5, Umluft 200 °C) hochschalten und nochmals 15 Minuten rösten. Herausnehmen und abkühlen lassen. In Stücke schneiden und auf einer Servierplatte anrichten. Dazu schmecken Reis und Gemüse.

Kaltes Schweinefleisch auf Peking-Art

Kalte Platten werden besonders im Norden Chinas gern zu festlichen Anlässen gereicht. Am besten bereiten Sie dieses Gericht am Vortag zu, das erleichtert die Menüplanung. Das Fleisch wird zunächst kurz blanchiert, wodurch es gesäubert wird. Dann wird es langsam in einer würzigen Flüssigkeit geschmort. Anschließend kocht man die Schmorflüssigkeit zu einer köstlichen Sauce ein. In dieser Sauce mariniert das Fleisch über Nacht. Ein perfektes Sommergericht, auch ideal für ein Picknick.

Aus Beijing
Garmethode: Schmoren

Für 4 bis 6 Personen

750 g Schweinehachse, Filetende oder Schulter (in einem Stück)

Für die Schmorflüssigkeit
1,2 l Hühnerbrühe (Rezept siehe S. 59)
15 g frischer Ingwer
3 Frühlingszwiebeln
5 Sternanis
3 EL Shaoxing-Reiswein oder trockener Sherry
2 EL Fünf-Gewürze-Pulver
5 EL chinesischer Rohrzucker oder normaler Zucker
5 EL dunkle Sojasauce
1 TL Salz
nach Belieben: 1 EL geröstete Sichuan-Pfefferkörner (siehe S. 34)

In einem Topf Wasser aufkochen. Das Fleisch 3 bis 5 Minuten darin blanchieren. Mit einem Schaumlöffel herausholen. Wasser weggießen. Die Schwarte klein schneiden. Topf ausspülen und Fleisch wieder hineingeben. Alle Zutaten für die Schmorflüssigkeit und die Schwarte dazugeben. Mischung aufkochen lassen, dann die Herdplatte auf ganz schwache Hitze stellen. Topf zudecken und Fleisch etwa 2 Stunden schmoren.

Fleisch mit dem Schaumlöffel aus dem Topf nehmen und in eine große Schüssel legen. So viel Fett wie möglich abschöpfen. Herdplatte höher stellen und die Flüssigkeit so lange kochen, bis sie etwa auf die Hälfte zu einer Sauce reduziert ist. Sauce durch ein Sieb über das Fleisch in der Schüssel gießen. Abkühlen lassen, dann in den Kühlschrank stellen. Mindestens 8 Stunden kühlen.

Kurz vor dem Servieren Fleisch aus der Sauce nehmen und in dünne Scheiben schneiden. Wenn die Sauce geliert ist, in Würfel schneiden und als Garnierung um das Fleisch verteilen. Ansonsten Sauce über das Fleisch gießen und servieren.

Glasiertes Schweinefleisch

Dieses Rezept ist meine Version des berühmten Honigschinkens mit Lotossamen. Im Originalrezept wird chinesischer Schinken in einer sirupartigen Mischung aus Zucker, Shaoxing-Reiswein und Lotossamen geschmort, wobei der Schinken glasiert wird. Dies dauert 4 Stunden. Ich habe herausgefunden, dass man mit dieser Methode auch Schweinekotelett zubereiten kann – in viel kürzerer Zeit, aber mit demselben köstlichen Ergebnis. Servieren Sie dieses Gericht mit gedämpftem Reis (Rezept siehe S. 221–222) und grünem Gemüse.

Aus Hunan und Sichuan
Garmethode: Schmoren

Für 4 bis 6 Personen

450 g Schweinekoteletts mit Knochen (mindestens 3,5 cm dick)
1/2 TL Salz
2 Frühlingszwiebeln
10 g frischer Ingwer
1 1/2 EL Erdnussöl

FÜR DIE SCHMORSAUCE

450 ml Shaoxing-Reiswein oder trockener Sherry oder 150 ml Shaoxing-Reiswein oder trockener Sherry, mit 300 ml Hühnerbrühe gemischt (Rezept siehe S. 59)
2 EL helle Sojasauce
100 g chinesischer Rohrzucker oder normaler Zucker
3 EL geröstete Sichuan-Pfefferkörner (siehe S. 34)

Schweinekoteletts leicht salzen und beiseite stellen. Frühlingszwiebeln putzen und längs dritteln. Ingwer in 5 mm dünne Scheiben schneiden.

Den Wok oder eine große Pfanne stark erhitzen. Öl hineingeben. Wenn es sehr heiß ist und anfängt zu rauchen die Hitze reduzieren und Frühlingszwiebeln und Ingwer hineingeben. Nach wenigen Sekunden die Schweinekoteletts hineingeben und braun anbraten.

Inzwischen die Zutaten für die Schmorsauce in einem großen Topf zum Kochen bringen. Hitze reduzieren, bis die Flüssigkeit siedet. Koteletts, Frühlingszwiebeln und Ingwer dazugeben. Die Herdplatte auf kleinste Hitze schalten und alles zugedeckt 20 Minuten schmoren, bis das Fleisch zart ist.

Schweinekoteletts aus der Sauce heben und kurz abkühlen lassen. Dann schräg in Scheiben schneiden. Fett von der Oberfläche der Sauce abschöpfen, dann etwas Sauce auf das Schweinefleisch geben. Sofort servieren. Die übrige Sauce können Sie abkühlen lassen und einfrieren (vor dem Einfrieren nochmals Fett abschöpfen).

Schweinefleisch mit Tofu

Dieses Gericht gehört zu den bekanntesten Familienessen in China. Es ist auch unter dem Namen Tofu Ma-Po-Art bekannt. Meine Mutter machte eine wunderbare Version dieses einfachen Bauerngerichtes, indem sie mit Gewürzen den frischen, relativ geschmacksneutralen Tofu in eine wirkliche Köstlichkeit verwandelte. Dieses Rezept zeigt das Talent der Chinesen, mit wenig Fleisch ein preiswertes, nahrhaftes und schmackhaftes Gericht zu kochen. Aufgewärmt schmeckt es noch besser.

Aus Sichuan
Garmethode: Schmoren

Für 4 Personen

450 g frischer fester Tofu
1 1/2 EL Erdnussöl
1 EL fein gehackter Knoblauch
1 EL fein gehackter frischer Ingwer
350 g Schweinehackfleisch
3 EL fein gehackte Frühlingszwiebeln
1 TL Chili-Bohnen-Sauce oder Chilipulver
1 TL Zucker
1 1/2 EL Shaoxing-Reiswein oder trockener Sherry
1 EL dunkle Sojasauce
1 EL helle Sojasauce
1 1/2 EL Sojabohnenpaste mit ganzen Bohnen
nach Belieben 1 TL geröstete und gemahlene Sichuan-Pfefferkörner (siehe S. 34)
65 ml Hühnerbrühe (Rezept siehe S. 59)

Zum Garnieren

2 EL fein gehackte Frühlingszwiebeln

Tofu in 1 cm große Würfel schneiden und in einem Sieb abtropfen lassen. Anschließend auf Küchenpapier legen und weitere 10 Minuten trocknen lassen.

Den Wok oder eine große Pfanne stark erhitzen. Öl hineingeben. Wenn es sehr heiß ist und anfängt zu rauchen, Knoblauch und Ingwer hineingeben. Nach wenigen Sekunden Schweinehackfleisch dazugeben und 2 Minuten pfannenrühren. Alle Zutaten bis auf den Tofu in den Wok geben. Mischung aufkochen lassen und Hitze herunterschalten. Tofu zufügen und unterrühren, ohne dass er zerfällt. Alles bei schwacher Hitze offen 15 Minuten schmoren. (Falls nötig, etwas Brühe zugießen). Mit Frühlingszwiebeln garnieren und servieren.

Fünf-Gewürze-Spareribs

Dieses köstliche Fleischgericht verwöhnt die Geschmacksnerven mit vielen unterschiedlichen Aromen. Die Spareribs werden zuerst mariniert, dann in Öl frittiert und zum Schluss in einer pikanten Sauce sanft geschmort. Sie sollten dieses Gericht am Vortag zubereiten, es schmeckt aufgewärmt noch besser.

Aus Beijing
Garmethoden: Frittieren und Schmoren

Für 4 Personen

750 g Spareribs vom Schwein
600 ml Erdnussöl (Fritteuse siehe S. 47)

FÜR DIE MARINADE
1 EL Shaoxing-Reiswein oder trockener Sherry
1 EL helle Sojasauce
1 EL dunkler Reisessig oder Cidre-Essig
2 TL Sesamöl
1 EL Speisestärke

FÜR DIE SAUCE
2 EL fein gehackter Knoblauch
2 TL Fünf-Gewürze-Pulver
3 EL fein gehackte Frühlingszwiebeln
3 EL chinesischer Rohrzucker
3 EL Shaoxing-Reiswein oder trockener Sherry
150 ml Hühnerbrühe (Rezept siehe S. 59)
1 1/2 EL getrocknete geriebene Zitrusschale (siehe S. 37)
85 ml dunkler Reisessig oder Cidre-Essig

Lassen Sie die Spareribs vom Metzger in einzelne Rippen teilen und diese in etwa 7,5 cm lange Stücke hacken. Wer ein Küchenbeil und einen Hackblock hat, kann das natürlich selbst machen. Die Zutaten für die Marinade in einer Schüssel miteinander vermischen und die Spareribs darin bei Zimmertemperatur etwa 25 Minuten marinieren. Mit dem Schaumlöffel herausnehmen.

Öl in der Fritteuse oder in einem großen Wok erhitzen. Wenn das Öl sehr heiß ist und anfängt zu rauchen, die Rippchen portionsweise darin knusprig braun frittieren. Jede gebratene Portion auf Küchenpapier entfetten. (Öl abkühlen lassen und filtern, wenn Sie es wieder verwenden möchten).

Die Zutaten für die Sauce in einen sauberen Wok oder eine Pfanne geben. Einmal aufkochen lassen und dann die Herdplatte herunterschalten. Spareribs hineingeben und zugedeckt bei schwacher Hitze 40 Minuten schmoren. Gelegentlich umrühren. Falls nötig, etwas Wasser dazugeben, damit das Fleisch nicht trocken wird. Fett von der Oberfläche abschöpfen, Gericht auf eine vorgewärmte Platte geben und sofort servieren.

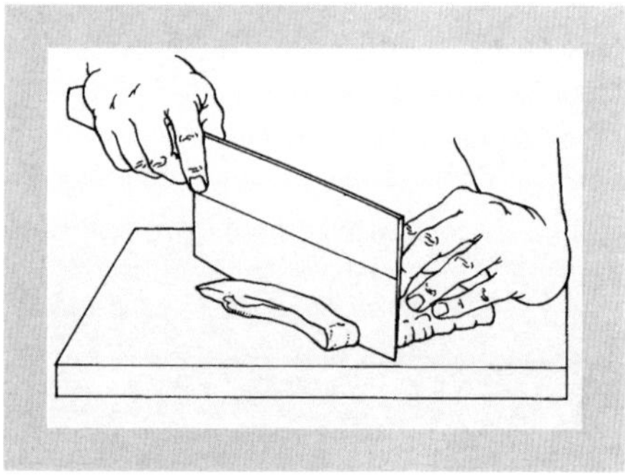

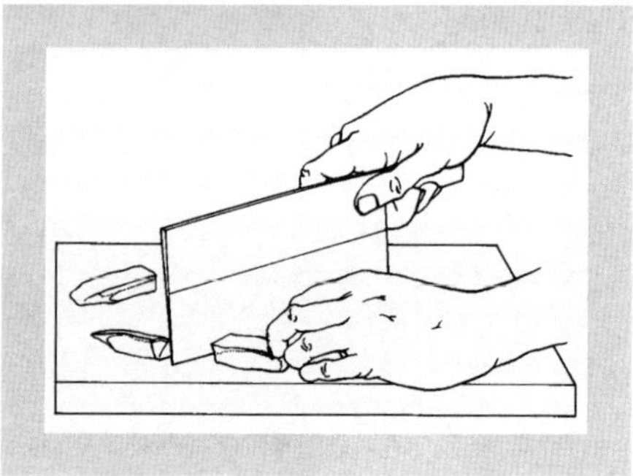

Chili-Spareribs

Dieses Rezept erfordert mehrere Gartechniken, aber vieles lässt sich vorbereiten, sodass Sie das Gericht vor dem Essen schnell fertigstellen können. Die Kombination der Gewürze ist typisch für die westchinesische Küche. Übrigens können Sie die Spareribs im Backofen, unter dem Backofengrill oder auf dem Grill im Freien fertig machen.

Aus Sichuan
Garmethoden: Frittieren, Schmoren und Rösten

Für 4 Personen

600 ml Erdnussöl (Fritteuse siehe S. 47)
750 g Spareribs vom Schwein, in einzelne Rippen zerteilt

Für die Schmorsauce

900 ml Hühnerbrühe (Rezept siehe S. 59)
2 EL Chili-Bohnen-Sauce
1 EL chinesischer Rohrzucker oder normaler Zucker
85 ml Shaoxing-Reiswein oder trockener Sherry
1 1/2 EL dunkle Sojasauce
2 EL helle Sojasauce
2 EL fein gehackter Knoblauch
3 EL fein gehackte Frühlingszwiebeln
2 EL Sojabohnenpaste mit ganzen Bohnen
3 EL Hoisin-Sauce
2 EL Speisestärke, mit 3 EL Wasser angerührt

Das Öl in der Fritteuse oder einem großen Wok erhitzen. Spareribs darin portionsweise knusprig braun frittieren und auf Küchenpapier entfetten.

Alle Zutaten für die Sauce in einen großen Topf geben und zum Kochen bringen. Frittierte Spareribs dazugeben und zugedeckt etwa 1 Stunde darin schmoren, bis das Fleisch ganz zart ist. Sauce abgießen und Fett abschöpfen. (Bis hierher können Sie das Gericht am Vortag vorbereiten. Wer möchte, kann die Sauce für späteren Gebrauch einfrieren.)

Backofen auf 180 °C (Gas Stufe 2–3, Umluft 160 °C) vorheizen. Spareribs auf einen Rost legen und diesen in die Fettpfanne stellen. Spareribs im Ofen 15 bis 20 Minuten backen, bis sie braun sind. Nach Belieben öfters mit der Schmorsauce bestreichen. Sie können die Spareribs auch unter dem Backofengrill oder auf einem Grill grillen, bis sie braun sind. Spareribs mit einem schweren Messer in 6 cm lange Stücke teilen, auf eine vorgewärmte Platte geben und sofort servieren.

Schweinehackfleisch mit scharfem Gemüse

Eingelegtes Gemüse wird in der chinesischen Küche oft zum Würzen von Fleisch und allgemein zum Strecken von Fleischgerichten verwendet. Kaufen Sie eingelegtes Sichuan-Gemüse im Chinaladen oder verwenden Sie süßsauren kalten Chinakohl (Rezept siehe S. 202). Dieses Gericht wird gedämpft. Der Vorteil dabei ist, dass das Fleisch saftig und scharf bleibt, ohne dass man Gefahr läuft, es zu lange zu garen. Es ist ein leckeres Familienessen, das sich gut aufwärmen lässt. Dazu passen Reisnudeln mit Gemüse (Rezept siehe S. 237).

Aus Sichuan
Garmethode: Dämpfen

Für 4 Personen

75 g eingelegtes Sichuan-Gemüse oder süßsaurer kalter Chinakohl
450 g Schweinehackfleisch
1 Eiweiß
1 EL Shaoxing-Reiswein oder trockener Sherry
1 EL Chili-Bohnen-Sauce
2 TL dunkle Sojasauce
1 TL helle Sojasauce
2 TL Zucker
3 EL fein gehackte Frühlingszwiebeln
1 EL fein gehackter frischer Ingwer

Das eingelegte Gemüse oder den Chinakohl unter fließendem Wasser abspülen. In einem Sieb oder Durchschlag abtropfen lassen und fein hacken. Gehacktes Gemüse in eine Schüssel geben. Schweinehackfleisch und alle anderen Zutaten dazugeben und alles gut vermischen. Diese Mischung auf einen tiefen hitzefesten Teller geben. In der Mitte eine Vertiefung machen, in der sich die Säfte beim Kochen ansammeln können.

Einen Dämpftopf bereit stellen oder einen Dämpfeinsatz in den Wok oder einen hohen Topf stellen. So viel Wasser einfüllen, dass es 5 cm hoch im Topf steht. Wasser bei starker Hitze aufkochen. Schweinefleisch auf dem Teller in den Dämpftopf oder auf das Gestell geben. Hitze reduzieren und den Deckel auflegen. Alles bei schwacher Hitze 1 Stunde dämpfen, bis das Fleisch gar ist. Auf der Platte, auf der es gedämpft wurde, servieren.

Würziger Schweinebauch

Schweinebauch ist ein relativ preiswertes Stück vom Schwein und in China sehr beliebt. Er gehörte auch schon immer zu meinen Favoriten. Auf den ersten Blick sieht er fett und unappetitlich aus, aber seine Konsistenz wird in China hoch geschätzt. Richtig zubereitet schmeckt Schweinebauch einfach köstlich. In diesem Rezept wird der Großteil des Fettes durch das lange Schmoren ausgelassen. Ergebnis ist ein saftiger Braten, zu dem gedämpfter Reis (Rezept siehe S. 221–222) wunderbar schmeckt.

Aus Shanghei
Garmethode: Schmoren

Für 6 Personen

1,5 kg Schweinebauch mit Knochen
1 EL Salz
3 EL Erdnussöl

FÜR DIE SCHMORFLÜSSIGKEIT
30 g frischer Ingwer
1,2 l Hühnerbrühe (Rezept siehe S. 59)
600 ml Shaoxing-Reiswein oder trockener Sherry
150 ml helle Sojasauce
150 ml dunkle Sojasauce
150 g chinesischer Rohrzucker oder normaler Zucker
2 TL Fünf-Gewürze-Pulver
2 TL weißer Pfeffer
3 EL Sojabohnenpaste mit ganzen Bohnen
3 EL Hoisin-Sauce
6 Frühlingszwiebeln

In diesem Rezept werden die Knochen mitgekocht. Sie können sie auch vom Metzger entfernen lassen, sollten sie aber wegen des Aromas trotzdem in die Schmorflüssigkeit geben. Schweinebauch mit Salz einreiben und 1 Stunde ruhen lassen. Salz abwaschen. (Dieser Vorgang reinigt das Fleisch und entzieht ihm etwas Flüssigkeit.) Fleisch mit Küchenpapier trockentupfen.

Den Wok oder eine große Pfanne stark erhitzen. Öl hineingeben. Wenn es sehr heiß ist und anfängt zu rauchen, das Fleisch mit der Schwarte nach unten ins Öl geben. Deckel auflegen, damit das Öl nicht spritzt. Schwarte knusprig braun anbraten. Falls nötig, etwas mehr Öl dazugießen.

Ingwer in 5 mm dünne Scheiben schneiden und mit allen anderen Zutaten für die Schmorflüssigkeit in einen großen Topf geben. Flüssigkeit zum Sieden bringen, Schweinebauch hineingeben und bei sehr schwacher Hitze zugedeckt 2 bis 2 ½ Stunden schmoren, bis das Fleisch ganz zart ist.

Fleisch aus dem Topf nehmen und etwas abkühlen lassen. (Sie können die Flüssigkeit abkühlen lassen, das Fett abschöpfen und für das nächste Mal einfrieren.) Schweinebauch in dünne Scheiben schneiden. Die Chinesen essen auch die Schwarte und das Fett, aber Sie können diese natürlich abschneiden. Für eine Sauce dicken Sie etwas Schmorflüssigkeit mit Speisestärke ein. Davor nochmals das Fett abschöpfen. Sauce über das Fleisch geben und servieren.

Regenbogen-Rindfleisch im Salatblatt

Aus Hongkong
Garmethode: Pfannenrühren

Über dieses Gericht wird oft gesagt, dass es gar nicht traditionell chinesisch sei, sondern die Erfindung eines Restaurants in Hongkong. Wie dem auch sei, es schmeckt köstlich und ist sehr beliebt. Der Regenbogen besteht aus vielen bunten Gemüsen, die mit Rindfleisch pfannengerührt, und mit knusprigen Glasnudeln und Hoisin-Sauce garniert werden, wobei eine außergewöhnliche Kombination von Aromen und Konsistenzen entsteht. Das Gericht eignet sich als Auftakt zu einem besonderen Menü. Fleisch und Gemüse, Nudeln und Salat werden jeweils auf separaten Platten serviert, die Hoisin-Sauce in einer Schale. Jeder bedient sich selbst und füllt sein Salatblatt. Gegessen wird mit den Fingern!

Für 4 bis 6 Personen

450 g Rinderhackfleisch
2 EL Shaoxing-Reiswein oder trockener Sherry
1 EL helle Sojasauce
2 TL Sesamöl
2 TL Speisestärke
100 g Möhren
100 g Bambussprossen (Dose)
100 g Zucchini
1 kleine rote oder grüne Paprikaschote
15 g getrocknete chinesische Pilze
225 g Eissalat
25 g Glasnudeln
300 ml Erdnussöl (Fritteuse siehe S. 47) + 1 EL Erdnussöl
1 EL fein gehackter Knoblauch
1 EL fein gehackte Schalotten
3 EL fein gehackte Frühlingszwiebeln
2 TL dunkle Sojasauce
2–3 EL Hoisin-Sauce
2 EL Austernsauce
1/2 TL Salz
1/4 TL schwarzer Pfeffer

ZUM SERVIEREN
4 EL Hoisin-Sauce

Rinderhackfleisch mit 1 Esslöffel Reiswein, heller Sojasauce, Sesamöl und Speisestärke in einer Schüssel gut vermischen und 20 Minuten marinieren lassen.

Inzwischen Möhren putzen und in 5 cm lange dünne Stifte schneiden. Bambussprossen, Zucchini und Paprikaschoten putzen und in 5 cm lange Streifen schneiden. Getrocknete Pilze in warmem Wasser 20 Minuten einweichen, abtropfen lassen und Flüssigkeit ausdrücken. Stiele entfernen und Hüte in 5 cm lange Streifen schneiden. Salat putzen und waschen, Blätter trockentupfen und auf einen Servierteller geben.

In der Fritteuse oder in einem großen Wok 300 ml Öl erhitzen, bis es anfängt zu rauchen. Nudeln darin frittieren, bis sie knusprig sind und sich aufblähen. Auf Küchenpapier entfetten und auf einen Servierteller geben. (Öl abkühlen lassen und aufheben.)

1 Esslöffel Frittieröl in den heißen Wok geben. Wenn es anfängt zu rauchen, das Hackfleisch hineingeben und 1 Minute pfannenrühren. Hackfleisch herausnehmen und beiseite stellen. Wok säubern und wieder stark erhitzen. 1 Esslöffel frisches Erdnussöl hineingeben. Wenn es sehr heiß ist und anfängt zu rauchen, Knoblauch, Schalotten und Frühlingszwiebeln hineingeben und 10 Sekunden pfannenrühren. Möhren dazugeben und 1 Minute pfannenrühren. Bambussprossen, Zucchini, Paprikaschoten, Pilze, dunkle Sojasauce, 1 Esslöffel Reiswein, Hoisin-Sauce, Austernsauce, Salz und Pfeffer dazugeben. Alles 3 Minuten pfannenrühren. Fleisch wieder hineingeben und kurz unterrühren. Gericht auf einer vorgewärmten Servierplatte anrichten. Hoisin-Sauce in eine kleine Schüssel geben. Salat, Nudeln, Regenbogenfleisch und Sauce sofort servieren.

Rindertopf auf nordchinesische Art

Rindfleisch ist in China oft nicht sehr zart, und dann ist Schmoren die beste Garmethode. Chinesische Köche haben schon vor langer Zeit diese Not zur Tugend gemacht, indem sie bestimmte Gewürze verwenden, die während des Schmorens das Fleisch mit feinen Aromen durchdringen. Dieses Rezept ist im Grunde die chinesische Version von Gulasch mit typischen Gewürzen der nordchinesischen Küche. Nehmen Sie für dieses Rezept ein preiswertes Stück Rindfleisch wie Brust oder Hachse. Den chinesischen weißen Rettich bekommen Sie im Asienladen. Sie können auch weiße Rüben oder Möhren verwenden. Dieses Gericht ist ideal für einen kalten Winterabend. Servieren Sie es mit gedämpftem Reis (Rezept siehe S. 221–222).

Aus Beijing
Garmethode: Schmoren

Zutaten für 4 bis 6 Personen

1,5 kg Rinderschmorfleisch, z. B. Brust oder Keule
4 Frühlingszwiebeln
30 g frischer Ingwer
2 EL Erdnussöl
4 geschälte und leicht zerdrückte Knoblauchzehen
4 getrocknete rote Chilis
450 g chinesischer weißer Rettich

Für die Schmorsauce

900 ml Hühnerbrühe (Rezept siehe S. 59)
50 g chinesischer Rohrzucker oder normaler Zucker
1 1/2 EL helle Sojasauce
2 EL dunkle Sojasauce
3 EL Shaoxing-Reiswein oder trockener Sherry
4 Sternanis
2 TL Fünf-Gewürze-Pulver
5 EL Hoisin-Sauce
1 EL Sojabohnenpaste mit ganzen Bohnen

Rindfleisch in 3 cm große Würfel schneiden. Frühlingszwiebeln putzen und schräg in 5 cm lange Stücke schneiden. Ingwer in 6 Scheiben schneiden. Den Wok oder eine große Pfanne stark erhitzen. Öl hineingeben. Wenn es sehr heiß ist und anfängt zu rauchen, Fleischwürfel hineingeben und etwa 10 Minuten rundherum braun braten. Öl bis auf 1 Esslöffel ausgießen. Frühlingszwiebeln, Ingwer, Knoblauch und Chilis dazugeben und mit dem Fleisch 5 Minuten pfannenrühren.

Diese Mischung in eine große ofenfeste Form oder einen Topf geben. Alle Zutaten für die Schmorflüssigkeit dazugeben. Flüssigkeit zum Kochen bringen, Fett von der Oberfläche abschöpfen und die Herdplatte auf ganz schwache Hitze stellen. Alles zugedeckt 1 1/2 Stunden schmoren.

Inzwischen den chinesischen Rettich schälen und schräg in 5 cm lange dicke Stücke schneiden. Zum Fleisch geben und alles 30 Minuten schmoren, bis das Rindfleisch zart ist. Flüssigkeit bei starker Hitze offen etwa 15 Minuten zu einer Sauce einkochen. Sie können den Eintopf gleich servieren oder später aufwärmen.

Rindfleisch in Austernsauce

Dieses Gericht gehörte zu den populärsten in unserem Familienrestaurant. Qualitativ hochwertige Austernsauce schmeckt übrigens nicht nach Fisch, sondern eher nach Fleisch. Sie ergänzt Rindfleisch und Schweinefleisch sehr gut. Dieses Rezept gelingt leicht. Servieren Sie es mit gedämpftem Reis (Rezept siehe S. 221–221) und Chinakohl mit Sojasauce (Rezept siehe S. 206).

Aus Kanton
Garmethode: Pfannenrühren

Für 4 Personen

450 g mageres Rindersteak
1 EL helle Sojasauce
2 TL Sesamöl
1 EL Shaoxing-Reiswein oder trockener Sherry
2 TL Speisestärke
3 EL Erdnussöl
3 EL Austernsauce

ZUM GARNIEREN

1 1/2 EL fein gehackte Frühlingszwiebeln

Rindfleisch in dünne, 5 cm lange Scheiben schneiden und in eine Schüssel geben. Sojasauce, Sesamöl, Reiswein und Speisestärke untermischen. Fleisch 20 Minuten marinieren.

Den Wok oder eine große Pfanne stark erhitzen. Öl hineingeben. Wenn es sehr heiß ist und anfängt zu rauchen, Fleischscheiben hineingeben und 5 Minuten pfannenrühren, bis sie leicht gebräunt sind. Fleisch herausnehmen und in einem Durchschlag gut abtropfen lassen.

Wok oder Bratpfanne säubern und wieder stark erhitzen. Austernsauce hineingeben und zum Sieden bringen. Fleischscheiben dazugeben und mit der Sauce vermischen. Alles auf eine vorgewärmte Servierplatte geben, mit den Frühlingszwiebeln garnieren und sofort servieren.

Rindfleisch mit Orange

Dieses Gericht stammt aus dem Norden und Westen Chinas. Die Chinesen verwenden getrocknete Orangenschale, und je älter sie ist, umso besser wird der Geschmack. Sie können die Schale leicht selbst trocknen (siehe S. 25). Ich mache das Rezept manchmal mit frischer Orangenschale, weil die Säure so gut zum Fleisch passt. Das Gericht geht leicht und schmeckt völlig anders als die meisten pfannengerührten Rindfleischgerichte. Servieren Sie es mit Reis und Maissuppe mit Krabbenfleisch (Rezept siehe S. 75).

Aus Sichuan und Beijing
Garmethode: Pfannenrühren

Für 4 Personen

450 g mageres Rindersteak
2 EL dunkle Sojasauce
1 EL Shaoxing-Reiswein oder trockener Sherry
1 1/2 TL fein gehackter frischer Ingwer
2 TL Speisestärke
4 TL Sesamöl
65 ml Erdnussöl
2 getrocknete rote Chilis
1 EL getrocknete und eingeweichte Zitrusschale, grob gehackt (siehe S. 37)
nach Belieben: 1 TL gerösteteter und gemahlene Sichuan-Pfefferkörner (siehe S. 34)
1/2 TL Salz
1/2 TL schwarzer Pfeffer
1 1/2 TL Zucker

Rindfleisch quer zur Faser in 5 cm lange, dünne Scheiben schneiden. Mit 1 Esslöffel Sojasauce, Reiswein, Ingwer, Speisestärke und 2 Teelöffeln Sesamöl in einer Schüssel vermischen und 20 Minuten marinieren.

Den Wok oder eine große Bratpfanne stark erhitzen. Öl hineingeben. Wenn das Öl heiß ist und anfängt zu rauchen, Fleisch mit dem Schaumlöffel aus der Marinade heben und in den Wok geben. 2 Minuten pfannenrühren, bis es braun wird. Herausnehmen und im Durchschlag abtropfen lassen.

Öl bis auf 2 Teelöffel aus dem Wok gießen. Öl stark erhitzen, getrocknete Chilis hineingeben und 10 Sekunden pfannenrühren. Fleisch, Orangenschale, Sichuan-Pfeffer, 1 Esslöffel dunkle Sojasauce, Salz, Pfeffer, Zucker und 2 Teelöffel Sesamöl dazugeben. Alles 4 Minuten pfannenrühren und gut vermischen. Sofort servieren.

Rindfleisch mit Ingwer

Dieses typisch kantonesische Gericht gehört zu den schnellsten und besten Rindfleischrezepten. Der Ingwer sorgt für feine Schärfe. Servieren Sie dazu Glasnudelsuppe mit Bohnensprossen (Rezept siehe S. 68) und Salat mit Austernsauce (Rezept siehe S. 210).

Aus Kanton
Garmethode: Pfannenrühren

Für 4 Personen

450 g mageres Rindersteak
2 TL Salz
2 TL helle Sojasauce
2 TL Shaoxing-Reiswein oder trockener Sherry
1 TL Sesamöl
1 TL Speisestärke
3 EL fein gehackter frischer Ingwer
2 ½ EL Erdnussöl
2 EL Hühnerbrühe (Rezept siehe S. 59) oder Wasser
1 TL weißer Pfeffer
1 TL Zucker

Rindfleisch 20 Minuten in das Gefrierfach des Kühlschranks legen. Dadurch wird es fest und lässt sich leichter schneiden. Fleisch in dünne Scheiben von 4 cm Länge schneiden. Fleischscheiben mit ½ Teelöffel Salz, Sojasauce, Reiswein, Sesamöl und Speisestärke in einer Schüssel gut vermischen. 20 Minuten marinieren.

Den Wok oder eine große Pfanne stark erhitzen. 1 ½ Esslöffel Öl hineingeben. Wenn es sehr heiß ist und anfängt zu rauchen, Fleisch mit dem Schaumlöffel aus der Marinade nehmen und ins heiße Öl geben. 2 Minuten pfannenrühren. Fleisch herausnehmen und im Durchschlag abtropfen lassen.

Wok oder Pfanne säubern und 1 Esslöffel Öl darin erhitzen. Wenn es sehr heiß ist und anfängt zu rauchen, Ingwer hineingeben und einige Sekunden pfannenrühren. Brühe, 1 ½ Teelöffel Salz, Pfeffer und Zucker dazugeben. Mischung aufkochen. Rindfleisch wieder dazugeben und alles unter Rühren erhitzen. Sofort servieren.

Rindfleisch mit Zucker- und Paprikaschoten

Dies ist meine Variante eines pfannengerührten Rindfleischgerichtes, das in den Restaurants westlicher Länder sehr beliebt ist. Sie können die Zuckerschoten je nach Saison auch durch anderes Gemüse ersetzen. Das Rezept gelingt ganz leicht. Servieren Sie das Gericht mit gedämpftem Reis (Rezept siehe S. 221–222) und Fischfilet mit Knoblauch, Frühlingszwiebeln und Ingwer (Rezept siehe S. 160) als typisch chinesisches Familienessen.

Aus Kanton
Garmethode: Pfannenrühren

Für 4 Personen

450 g mageres Rindersteak
2 TL helle Sojasauce
2 TL Shaoxing-Reiswein oder trockener Sherry
2 TL Sesamöl
1/2 TL Salz
1/4 TL schwarzer Pfeffer
2 TL Speisestärke
1 kleine rote oder grüne Paprikaschote
225 g Zuckerschoten
3 EL Erdnussöl
150 ml Hühnerbrühe (Rezept siehe S. 59) oder Wasser
2 EL Austernsauce

Rindfleisch in dünne Scheiben von 5 cm Länge schneiden und mit Sojasauce, Reiswein, Sesamöl, Salz, Pfeffer und Speisestärke in einer Schüssel gut vermischen. 20 Minuten marinieren. Paprikaschote waschen, putzen und in 5 cm lange dünne Streifen schneiden. Zuckerschoten waschen und putzen.

Den Wok oder eine große Pfanne stark erhitzen. Öl hineingeben. Wenn es sehr heiß ist und anfängt zu rauchen, Rindfleisch mit einem Schaumlöffel aus der Marinade nehmen und ins Öl geben. 3 Minuten pfannenrühren. Fleisch herausnehmen. Öl abgießen und beiseite stellen. Wok oder Pfanne säubern und wieder erhitzen. 1 Esslöffel Öl hineingeben und erhitzen. Wenn es sehr heiß ist, Paprikastreifen und Zuckerschoten hineingeben und 2 Minuten pfannenrühren. Brühe und Austernsauce dazugeben. Mischung aufkochen lassen, Fleisch wieder hineingeben und alles gut vermischen. Auf eine vorgewärmte Platte geben und sofort servieren.

Rindfleisch-Frikadellen

Aus Kanton
Garmethode: Dämpfen

Seit meiner Lehrzeit in unserem Familienrestaurant liebe ich diese Frikadellen. Das Geheimnis ihrer Leichtigkeit und Luftigkeit liegt in der Verwendung von Eiweiß und Stärke. Wir hackten das Rindfleisch mit zwei Küchenbeilen. Während des schnellen Hackens kamen Eiweiß und Speisestärke dazu und wurden so untergemischt. Dann gaben wir die Gewürze dazu und hackten immer weiter, bis das Fleisch fast zu einer Paste geworden war. Diese Arbeit erforderte höchste Konzentration! Doch danach saßen wir plaudernd zusammen und formten die Frikadellen. Heute macht man das Ganze in wenigen Minuten im Mixer. Die Konsistenz des Fleischteiges ist glatter, aber man spart sich viel Arbeit. Die Frikadellen lassen sich übrigens gut wieder im Dämpftopf aufwärmen und sind ideal als Abendessen, für Partys oder als Snack.

Für 4 Personen

- 350 g Rinderhackfleisch
- 2 Eiweiße
- 5 EL sehr kaltes Wasser
- 1 TL Salz
- 1 1/2 EL helle Sojasauce
- 2 TL schwarzer Pfeffer
- 1 EL Sesamöl
- 3 EL fein gehackter frischer Koriander
- 3 EL fein gehackte Frühlingszwiebeln
- 1 TL Speisestärke
- 2 TL Zucker

Rinderhackfleisch im Mixer einige Sekunden zerkleinern. Eiweiße und kaltes Wasser langsam dazugeben und ganz kurz mixen, bis sie sich mit dem Fleisch verbunden haben. Übrige Zutaten dazugeben und etwa 1 Minute mixen, bis die Mischung zu einer leichten Paste geworden ist. Mit den Händen 4 cm große Bälle – ungefähr wie ein Golfball – formen. Sie sollten etwa 12 Frikadellen erhalten.

Dämpftopf vorbereiten oder einen Dämpfeinsatz in den Wok oder einen hohen Topf stellen. 5 cm Wasser angießen. Wasser bei starker Hitze zum Kochen bringen. Frikadellen auf einen hitzefesten Teller legen und diesen in den Dämpftopf oder auf den Dämpfeinsatz im Wok stellen. Hitze herunterschalten und den Wok oder Topf zudecken. Frikadellen bei schwacher Hitze 15 Minuten dämpfen. Die Flüssigkeit, die sich auf dem Teller gesammelt hat, abgießen. Frikadellen auf einer angewärmten Platte anrichten und sofort servieren.

Rinderhackfleisch mit Rührei

Eier stehen in China oft auf dem Speisezettel, da sie preiswert sind und leicht zuzubereiten. Sie haben nicht viel Eigengeschmack, können aber mit vielen Zutaten zu herzhaften Speisen kombiniert werden. Hier wird Rinderhackfleisch mariniert, pfannengerührt und mit Ei gebraten. Das Gericht erinnert an Omelett, und wie dieses ist es ein schnelles, köstliches Essen. Dazu passen Reis und Gemüse.

Aus Kanton und Fujian
Garmethode: Pfannenrühren

Für 4 Personen

225 g Rinderhackfleisch
3 TL helle Sojasauce
2 TL Shaoxing-Reiswein oder trockener Sherry
4 TL Sesamöl
1 TL Zucker
3/4 TL Salz
1/2 TL schwarzer Pfeffer
2 1/2 EL Erdnussöl
6 geschlagene Eier
2 EL fein gehackte Frühlingszwiebeln
1 1/2 EL Erdnussöl

Zum Garnieren
2 EL fein gehackte Frühlingswiebeln

Hackfleisch mit 2 Teelöffeln Sojasauce, Reiswein, 2 Teelöffeln Sesamöl, Zucker, 1/2 Teelöffel Salz und 1/4 Teelöffel Pfeffer in einer Schüssel vermischen. 20 Minuten marinieren lassen.

Den Wok stark erhitzen. 1 Esslöffel Öl hineingeben. Wenn es sehr heiß ist und anfängt zu rauchen, Rindfleisch hineingeben und 2 Minuten pfannenrühren. Fleisch herausnehmen und in einem Sieb abtropfen lassen.

Eier mit 2 Teelöffeln Sesamöl, 1/4 Teelöffel Salz, 1/4 TL Pfeffer, 1 Teelöffel Sojasauce und den Frühlingszwiebeln vermischen. Wok säubern und bei starker Hitze wieder erhitzen. 1 1/2 Esslöffel Öl hineingeben. Wenn das Öl anfängt zu rauchen, verteilen Sie es im Wok, indem Sie diesen hochheben und drehen. Eiermischung hineingeben und bei starker Hitze pfannenrühren, immer wieder anheben und zusammenfalten, bis das Ei fest wird. Hackfleisch dazugeben und 1 Minute pfannenrühren, bis die Eier fertig sind und das Fleisch wieder heiß ist.

Alles auf eine vorgewärmte Servierplatte geben, mit 2 Esslöffeln Frühlingszwiebeln bestreuen und sofort servieren.

Lamm mit Knoblauch

Lamm schmeckt pfannengerührt sehr fein. Hier wird es mit viel Knoblauch und Frühlingszwiebeln zubereitet – eine beliebte Kombination, da die Aromen den intensiven Geschmack des Lammfleisches mildern. Kaufen Sie zartes Lammfleisch, am besten Filet, Steaks oder Koteletts. Servieren Sie dazu Reis und pikante Auberginen (Rezept siehe S. 191).

Aus Beijing
Garmethode: Pfannenrühren

Für 4 Personen

450 g mageres Lammfleisch
1 EL Shaoxing-Reiswein oder trockener Sherry
2 EL dunkle Sojasauce
1 EL helle Sojasauce
2 TL Sesamöl
1 1/2 TL Speisestärke
2 Frühlingszwiebeln
6 Knoblauchzehen
1 EL Erdnussöl
2 TL fein gehackter frischer Ingwer
1 TL geröstete und gemahlene Sichuan-Pfefferkörner (siehe S. 34)

Lamm in dünne Scheiben schneiden und in einer Schüssel mit Reiswein, beiden Sojasaucen, Sesamöl und Speisestärke vermischen. 20 Minuten marinieren lassen. Fleisch aus der Marinade nehmen und beiseite stellen.

Frühlingszwiebeln waschen und putzen. Nur den weißen Teil fein schneiden. Knoblauchzehen abziehen und in Scheiben schneiden. Den Wok oder eine große Pfanne stark erhitzen. Öl hineingeben. Wenn es sehr heiß ist und anfängt zu rauchen, Lammfleisch und etwas Marinade hineingeben und 2 Minuten pfannenrühren.

Frühlingszwiebeln, Knoblauch und Ingwer dazugeben und 4 Minuten pfannenrühren. Gericht auf eine vorgewärmte Platte geben, mit Sichuan-Pfeffer bestreuen und sofort servieren.

Mongolischer Feuertopf

Aus Beijing
Garmethode: Sieden

Dieses Gericht aus Nordchina ähnelt dem europäischen Fondue. Der Feuertopf wurde nach der Eroberung Chinas durch die Mongolen im 13. Jahrhundert eingeführt und verbreitete sich schon bald mit regionalen Unterschieden im ganzen Land. Manchmal wurde das traditionell verwendete Lammfleisch durch Rindfleisch ersetzt, und die Kantonesen entwickelten ihren speziellen »Chrysanthemen-Feuertopf«, der essbare Blütenblätter enthält. Das Rezept hier entspricht der Tradition: Dünn geschnittenes Lammfleisch und Gemüse werden in Brühe gesiedet. Jede Person am Tisch kocht ihr Essen im Feuertopf selbst. Die Zutaten werden in allerlei Saucen und Gewürze getaucht und gegessen. Gegen Ende des Essens kocht man Glasnudeln in der Brühe und serviert diese als Suppe. Die Chinesen benutzen einen Feuertopf, der mit Holzkohle beheizt wird. Sie können einen großen Fonduetopf nehmen oder eine tragbare elektrische Heizplatte und einen großen Topf. (Wenn Sie einen echten Feuertopf besitzen, benutzen Sie ihn nur in einem gut gelüfteten Zimmer oder am besten draußen. Sonst gefährden Sie sich mit dem austretenden Kohlenmonoxid.)

Für 4 bis 6 Personen

1–1,5 kg mageres Lammfleisch
175 g Glasnudeln
225 g Spinat
225 g Chinakohl
1,2 l Hühnerbrühe (Rezept siehe S. 59)
2 EL helle Sojasauce
2 TL dunkle Sojasauce
1 1/2 EL Shaoxing-Reiswein oder trockener Sherry
1 EL Sesamöl
1 TL Salz
1/2 TL schwarzer Pfeffer
1 TL Zucker
2 TL frisch gehackter Ingwer
3 EL frisch gehackte Frühlingszwiebeln
1 EL gehackter Knoblauch
3 EL fein gehackter frischer Koriander

Für die Sauce

3 EL Sesampaste
1 1/2 EL helle Sojasauce
1 EL dunkle Sojasauce
2 EL Shaoxing-Reiswein oder trockener Sherry
2 TL Chili-Bohnen-Sauce
1 EL Zucker
1 EL heißes Wasser

Lammfleisch mit einem scharfen Messer in ganz dünne Scheiben schneiden. Glasnudeln 5 Minuten in warmem Wasser einweichen, abtropfen lassen und in 12 cm lange Stücke schneiden. Spinat von den Stielen befreien und gründlich waschen. Chinakohl waschen und putzen und Blätter in etwa 7,5 cm große Stücke schneiden.

Alle Zutaten für die Sauce in eine Schüssel geben und gut vermischen. Jeder Gast bekommt ein eigenes Schälchen mit Sauce zum Dippen. Außerdem für jeden einen Teller mit Lammfleisch, Spinat und Chinakohl vorbereiten. Wenn alles vorbereitet ist, bringen Sie die Brühe zum Kochen und erhitzen den Feuertopf. Brühe in den Feuertopf geben. Beide Sojasaucen, Reiswein, Sesamöl, Salz, Pfeffer, Zucker, Ingwer, Frühlingszwiebeln, Knoblauch und Koriander in die Brühe geben.

Jeder Gast sucht sich aus, was er kochen möchte und gart die Zutat in der Brühe im Feuertopf. Wenn Fleisch und Gemüse aufgebraucht sind, geben Sie die Glasnudeln in die Brühe, erhitzen sie und verteilen die Suppe dann auf Schälchen. Sie können den Feuertopf auch mit Rindfleisch, Fischbällchen, Austern, Garnelen, Tintenfisch, Pilzen und Salat machen. Diese Variante entspricht dann eher dem kantonesischen »Chrysanthemen-Feuertopf« als dem mongolischen Original.

Geschmortes Peking-Lamm

In China wird viel Hammel und Ziege gegessen (seltener Lamm), und die Chinesen haben Rezepte entwickelt, in denen diese Fleischsorten mit Gewürzen schmoren, die ihren starken Eigengeschmack mildern. Dieses Familiengericht mit Lamm ist ideal im Winter. Servieren Sie gedämpften Reis (Rezept siehe S. 221–222) und Chinakohl mit Sojasauce (Rezept siehe S. 206) dazu.

Aus Beijing
Garmethoden: Blanchieren, Pfannenrühren, Schmoren

Für 4 Personen

450 g Lammschulter ohne Knochen
2 Frühlingszwiebeln
10 g frischer Ingwer
1 EL Erdnussöl
½ fein gehackte Zwiebel

Für die Schmorsauce
900 ml Hühnerbrühe (Rezept siehe S. 59)
2 Sternanis
50 g chinesischer Rohrzucker oder normaler Zucker
2 EL dunkle Sojasauce
3 EL Shaoxing-Reiswein oder trockener Sherry
1 chinesische Zimtrinde oder Zimtstange
1 ½ EL Sesampaste
2 EL Hoisin-Sauce

Lammfleisch in 5 cm große Würfel schneiden. 5 Minuten in sprudelnd kochendem Wasser blanchieren, herausnehmen und Wasser weggießen. Frühlingszwiebeln putzen und schräg in 7,5 cm lange Stücke schneiden. Ingwer in etwa 0,5 mm dicke Scheiben schneiden.

Den Wok oder eine große Pfanne stark erhitzen. Öl hineingeben. Wenn es sehr heiß ist und anfängt zu rauchen, Fleischwürfel darin pfannenrühren, bis sie rundherum braun sind. Frühlingszwiebeln, Ingwer und Zwiebel dazugeben und 5 Minuten pfannenrühren. Diese Mischung in eine große Kasserole oder einen Topf geben. Zutaten für die Schmorsauce dazugeben. Flüssigkeit aufkochen und Fett von der Oberfläche abschöpfen. Herdplatte auf ganz schwache Hitze stellen. Alles zugedeckt 1 ½ Stunden schmoren, bis das Lammfleisch zart ist. Fleisch auf einer vorgewärmten Platte anrichten und servieren. (Die übrige Flüssigkeit können Sie einfrieren und für das nächste geschmorte Lamm verwenden.)

Pfannengerührte Lammnieren

Lammnieren schmecken pfannengerührt köstlich. Als junger Koch lernte ich eine Technik zum Reinigen der Nieren, die ich bis zum heutigen Tag anwende. Dazu die Nieren in Natron wälzen. Das macht sie zart und weniger sauer. Natron abspülen und Nieren in Essig und Salz geben, was ihnen den bitteren Geschmack entzieht. Das Ergebnis sind saubere und frisch schmeckende Nieren. Servieren Sie dieses Gericht mit Maissuppe mit Krabbenfleisch (Rezept siehe S. 75) und gedämpftem Reis (Rezept siehe S. 221–222).

Aus Sichuan
Garmethode: Pfannenrühren

Für 4 Personen

450 g Lamm- oder Schweinenieren
1 1/2 TL Natron
2 TL heller Reisessig oder Cidre-Essig
1 1/2 TL Salz
3 getrocknete rote Chilis
1 EL Erdnussöl
1 EL fein gehackter Knoblauch
1 EL dunkle Sojasauce
2 TL Shaoxing-Reiswein oder trockener Sherry
nach Belieben: 1/2 TL geröstete und gemahlene Sichuan-Pfefferkörner (siehe S. 34)
1 TL Zucker
1 TL Sesamöl

Zum Garnieren
2 TL fein gehackte Frühlingszwiebeln

Mit einem scharfen Messer die dünne Außenhaut von den Nieren abtrennen. Dann die Nieren horizontal halbieren. Kleine Fettstücke und die sie umgebende Haut abschneiden. Nierenhälften kreuzweise einschneiden (siehe Abbildung unten), dann in dünne Scheiben schneiden. Scheiben in Natron wälzen und 20 Minuten darin ziehen lassen. Mit kaltem Wasser abwaschen. In eine Mischung aus Essig und 1 Teelöffel Salz tauchen. In einem Durchschlag mindestens 30 Minuten, besser länger, abtropfen lassen.

Nierenscheiben mit Küchenpapier trockentupfen. 1 Chili längs aufschneiden. Den Wok oder eine große Pfanne stark erhitzen. Öl hineingeben. Wenn es sehr heiß ist und anfängt zu rauchen, die getrockneten Chilis hineingeben und 20 Sekunden zum Aromatisieren des Öls pfannenrühren. Nierenscheiben hineingeben und 1 Minute pfannenrühren, bis sie ganz von Öl überzogen sind. Knoblauch, Sojasauce, Reiswein, Sichuan-Pfeffer, Zucker, 1 Teelöffel Salz und das Sesamöl dazugeben. Alle Zutaten gut miteinander vermischen. Alles etwa 2 Minuten pfannenrühren, bis die Nierenscheiben anfangen sich aufzurollen. Gericht auf eine vorgewärmte Platte geben, mit den Frühlingszwiebeln garniert servieren.

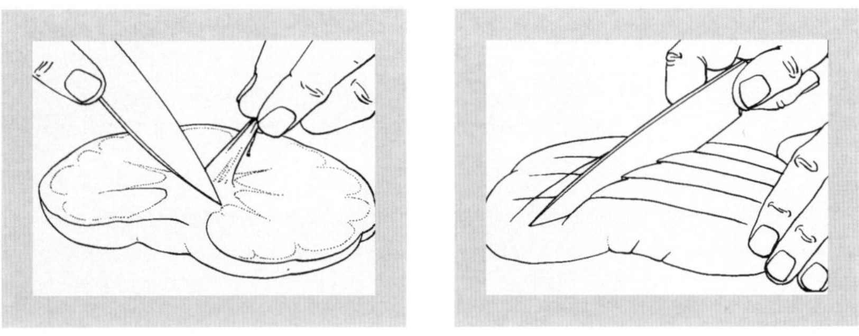

Scharf-saure Schweinenieren

Schweinenieren sind zart und sehr wohlschmeckend, wenn sie in dieser scharf-sauren Sauce pfannengerührt werden. Die gegensätzlichen Aromen der Sauce ergänzen den starken Eigengeschmack der Nieren geradezu perfekt. Wie auch beim Rezept mit den Lammnieren (Seite 113) empfehle ich Ihnen, die Nieren in Natron zu marinieren und dann in Essig und Salz zu tauchen. Dieses Gericht ist preiswert, und mit Reis und Gemüse ergibt es eine nahrhafte Mahlzeit für die Familie.

Aus Sichuan
Garmethode: Pfannenrühren

Für 4 Personen

450 g Schweinenieren
1 TL Natron
2 EL chinesischer heller Reisessig oder Cidre-Essig
1 TL Salz
1 EL Erdnussöl
2 EL fein gehackter frischer Ingwer
2 TL fein gehackter Knoblauch
1 EL Chili-Bohnen-Sauce
2 TL Zucker
1 EL dunkle Sojasauce
nach Belieben: 1 TL geröstete und gemahlene Sichuan-Pfefferkörner (Rezept siehe S. 34)
1 1/2 EL Hühnerbrühe (Rezept siehe S. 59) oder Wasser

Zum Garnieren

2 EL frisch gehackte Frühlingszwiebeln

Mit einem scharfen Messer die dünne Außenhaut von den Nieren abtrennen. Dann die Nieren horizontal halbieren. Kleine Fettstücke und die sie umgebende Haut abschneiden. Nierenhälften kreuzweise einschneiden (siehe Abbildung S. 113) und in 2,5 cm dicke Scheiben schneiden. Scheiben in Natron wälzen und 20 Minuten darin ziehen lassen. Mit kaltem Wasser abwaschen und in 1 Esslöffel Essig und Salz tauchen. In einem Durchschlag mindestens 30 Minuten, besser länger, abtropfen lassen.

Nierenscheiben mit Küchenpapier trockentupfen. Den Wok oder eine große Bratpfanne stark erhitzen. Öl hineingeben. Wenn es sehr heiß ist und anfängt zu rauchen, 1 Esslöffel Ingwer hineingeben und 20 Sekunden pfannenrühren. So wird das Öl aromatisiert. Nierenscheiben dazugeben und 1 Minute pfannenrühren. 1 Esslöffel Ingwer, den Knoblauch, die Chili-Bohnen-Sauce, 1 Esslöffel Reisessig, den Zucker, die Sojasauce, den Sichuan-Pfeffer und die Brühe dazugeben. Alles gut mit den Nieren vermischen. 2 Minuten pfannenrühren, bis die Nierenscheiben anfangen sich aufzurollen. Alles auf eine vorgewärmte Platte geben, mit den Frühlingszwiebeln garnieren und sofort servieren.

Leber in scharfer Sauce

Schweineleber gehört zu den chinesischen Spezialitäten, die köstlich schmecken, wenn sie richtig zubereitet sind. Mein Onkel machte ein Gericht mit Schweineleber und Gemüse. Die Schweineleber wurde in dünne Scheiben geschnitten und ganz schnell pfannengerührt und abgetropft, was ihr den bittere Geschmack entzog. Ich bin in Amerika aufgewachsen und ziehe Kalbsleber vor. Mein Rezept ist eine leichte Abwandlung des Originals. Die Kalbsleber wird mit einer üppigen Sauce serviert, die ihren Geschmack gut ergänzt. Auf diese Weise zubereitet, schmeckt die Leber ein bisschen wie Rindfleisch. Ich serviere dieses Gericht mit Reis und grünem Gemüse.

Aus Kanton
Garmethode: Pfannenrühren

Für 4 Personen

225 g frische Kalbsleber oder Schweineleber
1 Eiweiß
2 EL Shaoxing-Reiswein oder trockener Sherry
2 TL Sesamöl
2 TL Salz
1/2 TL weißer Pfeffer
2 TL fein gehackter frischer Ingwer
2 TL Speisestärke
3 Frühlingszwiebeln
2 TL helle Sojasauce
2 TL Zucker
1 1/2 EL Sojabohnenpaste mit ganzen Bohnen
2 TL Chili-Bohnen-Sauce
150 ml Erdnussöl

Leber in dünne Scheiben von 7,5 cm Länge schneiden und in eine Schüssel geben. Eiweiß, 1 Esslöffel Reiswein, Sesamöl, Salz, Pfeffer, Ingwer und Speisestärke dazugeben und vermischen. Leber im Kühlschrank mindestens 20 Minuten marinieren. Frühlingszwiebeln putzen und schräg in 5 cm lange Stücke schneiden. Für die Sauce helle Sojasauce, 1 Esslöffel Reiswein, Zucker, Sojabohnenpaste und Chili-Bohnen-Sauce in einer Schüssel vermischen.

Den Wok oder eine große Pfanne stark erhitzen. Öl hineingeben. Wenn es sehr heiß ist und anfängt zu rauchen, Leber mit dem Schaumlöffel aus der Marinade nehmen und ins Öl geben. 2 Minuten pfannenrühren, herausnehmen und in einem Sieb abtropfen lassen. Öl bis auf 2 Teelöffel ausgießen.

Öl im Wok wieder erhitzen und Frühlingszwiebeln 1 Minute anbraten. Saucenzutaten hineingeben und zum Kochen bringen. Wenn die Sauce kocht, Leber hineingeben und mit der Sauce vermischen. 30 Sekunden pfannenrühren und sofort servieren.

Huhn ist das am meisten geschätzte Geflügel in China. Wenn die chinesische Hausfrau einen Gast beeindrucken will, verkündet sie, dass extra zu Ehren des Gastes ein Huhn geschlachtet wurde. Huhn wird oft bei besonderen Gelegenheiten serviert, wie an Geburtstagen, Festen und Banketten. Bei unseren Familientreffen war Huhn immer die wichtigste Zutat. Jeden Sonntag Morgen kam meine Mutter mit einem lebenden Huhn vom Markt in Chinatown nach Hause. Sein lautes Gegacker weckte mich meistens auf. Das Huhn wurde gerupft und zubereitet. Zu meinen Lieblingsgerichten gehörte Hühnchen, das zuerst pochiert, dann in Sojasaue gegart und schließlich mit einem Dip aus Sojasauce und Frühlingszwiebeln serviert wurde.

Die meisten Haushalte in China haben keinen Backofen. Deshalb kauft man Geflügel oft in Spezialgeschäften, wo es gebraten wird. Wenn man das Huhn doch zu Hause zubereitet, wird es geschmort, pfannengerührt, frittiert oder gesiedet. Einer der großen Pluspunkte von Huhn ist, dass sein charakteristischer und milder Eigengeschmack zu vielen Gewürzen, Aromen und Saucen passt. Huhn ist vielseitig und in China genauso beliebt und verbreitet wie Schweinefleisch.

Die Chinesen kaufen Hühner, wenn möglich, lebend, denn nur dann können sie sicher sein, dass sie wirklich frisch sind. In westlichen Ländern ist das meist nicht machbar. In Europa und Nordamerika gibt es Unmengen an billigen Hühnern, doch durch die Massentierhaltung schmeckt das Fleisch oft nach sehr wenig. Gefrorenes Huhn ist extrem geschmacklos und sollte wirklich nur im Notfall verwendet werden. Versuchen Sie, für die Rezepte frisches Huhn zu bekommen. Es sollte rosa sein, frisch riechen und sich fest anfühlen. Kaufen Sie am besten Hühner aus Freilandhaltung. Sie sind nicht nur in einer artgerechteren Umgebung groß geworden, ihr Fleisch schmeckt auch besser. In China kommt nur selten ein ganzes Huhn – wie ein Braten – auf den Tisch, um dort zerlegt zu werden. Das Huhn wird immer vor dem Kochen zerkleinert und auf einem Servierteller angerichtet. Viele Rezepte lassen sich besser mit Hühnerteilen machen als einem ganzen Huhn. In China wird übrigens jedes Stück vom Huhn genutzt. Das dunkle Fleisch der Schenkel schätzt man wegen seines intensiveren Geschmackes. Brathühnchen sind am besten geeignet zum Frittieren, Dämpfen und Schmoren. Für Brühe verwenden Sie am besten Suppenhuhn. Stubenküken eignen sich zum Pfannenrühren.

Bereiten Sie frisches Geflügel bald nach dem Einkauf zu. Lagern Sie es bis zum Kochen kühl. Wenn Sie ein Huhn länger aufheben, entfernen Sie Verpackung und Innereien. Waschen Sie das Huhn mit kaltem Wasser und trocknen Sie es mit Küchenpapier. Dann locker in Klarsichtfolie einpacken und im Kühlschrank bis zu zwei Tage aufbewahren.

Huhn, Ente und Wild-geflügel

Ente ist sehr beliebt in China, und Pekingente gehört mit Sicherheit zu den berühmtesten chinesischen Gerichten. Wie Huhn, wird Ente auch nie zu Hause geröstet. Wer daheim Ente macht, zerteilt das Tier und schmort oder pfannenrührt die Stücke. Ente wird besonders zart und leicht, wenn man sie zuerst dämpft und dann frittiert. Auch hier gilt: Frisch ist besser als gefroren, und die frische Ente sollte bis zur Verwendung aufbewahrt werden wie frisches Huhn. Wenn Sie gefrorene Ente verwenden, muss sie vor dem Kochen ganz aufgetaut sein.

Wildgeflügel wird in China sehr viel gegessen, doch wegen des strengen Geschmackes eher in Eintöpfen oder Suppen, wo man sie mit Kräutern und Gewürzen kombiniert. Tauben und Wachteln bekommt man in westlichen Ländern leicht, und sie sind ideal für die chinesische Küche.

Links:
Wachteln mit Sauce
(Rezept siehe S. 151)

Hühnerschenkel in Bohnensauce

Dieses Rezept gehört zu meinen Lieblingsgerichten und weckt Kindheitserinnerungen. Wenn ich von der Schule nach Hause kam, empfing mich an der Haustür der Duft der Bohnensauce mit Knoblauch. Meine Mutter nahm meistens Hühnerflügel, die zu den schmackhaftesten Teilen gehören. Außerdem sind sie ideal zum Pfannenrühren, da sie schnell garen. Ich verwende Hühnerschenkel. Das saftige Fleisch eignet sich gut für dieses Rezept. Servieren Sie das Gericht mit gedämpftem Reis (Rezept siehe S. 221–222) und Spinat mit Knoblauch (Rezept siehe S. 216). Sie können es vorab kochen und aufwärmen, außerdem schmeckt es hervorragend kalt.

Aus Kanton
Garmethoden: Pfannenrühren und Schmoren

Für 4 Personen

450 g Hühnerschenkel ohne Knochen
1 EL helle Sojasauce
1 1/2 EL Shaoxing-Reiswein oder trockener Sherry
1/2 TL Salz
1 TL Zucker
1 TL Sesamöl
2 TL Speisestärke
2 1/2 EL schwarze fermentierte Bohnen
1 EL Erdnussöl
1 EL fein gehackter frischer Ingwer
1 1/2 EL fein gehackter Knoblauch
1 EL fein gehackte Schalotten
1 1/2 EL fein gehackte Frühlingszwiebeln
150 ml Hühnerbrühe (Rezept siehe S. 59) oder Wasser

Zum Garnieren

2 EL fein gehackte Frühlingszwiebeln

(Falls Sie Hühnerteile verwenden, diese in etwa 5 cm große Stücke teilen.) Sojasauce, Reiswein, Salz, Zucker, Sesamöl und Speisestärke vermischen und über das Hühnerfleisch gießen. Huhn etwa 1 Stunde marinieren, herausnehmen und Marinade wegwerfen. Schwarze Bohnen abspülen und grob hacken.

Den Wok oder eine Pfanne stark erhitzen. Öl hineingeben. Wenn es sehr heiß ist und anfängt zu rauchen, Hühnerstücke hineingeben und 5 Minuten pfannenrühren, bis das Fleisch braun wird. Ingwer, Knoblauch, Schalotten, Frühlingszwiebeln und schwarze Bohnen dazugeben und 2 Minuten pfannenrühren. Brühe angießen und aufkochen lassen.

Herdplatte herunterschalten. Deckel auflegen und alles 15 Minuten bei schwacher Hitze sieden lassen, bis die Hühnerteile gar sind. Mit Frühlingszwiebeln garnieren und servieren.

Knoblauchhuhn mit Gurke

Gurken isst man in China kaum roh, und sie schmecken gekocht hervorragend. Hier werden sie mit Hühnerbrust pfannengerührt und mit Knoblauch und Chili gewürzt. Dieses Rezept gelingt ganz leicht und passt gut zu Schweinefleisch mit Honig glasiert (Rezept siehe S. 93) oder Tomaten-Eierblumen-Suppe (Rezept siehe S. 62).

Aus Sichuan und Beijing
Garmethode: Pfannenrühren

Für 4 Personen

450 g Hühnerbrust ohne Haut und Knochen
450 g Gurke
2 TL Salz
1 EL Erdnussöl
1 1/2 EL fein gehackter Knoblauch
1 EL fein gehackte Frühlingszwiebeln
1 EL helle Sojasauce
1 EL Shaoxing-Reiswein oder trockener Sherry
2 TL Chili-Bohnen-Sauce oder Chilipulver
2 TL Sesamöl

Hühnerbrust in 2,5 cm große Würfel schneiden und beiseite stellen. Gurke schälen, längs halbieren und die Kerne mit einem Teelöffel herausholen. Gurke in 2,5 cm große Würfel schneiden, mit Salz bestreuen und in einem Sieb oder Durchschlag etwa 20 Minuten ruhen lassen. (Dadurch wird Feuchtigkeit entzogen.) Gurkenwürfel unter kaltem Wasser abspülen und mit Küchenpapier trockentupfen.

Den Wok oder eine große Pfanne stark erhitzen. Öl hineingeben. Wenn es sehr heiß ist und anfängt zu rauchen, Hühnerwürfel hineingeben und einige Sekunden pfannenrühren. Knoblauch, Frühlingszwiebeln, Sojasauce, Reiswein, Chili-Bohnen-Sauce oder Chilipulver und Sesamöl dazugeben und 2 Minuten pfannenrühren. Gurke dazugeben und alles nochmals 3 Minuten pfannenrühren. Sofort servieren.

Curryhuhn mit Paprikaschoten

Curry und Huhn werden in der südchinesischen Küche auf köstliche Weise kombiniert. Die Hühnerbrust wird mit Stärke umhüllt, damit Saftigkeit und Geschmack erhalten bleiben. Sie können das Fleisch in der traditionellen Weise in Öl tauchen, oder die leichtere Methode mit Wasser wählen. Die Paprikaschoten geben dem Gericht Biss, ein köstlicher Kontrast zum zarten Huhn. Servieren Sie dazu Tomaten-Eierblumen-Suppe (Rezept siehe S. 62) und gedämpften Reis (Rezept siehe S. 221–222).

Aus Kanton
Garmethode: Pfannenrühren

Für 4 Personen

450 g Hühnerbrust ohne Haut und Knochen
1 Eiweiß
1 TL Salz
2 TL Speisestärke
225 g rote oder grüne Paprikaschote
300 ml Erdnussöl oder Wasser
1 EL Erdnussöl
1 EL fein gehackter Knoblauch
150 ml Hühnerbrühe (Rezept siehe S. 59)
1 1/2 TL Madras-Currypaste
2 TL Zucker
1 1/2 EL Shaoxing-Reiswein oder trockener Sherry
1 1/2 EL helle Sojasauce
1 TL Speisestärke, mit 1 EL Wasser angerührt

Hühnerbrust in 2,5 cm große Würfel schneiden. Mit Eiweiß, Salz und trockener Speisestärke in einer Schüssel vermischen. Mischung zum Marinieren 20 Minuten in den Kühlschrank stellen. Paprikaschoten waschen, putzen und in 2,5 cm große Quadrate schneiden.

Den Wok oder eine große Pfanne stark erhitzen. Öl hineingeben. Wenn es sehr heiß ist und anfängt zu rauchen, Wok von der Herdplatte nehmen. Hühnerstücke sofort hineingeben und kräftig rühren, damit sie nicht zusammenkleben. Wenn die Hühnerstücke nach etwa 2 Minuten weiß werden, Huhn und Öl in einen Durchschlag aus Edelstahl geben, der auf einer Schüssel steht. Öl wegschütten.

(Wenn Sie statt Öl Wasser nehmen, bringen Sie es in einem Topf zum Kochen. Topf von der Herdplatte nehmen und Hühnerteile sofort hineingeben. Kräftig rühren, damit sie nicht zusammenkleben. Wenn die Hühnerstücke nach etwa 2 Minuten weiß werden, Huhn und Wasser in einen Durchschlag aus Edelstahl geben, der auf einer Schüssel steht. Wasser wegschütten.)

Wok oder Pfanne säubern und wieder stark erhitzen. 1 Esslöffel Öl hineingeben. Wenn es sehr heiß ist und anfängt zu rauchen, Paprikaschoten und Knoblauch hineingeben und 2 Minuten pfannenrühren. Übrige Zutaten dazugeben und nochmals 2 Minuten pfannenrühren, bis alles von der Sauce eingehüllt ist. Sofort servieren.

Scharfes Huhn mit Erdnüssen

Dies ist ein typisches Gericht aus Westchina, besser bekannt unter dem Namen Gongbao-Hühnchen. Einer Legende zufolge wurde es nach einem Beamten namens Ding Baozhen benannt, der im 19. Jahrhundert Gouverneur von Sichuan war. Es gibt viele Varianten; diese ist dem Original sehr ähnlich und geht schnell und einfach. Reis und Chinakohl mit Sojasauce (Rezept siehe S. 206) passen gut dazu.

Aus Sichuan
Garmethode: Pfannenrühren

Für 4 Personen

225 g Hühnerbrust ohne Knochen
1 getrocknete rote Chili
1 ½ EL Erdnussöl
75 g geschälte Erdnüsse (siehe S. 24)

Für die Sauce
1 EL Hühnerbrühe (Rezept siehe S. 59) oder Wasser
1 EL Shaoxing-Reiswein oder trockener Sherry
2 EL dunkle Sojasauce
1 TL Zucker
1 TL fein gehackter Knoblauch
2 TL fein gehackte Frühlingszwiebeln
½ TL fein gehackter frischer Ingwer
1 TL heller Reisessig oder Cidre-Essig
½ TL Salz
1 TL Sesamöl

Hühnerbrust in 2,5 cm große Würfel schneiden. Chili längs halbieren. Den Wok oder eine große Pfanne stark erhitzen. Öl hineingeben. Wenn es sehr heiß ist und anfängt zu rauchen, Chili hineingeben und einige Sekunden pfannenrühren. (Sie können die geschwärzte Chili herausnehmen.) Hühnerwürfel und Erdnüsse hineingeben und 1 Minute pfannenrühren. Hühnerfleisch, Erdnüsse und Chili herausnehmen.

Alle Zutaten für die Sauce außer dem Sesamöl in den Wok geben. Sauce aufkochen lassen und die Hitze reduzieren. Hühnerfleisch, Erdnüsse und Chili wieder hineingeben und etwa 2 Minuten in der Sauce kochen, dabei ständig rühren, damit sich alle Zutaten vermischen. Sesamöl unterrühren. Chili entfernen und das Gericht auf eine vorgewärmte Servierplatte geben. Sofort auftragen.

Hühnerstreifen mit Gemüse

Dieses Rezept gelingt ganz leicht, geht schnell und ist damit ideal für ein Familienessen. Damit die Hühnerstreifen beim Garen nicht austrocknen, werden sie mit Stärke umhüllt und kurz in heißes Öl oder Wasser getaucht, bis sie weiß sind. Sie können auch andere Gemüse verwenden, z. B. Spargel, junge Möhren oder Erbsen. Servieren Sie dieses Gericht mit gedämpftem Reis (Rezept siehe S. 221–222) und Kürbissuppe mit Schinken (Rezept siehe S. 72).

Aus Fujian
Garmethode: Pfannenrühren

Für 4 Personen

450 g Hühnerbrust ohne Haut und Knochen
1 Eiweiß
2 1/2 TL Salz
2 TL Speisestärke
175 g frische Bohnensprossen
100 g Zuckerschoten
175 g Wasserkastanien (Dose)
4 Frühlingszwiebeln
300 ml Erdnussöl oder Wasser + 1 EL Erdnussöl
1 EL helle Sojasauce
2 TL Shaoxing-Reiswein oder trockener Sherry
1 TL Zucker
2 TL Sesamöl

Hühnerbrust in feine Streifen schneiden und mit Eiweiß, 1 Teelöffel Salz und der Speisestärke in einer Schüssel mischen. Etwa 20 Minuten im Kühlschrank marinieren. Inzwischen Bohnensprossen waschen und putzen. Zuckerschoten waschen und längs in dünne Streifen schneiden. Wasserkastanien abtropfen und fein schneiden. Frühlingszwiebeln waschen, putzen und in dünne Streifen schneiden.

Den Wok oder eine Pfanne stark erhitzen. 300 ml Öl hineingeben. Wenn es sehr heiß ist und anfängt zu rauchen, Wok von der Herdplatte nehmen. Hühnerfleisch ins Öl geben, dabei kräftig rühren, damit es nicht zusammenklebt. Wenn das Hühnerfleisch nach etwa 2 Minuten weiß wird, alles in einen Durchschlag aus Metall gießen, der auf einer Schüssel steht. Öl weggießen.

(Wenn Sie statt Öl Wasser nehmen, bringen Sie dieses in einem Topf zum Kochen. Topf von der Herdplatte nehmen und Hühnerstücke hineingeben. Kräftig rühren, damit sie nicht zusammenkleben. Wenn das Hühnerfleisch nach etwa 2 Minuten weiß wird, in einen Durchschlag aus Metall gießen, der in einer Schüssel steht. Wasser weggießen.)

Wok oder Pfanne säubern und wieder stark erhitzen. 1 Esslöffel Öl hineingeben. Bohnensprossen, Zuckerschoten und Wasserkastanien darin 1 Minute pfannenrühren. Sojasauce, Reiswein, 1 1/2 Teelöffel Salz und Zucker dazugeben und 2 Minuten pfannenrühren. Hühnerstreifen und Sesamöl dazugeben und unter Rühren erhitzen. Sofort servieren.

Huhn in Knoblauch-Essig-Sauce

In diesem Rezept wird das Huhn zuerst gedämpft, damit es saftig bleibt, und dann wird es ohne Teigmantel frittiert. Ergebnis ist saftiges Huhn mit knuspriger Haut. Dazu gibt es eine scharfe Sauce, gedämpften Reis (Rezept siehe S. 121–122) und Brokkoli mit Ingwer (Rezept siehe S. 199).

Aus Beijing
Garmethoden: Dämpfen und Frittieren

Für 4 bis 6 Personen

20 g frischer Ingwer
4 Frühlingszwiebeln
1 Huhn aus Freilandhaltung (etwa 1 kg)
2 TL Salz
900 ml Erdnussöl (Fritteuse siehe S. 47)

Für die Sauce
1 EL fein gehackter Knoblauch
2 EL heller Reisessig oder Cidre-Essig
2 EL helle Sojasauce
2 1/2 EL fein gehackte Frühlingszwiebeln (nur der weiße Teil)

Ingwer in 5 mm dünne Scheiben schneiden. Frühlingszwiebeln waschen, putzen und in 7 cm lange Stücke schneiden. Huhn mit Salz einreiben. Ingwer und Frühlingszwiebeln in den Bauch füllen. Huhn 30 Minuten bei Zimmertemperatur ruhen lassen.

Einen Dämpftopf vorbereiten oder einen Dämpfeinsatz in den Wok oder einen hohen Topf stellen. Etwa 5 cm Wasser angießen. Wasser bei starker Hitze zum Kochen bringen. Huhn auf einen ofenfesten Teller legen und in den Dämpftopf oder auf den Dämpfeinsatz in den Wok stellen. Hitze reduzieren und Deckel auflegen. Huhn bei schwacher Hitze 1 Stunde dämpfen, bis es durchgegart ist. Gelegentlich kochendes Wasser nachgießen.

Huhn auf einen Rost legen, der auf einem Blech steht. An einem kühlen, gut belüfteten Ort etwa 3 Stunden trocknen lassen. Wenn das Huhn getrocknet ist, sollte sich die Haut anfühlen wie Pergamentpapier. Huhn längs halbieren, die Bauchhöhle mit Küchenpapier säubern.

Zutaten für die Sauce mischen und beiseite stellen. Den Wok oder eine Fritteuse stark erhitzen. Öl hineingeben. Wenn es sehr heiß ist und anfängt zu rauchen, eine Hühnerhälfte hineingeben und im Öl knusprig goldbraun frittieren. Herausnehmen und die andere Hälfte frittieren. Auf Küchenpapier entfetten. Wenn die Hühnerhälften etwas abgekühlt sind, in mundgerechte Stücke schneiden. Auf einer vorgewärmten Platte anrichten, Sauce darüber gießen und das Gericht sofort servieren.

Walnusshühnchen

Hier verbindet sich die knackige Konsistenz der Walnüsse mit der Zartheit des Huhns in einem klassischen pfannengerührten Gericht. Anstelle der Walnüsse schmecken auch Pinienkerne oder Mandeln. Achten Sie darauf, dass die Nüsse frisch sind. Ich serviere dieses Gericht am liebsten mit gefüllten Gurken (Rezept siehe S. 209) und Maissuppe mit Krebsfleisch (Rezept siehe S. 75).

Aus Fujian, Beijing und Kanton
Garmethode: Pfannenrühren

Für 4 Personen

450 g Hühnerbrust ohne Haut und Knochen
1 Eiweiß
1 TL Salz
2 TL Speisestärke
75 g geschälte Walnusskerne
300 ml Erdnussöl oder Wasser + 1 EL Erdnussöl
2 TL fein gehackter Knoblauch
1 TL fein gehackter frischer Ingwer
2 EL fein gehackte Frühlingszwiebeln
2 EL Shaoxing-Reiswein oder trockener Sherry
1 1/2 EL helle Sojasauce

Hühnerbrust in 2,5 cm große Würfel schneiden. Diese mit Eiweiß, Salz und Speisestärke in einer Schüssel mischen und 20 Minuten in den Kühlschrank stellen. Walnusskerne in einem kleinen Topf in kochendem Wasser 5 Minuten blanchieren und abtropfen lassen.

Den Wok oder eine große Pfanne stark erhitzen. Öl hineingeben. Wenn es sehr heiß ist und anfängt zu rauchen, Wok von der Herdplatte ziehen. Hühnerwürfel hineingeben und kräftig rühren, damit sie nicht zusammenkleben. Wenn das Huhn nach etwa 2 Minuten weiß wird, alles in einen Durchschlag aus Metall gießen, der auf einer Schüssel steht. Öl weggießen.

(Wenn Sie Wasser statt Öl nehmen, bringen sie es in einem Topf zum Kochen. Topf von der Herdplatte nehmen und Hühnerstücke sofort hineingeben. Kräftig rühren, damit sie nicht zusammenkleben. Wenn das Hühnerfleisch nach etwa 2 Minuten weiß wird, alles in einen Durchschlag aus Metall gießen, der in einer Schüssel steht. Wasser weggießen.)

Wok oder Pfanne säubern und wieder stark erhitzen. 1 Esslöffel Öl hineingeben. Walnusskerne darin 1 Minute pfannenrühren. Herausnehmen und beiseite stellen. Knoblauch, Ingwer und Frühlingszwiebeln in den Wok geben und einige Sekunden pfannenrühren. Walnusskerne wieder in den Wok geben und alle anderen Zutaten ebenfalls hineingeben. Hühnerwürfel dazugeben, und die Mischung 2 Minuten pfannenrühren. Sofort servieren.

Zitronenhuhn

Die Südchinesen haben Zitronenhuhn zu einer wahren Delikatesse gemacht. Im Lokal bekommt man leider oft eine klebrig-süße Sauce. Doch dieses Rezept hält die perfekte Balance zwischen Säure und Süße. Manchmal wird das Zitronenhuhn gedämpft, aber ich finde es pfannengerührt genauso gut. Servieren Sie gedämpften Reis (Rezept siehe S. 221–222) und kalten Sesambrokkoli (Rezept siehe S. 200) dazu.

Aus Kanton
Garmethode: Pfannenrühren

Für 4 Personen

450 g Hühnerbrust ohne Haut und Knochen
1 Eiweiß
1 TL Salz
1 TL Sesamöl
2 TL Speisestärke
280 ml Erdnussöl oder Wasser

FÜR DIE SAUCE

65 ml Hühnerbrühe (Rezept siehe S. 59) oder Wasser
3 EL frischer Zitronensaft
1 EL Zucker
1 EL helle Sojasauce
1 1/2 EL Shaoxing-Reiswein oder trockener Sherry
1 EL fein gehackter Knoblauch
2 halbierte getrocknete Chilis
1 TL Speisestärke, mit 1 TL Wasser angerührt
2 TL Sesamöl

ZUM GARNIEREN

2 EL fein gehackte Frühlingszwiebeln

Hühnerbrust in schmale Streifen von etwa 7 cm Länge schneiden. Mit Eiweiß, Salz, Sesamöl und Speisestärke in einer Schüssel vermischen und 20 Minuten im Kühlschrank marinieren lassen.

Den Wok oder eine große Pfanne stark erhitzen. Öl hineingeben. Wenn es sehr heiß ist und anfängt zu rauchen, Wok von der Herdplatte ziehen. Hühnerstreifen sofort hineingeben und kräftig rühren, damit sie nicht zusammenkleben. Wenn das Huhn nach etwa 2 Minuten weiß wird, alles in einen Durchschlag aus Metall gießen, der auf einer Schüssel steht. Öl weggießen.

(Wenn Sie Wasser statt Öl nehmen, bringen sie dieses in einem Topf zum Kochen. Topf von der Herdplatte nehmen und Hühnerstücke hineingeben. Kräftig rühren, damit sie nicht zusammenkleben. Wenn das Hühnerfleisch nach etwa 2 Minuten weiß wird, alles in einen Durchschlag aus Metall gießen, der in einer Schüssel steht. Wasser weggießen.)

Wok säubern und wieder stark erhitzen. Hühnerbrühe, Zitronensaft, Zucker, Sojasauce, Reiswein, Knoblauch und Chilis hineingeben und bei starker Hitze zum Kochen bringen. Angerührte Speisestärke dazugeben und 1 Minute sieden lassen. Hühnerstreifen wieder in den Wok geben und so lange pfannenrühren, bis sie rundum mit Sauce bedeckt sind. Sesamöl untermischen. Alles auf eine vorgewärmte Platte geben, mit Frühlingszwiebeln bestreuen und servieren.

Huhn mit Sesamsamen

Dieses Rezept ist meine Version eines würzigen Gerichtes aus Sichuan, das in China auch »Seltsam schmeckendes Huhn« heißt, weil es so viele verschiedene Aromen hat: Es ist scharf, würzig, sauer, süß und salzig zugleich. Es schmeckt heiß und kalt. Meist lasse ich es abkühlen und serviere es bei Zimmertemperatur. Die Sesamsamen verleihen dem zarten Huhn Biss. Servieren Sie es zu Kürbissuppe mit Schinken (Rezept siehe S. 72) und Brokkoli mit Hoisin-Sauce (Rezept siehe S. 200).

Aus Sichuan
Garmethode: Pfannenrühren

Für 3 bis 4 Personen

450 g Hühnerbrust ohne Haut und Knochen
1 Eiweiß
1/2 TL Salz
2 TL Speisestärke
300 ml Erdnussöl oder Wasser + 1 EL Erdnussöl
1 EL helle Sesamsamen

FÜR DIE SAUCE
2 TL dunkle Sojasauce
2 TL dunkler Reisessig oder Cidre-Essig
2 TL Chili-Bohnen-Sauce
2 TL Sesamöl
2 TL Zucker
1 EL Shaoxing-Reiswein oder trockener Sherry
1 TL geröstete Sichuan-Pfefferkörner (Rezept siehe S. 34)
1 1/2 EL fein gehackte Frühlingszwiebeln

Hühnerbrust in dünne Streifen von etwa 7 cm Länge schneiden. Mit Eiweiß, Salz und Speisestärke in einer Schüssel mischen und 20 Minuten im Kühlschrank marinieren.

Den Wok oder eine große Pfanne stark erhitzen. Öl hineingeben. Wenn es sehr heiß ist und anfängt zu rauchen, Wok von der Herdplatte ziehen. Hühnerstreifen sofort hineingeben und kräftig rühren, damit sie nicht zusammenkleben. Wenn das Huhn nach etwa 2 Minuten weiß wird, alles in einen Durchschlag aus Metall gießen, der auf einer Schüssel steht. Öl weggießen.

(Wenn Sie statt Öl Wasser nehmen, bringen Sie es in einem Topf zum Kochen. Topf von der Herdplatte nehmen und Hühnerstücke hineingeben. Kräftig rühren, damit sie nicht zusammenkleben. Wenn das Hühnerfleisch nach etwa 2 Minuten weiß wird, alles in einen Durchschlag aus Metall gießen, der in einer Schüssel steht. Wasser weggießen.)

Wok säubern und wieder stark erhitzen. 1 Esslöffel Erdnussöl hineingeben und die Sesamsamen dazugeben. 30 Sekunden pfannenrühren, bis sie leicht bräunen. Alle Zutaten für die Sauce dazugeben und aufkochen lassen. Hühnerstreifen wieder dazugeben und die Mischung 2 Minuten pfannenrühren, bis die Hühnerstreifen gleichmäßig von Sauce und Sesamsamen umgeben sind. Sofort servieren oder etwas abkühlen lassen und bei Zimmertemperatur servieren.

Betrunkenes Huhn

Dieses Gericht heißt mit gutem Grund »Betrunkenes Huhn«! Sie brauchen eine ganze Menge Reiswein, um das Huhn beim Garziehen zu bedecken, aber er kann wiederverwendet werden. Ich finde, dieses traditionelle Gericht schmeckt am besten mit Shaoxing-Reiswein. Sherry ist hier kein guter Ersatz. Da das »Betrunkene Huhn« zwei Tage im Voraus zubereitet werden kann, ist es ideal für eine Party.

Aus Shanghai
Garmethoden: Sieden und Garziehen

Für 4 Personen

15 g frischer Ingwer
1,2 l Hühnerbrühe (Rezept siehe S. 59)
3 EL helle Sojasauce
1 EL Salz
1 Frühlingszwiebel
1 Huhn aus Freilandhaltung (1,5–1,7 kg)
1,2 l Shaoxing-Reiswein oder trockener Sherry

Ingwer in 0,5 cm dünne Scheiben schneiden. Brühe in eine große Kasserole oder einen Topf füllen und zum Kochen bringen. Ingwer, Sojasauce, Salz, ganze Frühlingszwiebel und das Huhn hineingeben. (Wenn das Huhn nicht mit Brühe bedeckt ist, gießen Sie etwas Wasser dazu.) Brühe wieder aufkochen lassen und Hitze reduzieren. Alles bei schwacher Hitze 30 Minuten sieden lassen. Dabei ständig Fett oder Schaum von der Oberfläche abschöpfen. Herdplatte ausstellen, Kasserole oder Topf zudecken und Huhn 30 Minuten in der Flüssigkeit garziehen lassen.

Das fertige Huhn auf eine große Platte legen und abkühlen lassen. (Sie können das Fett von der Kochflüssigkeit abschöpfen und diese als Basis für Brühe oder zum Reiskochen verwenden.) Huhn längs halbieren und in eine Schüssel geben. Mit Reiswein bedecken und 2 Tage im Kühlschrank marinieren lassen. Mehrmals wenden.

Nach 2 Tagen Hühnerhälften aus dem Reiswein nehmen und auf einer Servierplatte anrichten. Etwas Reiswein zum Anfeuchten über das Huhn geben und Huhn servieren. Den übrigen Wein im Kühlschrank für andere Rezepte aufheben.

Links:
Frischer Ingwer
(Seite 25)

Huhn mit Cashewnüssen

Dieses Gericht ist ein gutes Beispiel für die Vorliebe der Chinesen für gegensätzliche Konsistenzen: Zarte, saftige Hühnerstücke werden mit knackigen Cashewnüssen kombiniert. Das Originalrezept wird übrigens mit Erdnüssen gemacht. Dieses Gericht nutzt die besten Techniken der chinesischen Küche: Der Stärkemantel erhält das Fleisch saftig, und das Pfannenrühren mit Gewürzen bringt das Aroma heraus.

Aus Kanton
Garmethode: Pfannenrühren

Für 4 Personen

450 g Hühnerbrust ohne Haut und Knochen
1 Eiweiß
1 TL Salz
2 TL Speisestärke
300 ml Erdnussöl oder Wasser + 2 TL Erdnussöl
50 g Cashewnüsse
1 EL Shaoxing-Reiswein oder trockener Sherry
1 EL helle Sojasauce

Zum Garnieren

1 EL fein gehackte Frühlingszwiebeln

Hühnerbrust in 1 cm große Würfel schneiden. Mit Eiweiß, Salz und Speisestärke in einer Schüssel mischen und 20 Minuten im Kühlschrank marinieren lassen.

Den Wok oder eine große Pfanne stark erhitzen. Öl hineingeben. Wenn es sehr heiß ist und anfängt zu rauchen, Wok von der Herdplatte ziehen. Hühnerstreifen sofort hineingeben und kräftig rühren, damit sie nicht zusammenkleben. Wenn das Huhn nach etwa 2 Minuten weiß wird, alles in einen Durchschlag aus Metall gießen, der auf einer Schüssel steht. Öl weggießen.

(Wenn Sie statt Öl Wasser nehmen, bringen Sie es in einem Topf zum Kochen. Topf von der Herdplatte nehmen und Hühnerstücke hineingeben. Kräftig rühren, damit sie nicht zusammenkleben. Wenn das Hühnerfleisch nach etwa 2 Minuten weiß wird, alles in einen Durchschlag aus Metall gießen, der in einer Schüssel steht. Wasser weggießen.)

Wok oder Pfanne säubern und wieder stark erhitzen. 2 Teelöffel Öl hineingeben, Cashewnüsse dazugeben und 1 Minute pfannenrühren. Übrige Zutaten in den Wok geben. Hühnerstücke dazugeben und die Mischung 2 Minuten pfannenrühren. Gericht mit den Frühlingszwiebeln garnieren und sofort servieren.

Scharf-würziges Huhn

Dieses scharf-würzige Huhn lässt sich gut vorbereiten und aufwärmen. Es ist ein gutes Beispiel für die gelungene Verbindung von gegensätzlichen Aromen, die so typisch sind für die Küche in Westchina. Das fertige Gericht duftet und schmeckt einfach umwerfend.

Aus Sichuan
Garmethoden: Braten und Schmoren

Für 4 Personen

450 g Hühnerschenkel ohne Haut und Knochen
1 TL Salz
4 Frühlingszwiebeln
3 getrocknete rote Chilis
150 ml Erdnussöl + 1 TL Erdnussöl
2 TL fein gehackter frischer Ingwer
1 EL Chili-Bohnen-Sauce
300 ml Hühnerbrühe (Rezept siehe S. 59)
2 TL geröstete und gemahlene Sichuan-Pfefferkörner (siehe S. 34)
2 TL Zucker
2 EL dunkle Sojasauce

Hühnerschenkel in 2,5 cm große Stücke schneiden, mit dem Salz einreiben und 30 Minuten ziehen lassen. Frühlingszwiebeln putzen und in 5 cm lange Stücke schneiden. Getrocknete Chilis längs halbieren. Den Wok oder eine große Pfanne stark erhitzen. 150 ml Öl hineingeben. Wenn es sehr heiß ist und anfängt zu rauchen, Chilis hineingeben und einige Sekunden pfannenrühren. (Sie können die geschwärzten Chilis gleich wieder herausnehmen.) Hitze reduzieren. Hühnerstücke dazugeben und bei mittlerer Hitze rundum bräunen. Hühnerstücke in einem Durchschlag, der auf einer Schüssel steht, abtropfen lassen.

Wok oder Pfanne säubern und wieder erhitzen. 1 Teelöffel Öl hineingeben. Frühlingszwiebeln, Ingwer und Chili-Bohnen-Sauce hineingeben und bei mittlerer Hitze einige Sekunden anbraten. Hühnerbrühe, Sichuan-Pfeffer, Zucker und Sojasauce dazugeben. Herdplatte auf ganz schwache Hitze stellen. Hühnerstücke hineingeben. Wok zudecken und Hühnerstücke in der Sauce 20 bis 30 Minuten schmoren, dabei gelegentlich wenden. Fett von der Oberfläche abschöpfen und Huhn mit der Sauce servieren.

Hühnerpäckchen

Diese Methode Huhn zu garen, ist genial: Eine dünne Scheibe Huhn wird zwischen zwei andere Zutaten gelegt, dann wird alles in Papier gepackt und frittiert. Beim Garen verbinden sich die Aromen. Das Ergebnis ist eine köstliche Vorspeise. Die Päckchen müssen gut gepackt werden, damit das Öl nicht an die Füllung gelangt. Manche Restaurants benutzen fertig gekaufte Marinade und Alufolie, was nicht so gut schmeckt. Meine Methode dauert länger, aber das Ergebnis ist den Aufwand wert. Dieses Gericht gehört zu den Spezialitäten, die zum Gespräch des Abends werden können.

Aus Kanton
Garmethode: Frittieren

Für 8 Personen als Vorspeise

250 g Hühnerbrust ohne Haut und Knochen

FÜR DIE MARINADE

2 EL Austernsauce
1 EL helle Sojasauce
1 EL dunkle Sojasauce
1 EL Shaoxing-Reiswein oder trockener Sherry
2 TL Zucker
1 TL Sesamöl
Salz und schwarzer Pfeffer

30 Streifen rote Chili (4 cm lang)
60 Streifen Frühlingszwiebeln, (4 cm lang)
30 Stifte frischer Ingwer 4 x 0,5 cm
30 dünne Scheiben Wasserkastanien (Dose)
60 frische Korianderblätter
30 Scheiben Parmaschinken (in 8 cm große Quadrate geschnitten)

FÜR DIE VERPACKUNG

30 quadratische Stücke Backpapier (15 cm groß)
1,2 l Erdnussöl

Hühnerbrust in 30 Streifen von etwa 4 x 0,5 cm Größe schneiden. Mit den Zutaten für die Marinade in einer Schüssel vermischen und mindestens 1 Stunde im Kühlschrank marinieren.

1 Stück Backpapier auf die Arbeitsfläche legen. Eine Spitze zur Mitte falten. In die Mitte des Papiers Folgendes legen: 1 Chilistreifen, 1 Korianderblatt, 1 Hühnerscheibe, 1 Stück Schinken, 2 Streifen Frühlingszwiebeln, 1 Stück Ingwer, 1 Scheibe Wasserkastanie und zum Schluss wieder 1 Blatt Koriander. Die gefaltete Spitze des Papiers zuerst auf die Zutaten legen, dann die beiden angrenzenden Seiten zur Mitte falten. Das ganze Päckchen in der Mitte falten, wobei gegenüber der zur Mitte gefalteteten Spitze eine Lasche entsteht. Diese Lasche zum Sichern des Päckchens nach innen schlagen. Alle 30 Päckchen so füllen und zusammenfalten.

Wok sehr stark erhitzen. Öl hineingeben. Wenn es sehr heiß ist und anfängt zu rauchen, 10 Päckchen hineingeben und 3 Minuten frittieren. Mit dem Schaumlöffel herausholen und abtropfen lassen. Restliche Päckchen in 2 Portionen genauso frittieren.

Fertige Päckchen auf einer vorgewärmten Platte anrichten und servieren. Jeder wickelt seine Päckchen selbst aus.

Schmorhühnchen mit Lauch

Lauch ist in der nord- und ostchinesischen Küche sehr beliebt. Sein Geschmack erinnert an Knoblauch und Zwiebeln, ist aber milder und passt daher gut zum feinen Aroma von Huhn. Dieses wärmende Gericht ist ideal für kalte Wintertage. Ich koche es am liebsten in einem chinesischen Tontopf, aber Sie können jeden schweren Topf verwenden. Servieren Sie dazu gedämpften Reis (Rezept siehe S. 221–222) oder Nudeln und Ingwer-Frühlingszwiebel-Sauce (Rezept siehe S. 39).

Aus Beijing und Shanghai
Garmethoden: Pfannenrühren und Schmoren

Für 4 Personen

450 g Hühnerschenkel ohne Haut und Knochen
4 TL Sesamöl
4 TL Shaoxing-Reiswein oder trockener Sherry
2 TL helle Sojasauce
1 1/2 TL Speisestärke
225 g Lauch
1 EL Erdnussöl
2 fein gehackte Frühlingszwiebeln
1 EL fein gehackter frischer Ingwer
1/2 TL Salz
1/2 TL schwarzer Pfeffer
210 ml Hühnerbrühe (Rezept siehe S. 59)
1 EL dunkle Sojasauce
1 TL Zucker

Hühnerschenkel in Stücke von etwa 5 x 2,5 cm Größe schneiden und in eine Schüssel geben. 2 Teelöffel Sesamöl, 2 Teelöffel Reiswein, die helle Sojasauce und die Speisestärke unterrühren und das Huhn 20 Minuten marinieren.

Lauch putzen und gelbe Blätter entfernen. Grüne Enden abschneiden und wegwerfen. Die weißen Enden längs halbieren, und die Hälften schräg in 6 cm lange Abschnitte teilen. Lauch gründlich waschen und abtropfen lassen.

Den Wok oder eine große Pfanne stark erhitzen. Öl hineingeben. Wenn es sehr heiß ist und anfängt zu rauchen, Frühlingszwiebeln und Ingwer hineingeben. Hühnerstücke mit einem Schaumlöffel aus der Marinade heben und sofort in den Wok geben. Lauch, Salz und Pfeffer ebenfalls untermischen. Alles 5 Minuten pfannenrühren, bis Fleisch, Lauch und Gewürze braun sind. Zutaten mit dem Schaumlöffel aus dem Wok nehmen. Im Wok verbliebene Flüssigkeit oder Öl weggießen.

Brühe in einem mittelgroßen Topf zum Kochen bringen. 2 Teelöffel Reiswein, dunkle Sojasauce, 2 Teelöffel Sesamöl und Zucker hineingeben. Hühnchen und Gemüse dazugeben. Schaum abschöpfen. Herdplatte herunterschalten, sodass die Brühe siedet. Deckel auflegen und alles 25 Minuten schmoren. Vor dem Servieren Fett abschöpfen. Sofort auftragen oder abkühlen lassen und kalt stellen.

Zweimal gegartes Huhn

Dieses Gericht aus Ostchina erfordert zwei Garmethoden. Zuerst wird das marinierte Hühnerfleisch gedämpft. Dabei gart das Fleisch, und Saft und Geschmack bleiben erhalten. Dann werden die Hühnerstücke knusprig goldbraun frittiert.

Aus Fujian
Garmethoden: Dämpfen und Frittieren

Für 4 bis 6 Personen

750 g Hühnerschenkel ohne Haut und Knochen
600 ml Erdnussöl (Fritteuse siehe S. 47)

FÜR DIE MARINADE
1 EL Shaoxing-Reiswein oder trockener Sherry
1 ½ EL helle Sojasauce
1 EL dunkle Sojasauce
1 EL Shrimppaste
1 EL fein gehackte Frühlingszwiebeln
2 TL fein gehackter Ingwer
1 TL geröstete und gemahlene Sichuan-Pfefferkörner (siehe S. 34) oder 1 TL schwarzer Pfeffer
2 TL Zucker
2 TL Salz
Speisestärke zum Bestäuben

ZUM DIPPEN
geröstetes Pfeffer-Salz (siehe S. 39)

Hühnerschenkel in 5 cm große Würfel schneiden. Alle Zutaten für die Marinade außer der Speisestärke in einer Schüssel vermischen. Hühnerstücke in die Marinade geben und an einem kühlen Ort 1 Stunde marinieren.

Einen Dämpftopf vorbereiten oder einen Dämpfeinsatz in den Wok oder einen hohen Topf stellen. 5 cm Wasser angießen. Wasser bei starker Hitze zum Kochen bringen. Mariniertes Hühnerfleisch auf einen hitzefesten Teller legen und diesen in den Dämpftopf oder auf den Dämpfeinsatz in den Wok oder Topf stellen. Hitze reduzieren und Deckel fest auflegen. Hühnerfleisch bei schwacher Hitze 30 Minuten dämpfen.

Hühnerfleisch herausholen und vollständig abtropfen und abkühlen lassen. Das kann 1 Stunde dauern. (Am besten, Sie bereiten das Gericht bis hierhin am Vortag vor.)

Öl in der Fritteuse oder einem großen Wok erhitzen. Die Hühnerstücke mit Speisestärke bestäuben. Überschuss abklopfen. Hühnerstücke portionsweise im Öl goldbraun frittieren, auf Küchenpapier entfetten und auf eine Platte geben. Hühnchen sofort mit einem Schälchen geröstetem Pfeffer-Salz servieren.

Huhn in Sojasauce

Meine Freunde sind meist überrascht, wenn sie dieses Gericht zum ersten Mal probieren. Statt des salzigen Geschmackes, den sie bei dem Namens erwarten, bekommen sie zartes, saftiges Huhn in einer feinen Sauce. Das Garziehen sorgt dafür, dass das Huhn saftig und zart ist, wobei die Sauce das Fleisch durchdringt. Sie können das Gericht heiß servieren, es schmeckt aber auch abgekühlt oder richtig kalt. Insofern eignet es sich auch für ein Picknick oder als kalte Vorspeise. Sie können ein bisschen Garflüssigkeit als Sauce reichen und den Rest einfrieren. Sie kann für das nächste Huhn in Sojasauce wieder benutzt werden.

Aus Kanton und Fujian
Garmethoden: Sieden und Garziehen

Für 4 bis 6 Personen

FÜR DIE SAUCE

1,75 l Hühnerbrühe (Rezept siehe S. 59) oder Wasser

600 ml dunkle Sojasauce

150 ml helle Sojasauce

300 ml Shaoxing-Reiswein oder trockener Sherry oder 150 ml Sherry mit 150 ml Hühnerbrühe (Rezept siehe S. 59) gemischt

175 g chinesischer Rohrzucker oder normaler Zucker

5 Sternanis

5 chinesische Zimtrinden oder Zimtstangen

3 EL Kreuzkümmelsamen

30 g frischer Ingwer

1 Huhn aus Freilandhaltung (1,5–1,75 kg)

6 Frühlingszwiebeln

2 EL Salz

1 TL schwarzer Pfeffer

ZUM GARNIEREN

frischer Koriander

Alle Zutaten für die Sauce in einen großen Topf geben und zum Sieden bringen. Ingwer in 0,5 cm dicke Scheiben schneiden. Huhn mit Ingwerscheiben, Frühlingszwiebeln, Salz und Pfeffer füllen. Huhn mit der Brustseite nach unten in den Topf zur Sauce geben. Falls die Flüssigkeit das Huhn nicht bedeckt, noch etwas Brühe angießen. Flüssigkeit wieder zum Sieden bringen und 30 Minuten sieden lassen, dabei gelegentlich den Schaum abschöpfen. Huhn umdrehen, Herdplatte ausstellen, Deckel auflegen und Huhn 1 Stunde garziehen lassen.

Nach 1 Stunde Huhn mit dem Schaumlöffel aus der Flüssigkeit heben und zum Abkühlen auf einen Teller legen. Sie können das Huhn jetzt entweder im Kühlschrank kühlen oder in Stücke schneiden und heiß servieren. Fett von der Oberfläche abschöpfen. Etwas Sauce über die Hühnerstücke geben. Mit frischem Koriander garnieren und servieren.

Zartes Huhn mit Dip

Aus Kanton
Garmethode: Garziehen

Dies ist ein klassisches Gericht aus Kanton, das meine Mutter oft zubereitet hat. Die Technik nennt man Garziehen, und sie ist ideal für zartes Huhn. Nur ganz schwache Hitze darf an das Fleisch gelangen, damit es so besonders zart und saftig bleibt, sein Aroma behält und eine fast samtene Konsistenz bekommt. Das geht ganz einfach: Zuerst siedet das Huhn in Flüssigkeit, dann wird die Herdplatte abgestellt, ein gut schließender Deckel aufgelegt und das Huhn sanft weiter gegart. Das Wasser, in dem das Huhn gar gezogen ist, sollten Sie zum Reiskochen oder für Hühnerbrühe aufheben.
Zu diesem zart schmeckenden Huhn serviert man einen pikanten Dip. Frühlingszwiebeln und Ingwer, deren Aromen durch heißes Öl hervorgebracht werden, sind die perfekte Ergänzung.

Für 4 Personen

1 Huhn aus Freilandhaltung (1,5–1,75 kg)
1 EL Salz
30 g frischer Ingwer
6 Frühlingszwiebeln
schwarzer Pfeffer

Für den kantonesischen Dip
4 EL fein gehackte Frühlingszwiebeln (nur der weiße Teil)
2 TL fein gehackter frischer Ingwer
2 TL Salz
2 EL Erdnussöl

Hühnchen mit Salz einreiben und in einen großen Topf legen. Mit Wasser bedecken und dieses zum Kochen bringen. Ingwer in 6 Scheiben schneiden. Ingwer, Frühlingszwiebeln und Pfeffer zum Huhn geben. Deckel auflegen, Herdplatte herunterschalten und alles 20 Minuten sieden lassen. Herd ganz ausstellen und Huhn 1 Stunde zugedeckt ziehen lassen.
Für den Dip alle Zutaten bis auf das Öl in einer hitzefesten Schüssel vermischen. Den Wok stark erhitzen. Öl hineingeben. Wenn es sehr heiß ist und anfängt zu rauchen, Öl über die Zutaten in der Schüssel gießen. Gut vermischen.
Huhn auf ein Schneidebrett legen. Flüssigkeit durchsieben und als Basis für Brühe oder zum Reiskochen aufheben. Huhn in mundgerechte Stücke teilen und auf einer vorgewärmten Servierplatte anrichten. Dip in einem Schälchen dazu reichen.

Mango-Hühnchen

Aus Hongkong
Garmethode: Pfannenrühren

Dieses Rezept könnte man »Nouvelle Hongkong« nennen oder auch »Südostasien trifft Hongkong«. Die Verbindung ist exotisch und ungewöhnlich. Ich habe dieses Gericht schon oft in Hongkong gegessen und finde es immer wieder phantastisch. Die reiche Süße und zarte Konsistenz der Mango passt einfach wunderbar zum delikaten Geschmack des Huhnes. Die Mango wird nur kurz erwärmt.

Für 4 Personen

450 g Hühnerbrust ohne Fleisch und Knochen
1 Eiweiß
2 TL Sesamöl
2 TL Salz
2 TL Speisestärke
schwarzer Pfeffer zum Abschmecken
600 ml Erdnussöl oder Wasser + 1 ½ EL Erdnussöl
2 reife Mangos
1 ½ EL Erdnussöl
1 EL fein gehackter frischer Ingwer
1 EL fein gehackter Knoblauch
1 ½ EL Shaoxing-Reiswein oder trockener Sherry

Zum Garnieren
1 EL fein gehackter frischer Koriander

Hühnerbrust in 2,5 cm große Würfel schneiden und in einer Schüssel mit Eiweiß, 1 Teelöffel Sesamöl, 1 Teelöffel Salz, Speisestärke und Pfeffer vermischen und 20 Minuten marinieren.

Den Wok oder eine große Pfanne stark erhitzen. Öl hineingeben. Wenn es sehr heiß ist und anfängt zu rauchen, Wok von der Herdplatte ziehen. Hühnerstreifen sofort hineingeben und kräftig rühren, damit sie nicht zusammenkleben. Wenn das Huhn nach etwa 2 Minuten weiß wird, alles in einen Durchschlag aus Metall gießen, der auf einer Schüssel steht. Öl weggießen.

(Wenn Sie statt Öl Wasser nehmen, bringen Sie es in einem Topf zum Kochen. Topf von der Herdplatte nehmen und die Hühnerstücke hineingeben. Kräftig rühren, damit sie nicht zusammenkleben. Wenn das Hühnerfleisch nach etwa 2 Minuten weiß wird, alles in einen Durchschlag aus Metall gießen, der in einer Schüssel steht. Wasser weggießen.)

Mangos schälen und in 2,5 cm große Würfel schneiden. 1 ½ Esslöffel Erdnussöl im Wok oder in der Pfanne erhitzen. Ingwer und Knoblauch hineingeben und 30 Sekunden pfannenrühren. Reiswein, 1 Teelöffel Salz, 1 Teelöffel Sesamöl und die Mangowürfel dazugeben. 2 Minuten sanft pfannenrühren, bis die Mangos warm sind. Hühnerfleisch dazugeben und unterrühren. Gericht mit Koriander garnieren, auf eine vorgewärmte Platte geben und sofort servieren.

Knusperhühnchen

Das Rezept ist eines meiner Lieblingsgerichte mit Huhn. Es war ein Muss bei Familientreffen und besonderen Gelegenheiten. Die Chinesen essen es meist im Restaurant, aber es lässt sich auch gut daheim machen. Sie brauchen etwas Geduld, können aber vieles am Vortag vorbereiten. Das Knusperhühnchen kann zum Hauptgericht eines besonderen Abendessens werden.

Aus Kanton
Garmethoden: Sieden und Frittieren

Für 4 bis 6 Personen

Für die Siedeflüssigkeit

3,4 l Wasser
2 chinesische Zimtrinden oder Zimtstangen
250 ml dunkle Sojasauce
3 EL helle Sojasauce
120 ml Shaoxing-Reiswein oder trockener Sherry
3 Sternanis
1 EL frische Orangenschale oder getrocknete Zitrusschale, eingeweicht und fein gehackt (siehe S. 37)
15 g frischer Ingwer
2 Frühlingszwiebeln
50 g chinesischer Rohrzucker oder normaler Zucker

1 Huhn aus Freilandhaltung (1,5 kg)
1,2 l Erdnussöl

Für die Glasur

3 EL Honig
300 ml Wasser
2 EL dunkle Sojasauce
2 EL dunkler Reisessig oder Cidre-Essig

Zum Garnieren

1 Zitrone
geröstetes Pfeffer-Salz (siehe S. 39)

Alle Zutaten für die Siedeflüssigkeit in einem großen Topf vermischen. Flüssigkeit aufkochen lassen, dann die Hitze reduzieren, sodass die Flüssigkeit siedet. Huhn mit der Brust nach unten einlegen und offen 30 bis 40 Minuten sieden lassen, bis es gar ist. Huhn auf einen Rost über ein Blech legen und an einem kühlen, gut belüfteten Ort etwa 3 Stunden trocknen lassen. Wenn das Huhn getrocknet ist, sollte die Haut sich wie Pergamentpapier anfühlen. Huhn längs halbieren und die Bauchhöhle mit Küchenpapier auswischen.

Im Wok oder einem Topf die Zutaten für die Glasur aufkochen. Die Haut des Huhns damit einpinseln. Huhn dann nochmals 2 Stunden an einem kühlen und gut belüfteten Ort trocknen lassen. Nicht in den Kühlschrank stellen!

Öl in der Fritteuse oder in einem großen Wok erhitzen. Eine Hühnerhälfte mit der Haut nach unten hineingeben. Frittieren, bis die Haut knusprig und dunkelbraun ist. Herausnehmen und auf Küchenpapier entfetten. Die andere Hühnerhälfte ebenso frittieren und entfetten. Huhn in mundgerechte Stücke schneiden. Zitrone in Schnitze schneiden. Huhn mit den Zitronenschnitzen auf einer Platte anrichten. Geröstetes Pfeffer-Salz dazu reichen.

Hühnersalat

Diesen Salat serviere ich gerne entweder als ersten Gang oder als Hauptgericht eines leichten Abendessens im Sommer. Auch beim Picknick kommt er gut an. Er ist einfach zubereiten und wird mit einem köstlichen Dressing serviert.

Aus Beijing und Sichuan
Garmethode: Dämpfen

Für 4 bis 6 Personen

1 Huhn aus Freilandhaltung (1,25–1,5 kg) oder 1 fertig gebratenes Huhn
1 EL Salz
225 g frische Bohnensprossen
275 g Gurke
100 g Möhren

Für das Dressing
3 EL Sesampaste
2 EL Chili-Bohnen-Sauce
2 EL fein gehackte Frühlingszwiebeln
1 EL Sesamöl
3 EL heller Reisessig oder Cidre-Essig
2 EL helle Sojasauce
1 1/2 EL dunkle Sojasauce
1 1/2 EL fein gehackter Knoblauch
1 TL Salz
1/2 TL weißer Pfeffer
1/2 TL Sichuan-Pfeffer
2 TL Zucker
150 ml Hühnerbrühe (Rezept siehe S. 59)

Für frisches Huhn: Huhn rundherum mit 1 EL Salz einreiben. Dämpftopf vorbereiten oder einen Dämpfeinsatz in einen Wok oder hohen Topf stellen. 5 cm Wasser angießen und bei starker Hitze zum Kochen bringen. Huhn auf eine hitzefeste Platte geben und in den Dämpftopf oder in den Wok stellen. Hitze reduzieren und Deckel auflegen. Huhn etwa 1 Stunde bei schwacher Hitze dämpfen, bis es gar ist. Huhn herausnehmen und vollständig abkühlen lassen.

Inzwischen Bohnensprossen waschen, beide Enden abschneiden. Gurke schälen, längs halbieren und Kerne mit einem Löffel entfernen. Gurke in etwa 7,5 cm lange dünne Streifen schneiden. Möhren schälen und in 7,5 cm lange dünne Streifen schneiden. Gemüse beiseite stellen.

Das Fleisch vom gedämpften oder fertig gebratenen Huhn ablösen und mit einem scharfen Messer in feine Streifen schneiden. Hühnerstreifen auf einer Platte anrichten. Bohnensprossen, Gurken- und Möhrenstreifen um das Hühnerfleisch legen.

Alle Zutaten für das Dressing gut vermischen. (Ich mache das im Mixer, aber Sie können auch ein Schraubglas nehmen und kräftig schütteln.) Dressing über Huhn und Gemüse gießen und gut untermischen.

Pekingente

Aus Beijing
Garmethoden: Blanchieren und Braten

Ente gilt in China als Symbol der Treue. Doch ihr herrlicher Geschmack ist ihre größte Tugend! Mit der Pekingente haben chinesische Köche die Kunst vollbracht, das beste aus dem saftigen Fleisch herauszuholen und gleichzeitig den Nachteil – viel Knochen und Fett – zu verringern. Dieses Gericht wurde in der kaiserlichen Hofküche erfunden und erst durch ehemalige Hofköche berühmt, die später in Restaurants Pekingente zubereiteten. Man isst sie tatsächlich im ganzen Land.

Vorbereitung und Zubereitung sind eine Kunst für sich. Die jungen Enten werden 1 ½ Monate vor dem Schlachten mit einer speziellen Diät gefüttert. Nach dem Schlachten und Ausnehmen wird durch die Luftröhre Luft gepumpt, damit sich Fleisch und Haut voneinander lösen. (So kann man die Haut separat knusprig rösten, während das Fett schmilzt und das Fleisch saftig erhält.) Dann wird die Ente mit heißem Wasser begossen, wodurch sich die Poren schließen. Anschließend wird sie zum Trocknen aufgehängt. Während des Trocknens wird flüssiger Malzzucker auf die Ente gestrichen, die schließlich im Holzofen gebraten wird. Das Ergebnis dieser Prozedur ist eine glänzende, knusprige und aromatische Ente mit herrlich brauner Haut, saftigem Fleisch und ohne Fett.

Natürlich ist diese Zubereitung fast unmöglich für den Hausgebrauch. Deshalb habe ich eine einfachere Methode entwickelt, deren Ergebnis nahe an das Original herankommt. Nehmen Sie sich Zeit, und Ihre Pekingente wird gut genug für einen Kaiser sein! Traditionell serviert man Pekingente mit Pfannkuchen, Frühlingszwiebeln und süßer Bohnensauce. In Hongkong und in westlichen Ländern nimmt man stattdessen Hoisin-Sauce. Sie ähnelt der süßen Bohnensauce, enthält aber Essig. Jeder Gast gibt Sauce auf einen Pfannkuchen. Darauf kommt ein Stück Haut, etwas Fleisch und ein Büschel Frühlingszwiebeln. Der Pfannkuchen wird dann aufgerollt. Man isst mit Stäbchen oder den Fingern. Machen Sie Pekingente für besondere Menschen zu einem besonderen Anlass.

Für 4 bis 6 Personen

1 frische Bauernente oder französische Barbarie-Ente (1,6–1,8 kg) oder gefrorene Ente

Für die Honig-Sirup-Mischung

1 Zitrone
1,2 l Wasser
3 EL Honig
3 EL dunkle Sojasauce
150 ml Shaoxing-Reiswein oder trockener Sherry

Zum Servieren

chinesische Pfannkuchen (Rezept siehe S. 248)
6 EL Hoisin-Sauce oder süße Bohnensauce
24 Frühlingszwiebelbüschel (siehe S. 50)

Gefrorene Ente vollständig auftauen lassen. Ente gut abwaschen und mit Küchenpapier komplett trockentupfen. Im Nacken einen Fleischerhaken befestigen.

Mit einem scharfen Messer die Zitrone mit der Schale in 0,5 cm dünne Scheiben schneiden. Zitronenscheiben mit Wasser, Honig, Sojasauce und Reiswein in einen großen Topf geben. Flüssigkeit zum Kochen bringen. Hitze reduzieren und alles 20 Minuten sieden lassen. Mit einem großen Löffel diese Mischung mehrmals über die Ente geben, als würde man sie baden. Die Haut soll vollständig überzogen sein. Ente über einem Backblech an einem kühlen, gut belüfteten Ort mindestens 4 bis 5 Stunden zum Trocknen aufhängen. (Wenn es schneller gehen muss, hängen Sie die Ente vor einen Ventilator.) Die Haut der getrockneten Ente sollte sich anfühlen wie Pergamentpapier.

Backofen auf 240 °C (Gas Stufe 5–6, Umluft 210 °C) vorheizen. Ente mit der Brust nach oben auf einen Rost in ein Blech oder eine Bratform legen. 150 ml Wasser in das Blech gießen (dies verhindert, dass das Fett spritzt). Ente im Backofen 15 Minu-ten braten. Backofen auf 180 °C (Gas Stufe 2–3, Umluft 160 °C) herunterschalten. Ente 1 Stunde und 10 Minuten braten.

Ente aus dem Backofen holen und mindestens 10 Minuten ruhen lassen. Mit einem scharfen Messer Haut und Fleisch in Stücke schneiden. Auf einer vorgewärmten Servierplatte anrichten und sofort mit Pfannkuchen, Frühlingszwiebelbüscheln und einem Schälchen Hoisin- oder süßer Bohnensauce servieren.

Knusprige Sichuan-Ente

In meiner Familie – und in den meisten anderen chinesischen Familien auch – gab es Ente nur zu bestimmten Anlässen und bei Banketten. Ich erinnerte mich immer noch lange danach gerne an die Festessen zurück. Dieses Entengericht gehört zu meinen Lieblingsrezepten. Es ist auch in den Restaurants westlicher Länder populär. Lassen Sie sich nicht von der langen Vorbereitungszeit abschrecken, die meisten Arbeitsschritte sind einfach und können am Vortag gemacht werden. Beim Dämpfen wird Fett ausgelassen, während das Fleisch saftig bleibt. Frittieren macht die Haut knusprig. Dieses Gericht eignet sich für einen besonderen Anlass und schmeckt mit Dämpfbrötchen (Rezept siehe S. 246) und geröstetem Pfeffer-Salz (siehe S. 39).

Aus Sichuan
Garmethode: Dämpfen und Frittieren

Für 4 bis 6 Personen

1 frische Bauernente oder französische Barbarie-Ente (1,6–1,8 kg) oder gefrorene Ente
2 EL Fünf-Gewürze-Pulver
60 g Sichuan-Pfefferkörner
25 g schwarze Pfefferkörner
3 EL Kreuzkümmelsamen
200 g grobkörniges Salz
20 g frischer Ingwer
4 Frühlingszwiebeln
Speisestärke zum Bestäuben
1,2 l Erdnussöl

Zum Servieren
geröstetes Pfeffer-Salz (siehe S. 39)
Dämpfbrötchen (Rezept siehe S. 246)

Gefrorene Ente vollständig auftauen lassen. Ente mit Küchenpapier trockentupfen. Innen und außen mit Fünf-Gewürze-Pulver, Sichuan-Pfefferkörnern, schwarzen Pfefferkörnern und Kreuzkümmelsamen einreiben. Salz rundherum in die Haut der Ente reiben. Ente fest in Klarsichtfolie wickeln und 24 Stunden in den Kühlschrank stellen.

Danach das Salz von der Ente wischen. Ingwer in 5 mm dünne Scheiben schneiden. Frühlingszwiebeln putzen und in 7,5 cm lange Stücke schneiden. Ingwer und Frühlingszwiebeln in die Bauchhöhle der Ente füllen. Ente auf eine hitzefeste Platte legen.

Dämpftopf vorbereiten oder Dämpfeinsatz in den Wok oder einen hohen Topf stellen. 5 cm Wasser angießen und bei starker Hitze zum Kochen bringen. Platte mit der Ente in den Dämpftopf oder auf den Dämpfeinsatz stellen. Hitze reduzieren. Wok oder Topf zudecken und Ente bei schwacher Hitze 2 Stunden dämpfen. Gelegentlich das austretende Fett abgießen und bei Bedarf kochendes Wasser nachfüllen. Ente herausnehmen, und Fett und Flüssigkeit, die sich auf der Platte gesammelt haben, weggießen. Ingwer und Frühlingszwiebeln herausholen. Ente auf einem Teller an einem kühlen, trockenen Ort 2 Stunden trocknen und abkühlen lassen. (Jetzt können Sie die Ente in den Kühlschrank stellen und bis kurz vor dem Essen dort lassen.)

Kurz vor dem Servieren Ente vierteln und mit Speisestärke bestäuben. Überflüssige Stärke abklopfen. Öl in einer Fritteuse oder im Wok erhitzen. Wenn es anfängt zu rauchen, Entenviertel in zwei Portionen knusprig heiß frittieren. Entenviertel auf Küchenpapier entfetten und kleiner schneiden.
Beim Essen taucht man ein Stück Ente in das Pfeffer-Salz und gibt es dann in ein halbiertes Dämpf-Brötchen.

Schmorente

Die Schmorsauce für dieses Rezept ähnelt der für das Huhn in Sojasauce (Rezept siehe S. 136). Sie können die Sauce einfrieren und wieder verwenden. Im Gegensatz zu Huhn muss Ente lange geschmort werden, bis sie gar ist und das Fett ausgelassen. Diese Ente sieht man – an Haken aufgehängt – in Geschäften in China, Südostasien, Taiwan, Hongkong und in chinesischen Vierteln von europäischen und amerikanischen Städten. Die Ente kann man aber auch gut zu Hause machen und sie lässt sich auch prima wieder aufwärmen, wobei sie mir bei Zimmertemperatur am besten schmeckt. Dazu passen scharfe Glasnudeln (Rezept siehe S. 241) und Salat mit Austernsauce (Rezept siehe S. 210).

Aus Kanton
Garmethoden: Frittieren und Schmoren

Für 4 bis 6 Personen

1 frische Bauernente oder französische Barbarie-Ente (1,6–1,8 kg) oder gefrorene Ente
1,2 l Erdnussöl

Für die Schmorsauce
1,2 l Hühnerbrühe (Rezept siehe S. 59)
1,2 l dunkle Sojasauce
300 ml helle Sojasauce
450 ml Shaoxing-Reiswein oder trockener Sherry oder 210 ml trockener Sherry, gemischt mit 210 ml Hühnerbrühe (Rezept siehe S. 59)
100 g chinesischer Rohrzucker
5 Sternanis
3 chinesische Zimtrinden oder Zimtstangen
2 EL Fenchelsamen
1 EL Kreuzkümmelsamen

Zum Garnieren
frischer Koriander

Gefrorene Ente vollständig auftauen. Ente längs halbieren. Die Hälften mit Küchenpapier trockentupfen. Öl im Wok oder einer großen Pfanne stark erhitzen. Wenn es anfängt zu rauchen, die Entenhälften mit der Hautseite nach unten im Öl frittieren. Herdplatte herunterschalten und Entenhälften bei mittlerer Hitze braten, bis die Haut gebräunt ist. Das dauert 15 bis 20 Minuten. Entenhälften auf Küchenpapier entfetten.

Alle Zutaten für die Sauce in einen großen Topf geben. Flüssigkeit aufkochen lassen. Entenhälften hineingeben und die Hitze reduzieren, bis die Flüssigkeit siedet. Deckel auflegen und Ente etwa 1 Stunde langsam schmoren, bis das Fleisch zart ist.

Wenn die Ente gar ist, das Fett von der Oberfläche abschöpfen (das verhindert, dass die Ente fettig wird). Entenhälften mit dem Schaumlöffel herausnehmen und abkühlen lassen. In kleinere Stücke schneiden und auf einer vorgewärmten Servierplatte mit dem Koriander garnieren und sofort servieren. Sie können die Ente aber auch abkühlen lassen und bei lauwarm essen. Wenn die Sauce abgekühlt ist, Fett von der Oberfläche abschöpfen. Die Sauce kann eingefroren und für die nächste Schmorente oder ein Huhn wieder verwendet werden. Dieses Gericht lässt sich gut wieder aufwärmen.

Kantonesischer Entenbraten

Bei dieser Methode aus Kanton wird die Ente mit einer köstlichen Marinade im Bauch gebraten, wobei die Marinade nicht nur Geschmack bringt, sondern auch für saftiges Fleisch sorgt. Die Haut der Ente wird sehr knusprig, und die Fleischsäfte mischen sich mit der Marinade zu einer köstlichen Sauce. Diese Ente mag manchen von Ihnen bekannt vorkommen – man sieht sie in den Schaufenstern chinesischer Läden auf der ganzen Welt. Natürlich kann man sie fertig kaufen, aber sie ist auch leicht selbst zu machen und wird dann bestimmt der Mittelpunkt Ihrer nächsten Einladung sein.

Aus Kanton
Garmethode: Braten

Für 4 bis 6 Personen

1 frische Bauernente oder französische Barbarie-Ente (1,6–1,8 kg) oder gefrorene Ente

FÜR DIE MARINADE

5 Knoblauchzehen
6 Frühlingszwiebeln
1 EL Erdnussöl
3 EL fein gehackter frischer Ingwer
1 EL Sojabohnenpaste mit ganzen Bohnen
2 EL helle Sojasauce
2 EL Shaoxing-Reiswein oder trockener Sherry
1 1/2 EL zerkleinerter chinesischer Rohrzucker oder normaler Zucker
3 Sternanis
1 EL geröstete Sichuan-Pfefferkörner (Rezept siehe S. 34)
150 ml Hühnerbrühe (Rezept siehe S. 59)
10 Stängel frischer Koriander

ZUM BEGIEßEN

1,2 l Wasser
6 EL Honig
4 EL dunkle Sojasauce
3 EL Shaoxing-Reiswein oder trockener Sherry
2 EL dunkler Reisessig oder Cidre-Essig

Gefrorene Ente vollständig auftauen lassen. Ente abwaschen und mit Küchenpapier trockentupfen. Im Nacken einen Fleischerhaken befestigen. Knoblauch mit Schale zerdrücken. Frühlingszwiebeln putzen und in 7,5 cm lange Stücke teilen.

Den Wok oder eine große Pfanne stark erhitzen. Öl hineingeben. Wenn es sehr heiß ist und anfängt zu rauchen, Ingwer und Knoblauch hineingeben und 10 Sekunden pfannenrühren. Alle anderen Zutaten für die Marinade dazugeben. Mischung zum Sieden bringen, von der Herdplatte nehmen und vollständig abkühlen lassen.

Kalte Marinade in den Bauch der Ente geben. Einen Eisen- oder Bambusspieß mehrmals durch die Ränder der Schwanzöffnung bohren und mit Küchengarn zusammenziehen.

Alle Zutaten für die Flüssigkeit zum Begießen in einen Topf geben und aufkochen lassen. Mit einem Löffel die Mischung mehrmals über die Ente gießen, bis die Haut ganz mit der Flüssigkeit bedeckt ist. Ente über ein Blech an einen kühlen, gut gelüfteten Ort hängen, wo sie mindestens 8 Stunden trocknen soll. Wenn die Ente trocken ist, fühlt sich die Haut an wie Pergamentpapier.

Backofen auf 240 °C (Gas Stufe 5–6) vorheizen. Ente mit der Brust nach oben auf einen Rost legen, diesen in die Fettpfanne stellen. 150 ml Wasser in die Fettpfanne füllen (das verhindert, dass Fett spritzt). Ente im Backofen 15 Minuten braten. Backofen auf 180 °C (Gas Stufe 2–3, Umluft 160 °C) herunterschalten. Ente 1 Stunde und 10 Minuten braten.

Ente aus dem Backofen nehmen und mindestens 10 Minuten ruhen lassen. Spieß vorsichtig herausziehen und Marinade auffangen. Die Ente mit einem scharfen Messer in Stücke schneiden und auf eine vorgewärmte Servierplatte legen. Fett von der Marinade abschöpfen und diese als Sauce zur Ente reichen.

Knusprige Täubchen

In Hongkong streben viele Menschen am Sonntag in den Stadtteil Shatin, um dort das chinesische Brettspiel Mahjong zu spielen und Tauben zu essen. Tauben sind schmackhaft und erinnern leicht an Wild. Die Chinesen in Südchina bereiten Tauben am liebsten so zu: Zuerst werden sie geschmort, dann getrocknet und kurz vor dem Essen frittiert. Ergebnis ist saftiges, köstliches Fleisch und knusprige Haut. Das Geheimnis liegt in der Schmorflüssigkeit, die immer wieder verwendet wird. Manche Restaurants verwenden sie jahrelang, wie eine Meisterbrühe. Das Rezept erfordert etwas Zeit und Geduld, aber es geht ganz einfach und vieles kann lange vorher vorbereitet werden. Servieren Sie die Täubchen mit Reis, pikanten Auberginen (Rezept siehe S. 191) und geröstetem Pfeffer-Salz (siehe S. 39).

Aus Kanton
Garmethoden: Schmoren und Frittieren

Für 4 Personen als Vorspeise

2 Täubchen (225–350 g), längs halbiert
20 g frischer Ingwer
900 ml Erdnussöl (Fritteuse siehe S. 47)

Für die Schmorsauce
1,2 l Hühnerbrühe (Rezept siehe S. 59)
5 EL dunkle Sojasauce
3 EL helle Sojasauce
150 ml Shaoxing-Reiswein oder trockener Sherry
3 EL chinesischer Rohrzucker
1 TL Salz
6 Stücke frische Orangenschale oder getrocknete Zitrusschale, eingeweicht und fein gehackt (siehe S. 37)
3 chinesische Zimtrinden oder Zimtstangen
3 Sternanis
1 TL weißer Pfeffer
2 TL Sesamöl

Wasser in einem großen Topf zum Kochen bringen. Täubchen im kochenden Wasser 2 Minuten blanchieren. Dadurch werden sie gesäubert und die Haut wird fester. Täubchen herausnehmen und Wasser weggießen. Ingwer in 7,5 cm große Scheiben schneiden.

Alle Zutaten für die Schmorsauce in einen großen Topf geben und vermischen. Flüssigkeit zum Kochen bringen. Täubchen und Ingwer hineingeben. Hitze reduzieren und Deckel auflegen. Tauben bei schwacher Hitze 30 Minuten schmoren, bis das Fleisch zart ist. Mit einem Schaumlöffel herausnehmen und auf einen Rost geben, der in einem Blech steht. Etwa 2 Stunden zum Trocknen an einen kühlen, gut gelüfteten Ort stellen. Wenn die Täubchen getrocknet sind, sollte sich die Haut wie Pergamentpapier anfühlen. (Die Schmorflüssigkeit kann jetzt abgekühlt und eingefroren werden.)

Kurz vor dem Servieren Öl in einer Fritteuse oder einem großen Wok erhitzen. Wenn es heiß ist, Täubchen hineingeben und frittieren, bis sie knusprig und dunkelbraun sind. Täubchen mehrmals mit dem Schaumlöffel im Öl wenden, sodass sie rundherum gebräunt und ganz gar werden. Das dauert etwa 10 Minuten. Täubchen auf Küchenpapier entfetten und kurz abkühlen lassen. Mit einem scharfen Messer in 4 bis 6 Stücke teilen und auf einer vorgewärmten Platte sofort servieren.

Fünf-Gewürze-Täubchen

Hier werden die Täubchen vom Fünf-Gewürze-Pulver aromatisiert, während die Schmorsauce für die appetitliche Farbe sorgt. Viele Chinesen blanchieren Täubchen vor dem Schmoren, um sie von Unreinheiten zu befreien. Schmoren ist eine gute Methode für Täubchen, da das Fleisch dadurch saftig bleibt. Kaufen Sie junge, zarte Vögel. Sie können auch Wachteln oder anderes Wildgeflügel verwenden. Dieses Gericht schmeckt auch kalt und kann eine exotische Überraschung beim Picknick sein!

Aus Fujian und Kanton
Garmethoden: Blanchieren und Schmoren

Für 4 Personen als Vorspeise

2 Täubchen (350–450 g), längs halbiert

Für die Schmorsauce

400 ml dunkle Sojasauce
150 ml helle Sojasauce
3 EL Hoisin-Sauce
2 EL Fünf-Gewürze-Pulver
150 ml Shaoxing-Reiswein oder trockener Sherry
50 g chinesischer Rohrzucker oder normaler Zucker

Zum Garnieren

2 EL fein gehackte Frühlingszwiebeln
1 EL fein gehackter frischer Ingwer

Reichlich Wasser in einem großen Topf aufkochen. Täubchen darin 5 Minuten blanchieren. Mit einem Schaumlöffel herausholen, Wasser weggießen.

Alle Zutaten für die Schmorsauce in einen Topf geben und vermischen. Zum Kochen bringen, Hitze reduzieren, Täubchen in die Sauce geben und Deckel auflegen. Täubchen bei schwacher Hitze etwa 35 Minuten schmoren, bis das Fleisch zart ist. Täubchen mit dem Schaumlöffel herausholen und abkühlen lassen. (Die Sauce können Sie abgekühlt einfrieren für das nächste Mal.) Täubchen in mundgerechte Stücke schneiden und auf einer vorgewärmten Servierplatte anrichten. Frühlingszwiebeln und Ingwer darüber streuen und sofort servieren. Wenn Sie das Gericht kalt servieren wollen, lassen Sie die Stücke abkühlen und bestreuen sie erst dann mit der Garnierung. Anschließend mit Folie zudecken und bis zum Essen in den Kühlschrank geben.

Wachteln mit Sauce

Wachteln sind im Südosten und im Süden Chinas wegen ihres hervorragenden Geschmacks beliebt. Außerdem eignen sie sich zum Pfannenrühren, wobei Aroma und Saft im Fleisch versiegelt werden. Bambussprossen und Wasserkastanien bringen Biss, der die zarte Konsistenz des Fleisches ergänzt. Dieses Rezept ist meine Variation eines festlichen Gerichtes des »Lee Garden Rainbow Restaurants« in Hongkong. Dort werden nur die Brüste serviert, eine Spezialität in diesem Luxusrestaurant, in dem nur die besten Köche arbeiten. Ich finde, dass das Rezept genauso gut mit den ganzen Vögeln schmeckt. Dieses dekorative Gericht eignet sich als Vorspeise oder Hauptgericht für eine Einladung. Maissuppe mit Krabbenfleisch (Rezept siehe S.75) und gedämpfter Reis (Rezept siehe S. 221–222) passen dazu.

Aus Fujian und Kanton
Garmethode: Pfannenrühren

Für 4 Personen als Vorspeise

4 Wachteln (je etwa 100 g)
225 g Wasserkastanien (Dose)
225 g Bambussprossen (Dose)
6 Frühlingszwiebeln
150 ml Erdnussöl
300 ml Hühnerbrühe (Rezept siehe S. 59)
2 EL Austernsauce
2 TL Zucker
2 TL Speisestärke, mit 2 TL Wasser angerührt

Für die Marinade
2 EL Shaoxing-Reiswein oder trockener Sherry
2 EL helle Sojasauce
1 EL Speisestärke
2 TL Sesamöl
1/2 TL Salz
1/2 TL weißer Pfeffer

(Gefrorene Wachteln vollständig auftauen lassen.) Wachteln innen und außen mit Küchenpapier trockentupfen. Mit einem schweren Messer jede Wachtel in 6 Stücke teilen. Stücke mit den Zutaten für die Marinade in eine Schüssel geben, gut vermischen und etwa 20 Minuten marinieren.

Wasserkastanien abtropfen lassen. Bambussprossen mit kaltem Wasser abspülen und ebenfalls abtropfen lassen. Beides in Scheiben schneiden. Frühlingszwiebeln putzen und schräg in 7,5 cm lange Stücke schneiden.

Den Wok oder eine große Pfanne stark erhitzen und 75 ml Erdnussöl hineingeben. Die Hälfte der Wachtelstücke mit dem Schaumlöffel aus der Marinade nehmen. Wenn das Öl im Wok anfängt zu rauchen, die Wachtelstücke hineingeben und etwa 5 Minuten pfannenrühren, bis sie braun sind. Mit dem Schaumlöffel in ein Sieb oder einen Durchschlag geben und abtropfen lassen. Fett abgießen. Wok oder Pfanne wieder erhitzen, 75 ml Öl hineingeben und die übrigen Wachtelstücke darin ebenfalls 5 Minuten pfannenrühren. Wachtelstücke in einem Sieb oder Durchschlag abtropfen lassen. Öl bis auf 1 Esslöffel weggießen.

Öl im Wok wieder stark erhitzen. Frühlingszwiebeln und Bambussprossen hineingeben und 2 Minuten pfannenrühren. Dann die übrigen Zutaten (bis auf die Wasserkastanien) dazugeben und aufkochen lassen. Wachteln hineingeben und etwa 3 Minuten kochen. Die Wachtelstücke sollen rundherum mit Sauce überzogen sein. Wasserkastanien dazugeben und 2 Minuten erhitzen. Gericht sofort servieren.

Der Konsum von Fisch und Meeresfrüchten ist in den letzten zehn Jahren enorm angestiegen. Fisch ist sehr gesund, und die meisten Arten enthalten wenig Fett und Cholesterin. Eine Erkenntnis, die in China schon lange bekannt ist und auf köstliche Weise umgesetzt wird.

Zu den besonderen Erfahrungen, die ich schon früh im Leben machte, gehörte der regelmäßige Konsum von Fisch und Meeresfrüchten. Meine ganze Familie liebte Fisch und Meeresfrüchte, ob als einfaches Familienessen oder Teil eines festlichen Banketts. Die erste Frage, die in China immer gestellt wird, wenn es um Fisch geht, ist: »Wie frisch ist er?«. Schon von Kindesbeinen an lernte ich, wie fast alle Chinesen, guten Fisch und gute Meeresfrüchte zu schätzen.

Fisch und Meeresfrüchte spielen tatsächlich eine große Rolle in der chinesischen Küche. Die lange Küste versorgt die Menschen mit zahlreichen Arten von Fisch und Meeresfrüchten, während die vielen Flüsse, Seen und Kanäle das ganze Jahr über voll sind von köstlichen Süßwasserfischen und anderem. Man schätzt, dass in der chinesischen Küche mehrere hundert Arten Fisch und Meeresfrüchte verwendet werden. Die meisten werden in der freien Natur gefangen, doch inzwischen gibt es auch immer mehr Fische von Fischfarmen, vor allem Karpfen. Für die Chinesen ist es wichtig, dass zwischen dem Fangen des Fisches und dem Kochen höchstens ein paar Stunden liegen. Tatsächlich wird auf vielen Märkten in Südchina und Hongkong lebender Fisch verkauft. Sie können dort ein Tier aus einem speziellen Glasbehälter auswählen und es direkt nach Hause oder in die Restaurantküche bringen und zubereiten. Frischer geht es wohl nicht!

Die Chinesen nutzen verschiedene Gartechniken für Fisch und Meeresfrüchte, denen gemeinsam ist, dass Saft und Geschmack des Tieres erhalten bleiben. Dämpfen gehört zu den bevorzugten Methoden. Viele Köche halten dies für die beste Technik, da sich beim Dämpfen das natürliche Aroma des Fisches entwickelt, während gleichzeitig die zarte Konsistenz, Saft und Form erhalten bleiben. Kurzes Schmoren ist ebenfalls populär, und auch Frittieren und Braten eignen sich als Garmethoden.

Die Chinesen bereiten am liebsten ganze Fische zu, aber Filets oder Steaks sind auch sehr gut. Wir Chinesen finden allerdings, dass ein Fisch im Ganzen – mit Kopf und Schwanz gegart – am saftigsten bleibt und am besten schmeckt. Es gilt als ein Zeichen von Wohlstand, einen ganzen Fisch zu servieren. Der Kopf des Fisches muss auf den Ehrengast zeigen, eine Geste, die ihr oder ihm Glück bringt.

Meeresfrüchte sind in der chinesischen Küche besonders beliebt. Garnelen, Muscheln, Krebse, Hummer, Tintenfisch und Abalone gehören zu den populärsten Arten. Da die meisten Meeresfrüchte empfindlich sind, brauchen sie nur wenig Vorbereitung und einfache Zubereitung. Hier sind die populärsten Garmethoden Pfannenrühren, Dämpfen, Frittieren und Schmoren. Dabei sind die Zutaten leicht austauschbar – was mit Garnelen schmeckt, passt ebenso zu Krebsen, Hummer oder Muscheln.

Fisch und Meeresfrüchte

Wenn es keine frischen Meeresfrüchte gibt, hilft man sich in China mit getrockneten – sei es als Hauptzutat oder als Würze in Suppen, pfannengerührten oder geschmorten Gerichten sowie Füllungen. Trocknen erhält Aromen sehr gut, manchmal intensiviert sich der Geschmack einer Zutat beim Trocknen sogar.

Die Chinesen ergänzen den zarten Geschmack, die Konsistenz und die Farbe von Fisch und Meeresfrüchten gerne mit gegensätzlichen Zutaten. So kontrastiert beispielsweise bei den süßsauren Garnelen der subtile Geschmack und die zarte Konsistenz der Garnelen mit der pikante Schärfe der Sauce. Ich verwende immer frische, rohe Garnelen, und ich kann sie nur empfehlen. Wenn Sie auf gegarte Garnelen zurückgreifen müssen, nehmen Sie nur die besten und größten und erhitzen Sie sie sanft, anstatt sie die im Rezept angegebene Zeit zu garen. Ein besserer Ersatz für frische rohe Garnelen sind gefrorene rohe Garnelen. Krebse aus Meer und Fluss bekommt man entweder lebendig oder ganz frisch gekocht. Auf Seite 183 finden Sie Anleitungen, wie man mit lebendigen Krebsen und im Panzer gekochten Krebsen umgeht.

Glücklicherweise bekommt man heute Fische wie Kabeljau, Schellfisch und Seebarsch ganz leicht, und sie eignen sich gleichermaßen zum Frittieren, Pfannenrühren und Schmoren. Scholle, Seezunge und Flunder sind ideal zum Dämpfen. Fette Fische wie Rotbarbe, Karpfen und Aal schmecken am besten geschmort, und Forelle ist köstlich gebraten. Unterhalten Sie sich mit Ihrem Fischhändler und fragen Sie nach ganz frischer Ware. Frischer Fisch ist fest, hat klare Augen, helle Kiemen und leicht glänzende Haut. Meeresfrüchte sollten ebenfalls fest sein und nicht fischig riechen. Lernen Sie, bei der Auswahl so heikel zu sein wie die Chinesen! Es wird sich eine neue Welt von gesundem und köstlichem Essen auftun.

Fisch in scharfer Sauce

Festes weißes Filet von Kabeljau, Seebarsch, Heilbutt oder Schellfisch ist ideal für dieses Rezept, da es fleischig ist und seine Form beim Kochen behält. In China wird auch gern Karpfen dafür verwendet. Reichen Sie Reis und pfannengerührtes Gemüse zum Fisch.

Aus Sichuan
Garmethode: Braten

Für 4 Personen

450 g weißes festes Fischfilet ohne Haut, wie Kabeljau, Seebarsch oder Heilbutt
1 TL Salz
Speisestärke zum Bestreuen
3 Frühlingszwiebeln
150 ml Erdnussöl
1 EL fein gehackter Knoblauch
2 TL fein gehackter Ingwer

FÜR DIE SAUCE
150 ml Hühnerbrühe (Rezept siehe S. 59)
2 EL Sojabohnenpaste mit ganzen Bohnen
1 EL Chili-Bohnen-Sauce
2 EL Shaoxing-Reiswein oder trockener Sherry
2 TL dunkle Sojasauce
2 TL Sesamöl
1/2 TL Salz
1/4 TL weißer Pfeffer

Fischfilets auf beiden Seiten salzen. In 5 cm lange Streifen schneiden und 20 Minuten ruhen lassen. Mit Speisestärke bestreuen.

Frühlingszwiebeln putzen und in 5 cm lange Stücke schneiden. Den Wok oder eine große Pfanne stark erhitzen. Öl hineingeben. Wenn es sehr heiß ist und anfängt zu rauchen, Hitze reduzieren. Fischstücke bei mittlerer Hitze braten, bis sie fest werden und fast gar sind. Auf Küchenpapier entfetten. Öl bis auf 1 Esslöffel aus dem Wok gießen.

Wok wieder erhitzen. Frühlingszwiebeln, Knoblauch und Ingwer hineingeben und 30 Sekunden pfannenrühren. Alle Zutaten für die Sauce dazugeben und die Mischung zum Kochen bringen. Hitze reduzieren, Fisch hinzufügen und alles bei schwacher Hitze 2 Minuten sieden. Gericht auf eine vorgewärmte Platte geben und sofort servieren.

Fisch in scharf-saurer Sauce

Die Kombination von scharf und sauer ist in Sichuan sehr beliebt. Dieses schnelle Gericht ist ein ideales Familienessen. Reichen Sie Spinat mit Knoblauch (Rezept siehe S. 216) dazu.

Aus Sichuan
Garmethode: Braten

Für 4 Personen

450 g weißes zartes Fischfilet, wie Seezunge oder Scholle

Speisestärke zum Bestäuben

150 ml Erdnussöl

FÜR DIE SCHARF-SAURE SAUCE

150 ml Hühnerbrühe (Rezept siehe S. 59)

2 EL Shaoxing-Reiswein oder trockener Sherry

1 1/2 EL dunkle Sojasauce

1 EL Tomatenmark

2 EL Chili-Bohnen-Sauce

1/2 TL weißer Pfeffer

2 EL dunkler Reisessig oder Cidre-Essig

2 TL Zucker

ZUM GARNIEREN

3 EL fein gehackte Frühlingszwiebeln

Wenn Sie Scholle verwenden, lassen Sie die schwarze Haut vom Fischhändler entfernen. Oder machen Sie es selbst mit einem scharfen Messer. Fischfilets quer leicht schräg in 2,5 cm lange Streifen schneiden. Speisestärke auf die Fischstreifen stäuben. Überschuss abschütteln.

Den Wok oder eine große Pfanne stark erhitzen. Öl hineingeben. Wenn es sehr heiß ist und anfängt zu rauchen, Hitze reduzieren. Fisch portionsweise bei schwacher Hitze 2 bis 3 Minuten goldbraun braten. Gebratene Fischstücke auf Küchenpapier entfetten.

Öl ausgießen, den Wok säubern und wieder erhitzen. Alle Zutaten für die Sauce hineingeben und aufkochen lasssen. Hitze reduzieren, sodass die Sauce siedet. Fisch wieder hineingeben und in der Sauce 2 Minuten sieden. Gericht auf einer vorgewärmten Platte anrichten, mit Frühlingszwiebeln bestreuen und servieren.

Fischfilet mit Knoblauch, Frühlingszwiebeln und Ingwer

Fisch dämpfen gehört zu den großen Traditionen in Südchina. Dämpfen ist auch meine bevorzugte Garmethode für Fisch, da der Geschmack ganz unverfälscht erhalten bleibt und nicht von anderen Zutaten verdeckt wird. Außerdem bleibt der Fisch beim Dämpfen saftig und zart. Fragen Sie Ihren Fischhändler immer nach ganz frischem Fisch!

Aus Kanton
Garmethode: Dämpfen

Für 4 Personen

- 450 g weißes festes Fischfilet wie Kabeljau, Seebarsch oder Seezunge oder ein ganzer Fisch wie Seezunge oder Steinbutt
- 1 TL grobes Meersalz oder Tafelsalz
- 1 1/2 EL fein gehackter frischer Ingwer
- 3 EL in Streifen geschnittene Frühlingszwiebeln
- 1 EL helle Sojasauce
- 2 TL dunkle Sojasauce
- 1 EL Erdnussöl
- 2 TL Sesamöl
- 2 in Scheiben geschnittene Knoblauchzehen

Vom ganzen Fisch die Kiemen entfernen. Fisch oder Filets mit Küchenpapier trockentupfen. Salz auf beiden Seiten in die Haut reiben und Fisch 30 Minuten ruhen lassen (das Fleisch wird dadurch fester, und überschüssige Flüssigkeit wird entzogen).

Einen Dämpftopf vorbereiten oder einen Dämpfeinsatz in den Wok oder einen hohen Topf geben. 5 cm Wasser angießen und bei starker Hitze zum Kochen bringen. Fisch auf einen hitzefesten Teller legen und den Ingwer darauf verteilen. Deckel auflegen und Fisch bei schwacher Hitze dämpfen, bis er gerade gar ist. Plattfisch braucht etwa 5 Minuten, Rundfisch und große Filets benötigen 12 bis 14 Minuten.

Teller mit dem Fisch herausholen. Frühlingszwiebeln und helle und dunkle Sojasauce über den Fisch geben. Erdnussöl und Sesamöl zusammen erhitzen. Knoblauchscheiben in das heiße Öl geben und braun braten. Knoblauch-Öl-Mischung über den Fisch gießen und sofort servieren.

Schmorfisch mit Schalotten

Zwiebeln aller Art sind in der chinesischen Küche sehr populär, aber Schalotten werden wegen ihres feinen Geschmacks besonders geschätzt. Ich finde, sie passen perfekt zu Fisch. Ersatzweise können Sie Frühlingszwiebeln nehmen. Für dieses Rezept brauchen Sie festfleischigen Fisch wie Kabeljau, Schellfisch oder Barsch. Gedämpfter Reis (Rezept siehe S. 221–222) und ein grünes Gemüse passen zum Schmorfisch.

Aus Fujian
Garmethoden: Braten und Schmoren

Für 4 Personen

450 g weißes festes Fischfilet, wie Kabeljau oder Barsch
2 TL Salz
275 g kleine Schalotten oder Frühlingszwiebeln
150 ml Erdnussöl
2 EL fein gehackter frischer Ingwer
1 EL helle Sojasauce
1 EL dunkle Sojasauce
2 TL Zucker
2 EL Shaoxing-Reiswein oder trockener Sherry
150 ml Hühnerbrühe (Rezept siehe S. 59)
2 TL Sesamöl

Fischfilets mit Küchenpapier trockentupfen, auf beiden Seiten salzen und schräg in 3,5 cm breite Streifen schneiden. 20 Minuten ruhen lassen. Wieder mit Küchenpapier trockentupfen, denn durch das Salzen ist überschüssige Flüssigkeit ausgetreten. Schalotten abziehen. Frühlingszwiebeln putzen und in 7 cm lange Stücke schneiden.

Den Wok oder eine große Pfanne stark erhitzen. Öl hineingeben. Wenn es sehr heiß ist und anfängt zu rauchen, Hitze reduzieren. Fischstreifen hineingeben und bei mittlerer Hitze braten, bis sie fest werden und fast gar sind. Fisch auf Küchenpapier entfetten. Öl bis auf 1 Esslöffel aus dem Wok gießen.

Wok wieder erhitzen. Schalotten oder Frühlingszwiebeln und Ingwer hineingeben. 1 Minute pfannenrühren. Helle und dunkle Sojasauce, Zucker, Reiswein, Hühnerbrühe und Sesamöl dazugeben und zum Kochen bringen. Hitze reduzieren und Schalotten in etwa 5 Minuten weich kochen. Fisch in den Wok geben, Deckel auflegen und Fisch in der Sauce etwa 2 Minuten erwärmen. Mit einem Schaumlöffel Fisch und Schalotten herausnehmen und auf einer vorgewärmten Platte anrichten. Sauce darüber gießen und Gericht sofort servieren.

Fischfilet mit Erbsen

Dieses Gericht wird in Südchina gerne mit Zackenbarsch gemacht, einem festen, fleischigen Fisch. Es schmeckt aber auch mit Kabeljaufilet oder anderem festen Filet, das beim Pfannenrühren nicht zerfällt. Servieren Sie dazu frittierte grüne Bohnen (Rezept siehe S. 193) und Kürbissuppe mit Schinken (Rezept siehe S. 72).

Aus Kanton
Garmethoden: Pfannenrühren und Kurzschmoren

Für 4 Personen

450 g weißes festes Fischfilet, wie Kabeljau, Heilbutt oder Seebarsch
2 TL Salz
100 g frische oder tiefgefrorene Erbsen
50 g Parmaschinken oder magerer Räucherspeck
2 EL Erdnussöl

Für die Sauce
150 ml Hühnerbrühe (Rezept siehe S. 59)
1 EL Shaoxing-Reiswein oder trockener Sherry
1 EL helle Sojasauce
1 TL Salz
1/2 TL weißer Pfeffer
2 TL Zucker
2 TL Speisestärke, mit 2 TL Wasser angerührt
2 TL Sesamöl

Fischfilet in 2,5 cm breite Streifen schneiden und salzen. 20 Minuten ruhen lassen. Frische Erbsen 5 Minuten in kochendem Wasser blanchieren und in einem Sieb abtropfen lassen. Gefrorene Erbsen auftauen lassen. Schinken oder Speck fein schneiden.

Den Wok oder eine große Pfanne sehr stark erhitzen. Öl hineingeben. Wenn es sehr heiß ist und anfängt zu rauchen, Fischstreifen hineingeben und 2 Minuten sanft pfannenrühren, damit sie nicht zerfallen. Schinken oder Speck, Erbsen, Brühe, Reiswein, Sojasauce, Salz, Pfeffer und Zucker dazugeben. Sauce zum Kochen bringen. Angerührte Speisestärke untermischen. Alles 1 Minute kochen, Sesamöl unterrühren und Fisch sofort servieren.

Fisch süßsauer

Süßsaure Sauce passt besonders gut zu Fisch, denn Zucker und Essig bilden einen spannenden Kontrast zum Geschmack des Fisches. Dieses Gericht ist sehr eindrucksvoll, wenn es mit einem ganzen Fisch gemacht wird, aber Sie können auch Filets nehmen. Die Sauce lässt sich gut vorab zubereiten und kurz vor dem Servieren wieder aufwärmen.

Aus Kanton und Fujian
Garmethode: Frittieren

Für 4 Personen

450 g weißes festes Fischfilet, wie Kabeljau, Schellfisch oder Seebarsch oder ein ganzer fester Fisch
2 TL Salz
1 TL weißer Pfeffer
100 g Möhren
100 g frische Erbsen
100 g Zuckerschoten
Speisestärke zum Bestäuben
1 Ei
1 TL Sesamöl
1,2 l Erdnussöl (Fritteuse siehe S. 47)

Für die Sauce
2 EL fein gehackte Frühlingszwiebeln
1 1/2 EL fein gehackter frischer Ingwer
300 ml Hühnerbrühe (Rezept siehe S. 59)
1 EL helle Sojasauce
2 EL Shaoxing-Reiswein oder trockener Sherry
1 1/2 EL Tomatenmark
2 EL heller Reisessig oder Cidre-Essig
2 EL Zucker
2 TL Speisestärke, mit 2 TL Wasser angerührt
1 TL Salz
1/2 TL weißer Pfeffer

Wenn sie Fischfilet verwenden, achten Sie darauf, dass die Filets mindestens 2,5 cm dick sind und keine Haut haben. Wer einen ganzen Fisch machen möchte, sollte ihn vom Fischhändler reinigen und Innereien und Kiemen entfernen lassen. Kopf nach Belieben abschneiden – die Chinesen lassen ihn übrigens dran. Mit einem scharfen Messer Filet oder ganzen Fisch kreuzweise mehrmals ein-, aber nicht durchschneiden. Fisch oder Fischfilet mit Salz und Pfeffer einreiben und beiseite stellen.

Möhren putzen, schälen und würfeln. Zuckerschoten putzen. Möhren, Zuckerschoten und Erbsen in kochendem Wasser 4 Minuten blanchieren. Kurz in eiskaltes Wasser tauchen und abtropfen lassen. Die blanchierten Gemüse und alle Zutaten für die Sauce in einen Topf geben. Mischung zum Sieden bringen, gut umrühren und den Topf von der Herdplatte nehmen.

Fisch oder Filets in Speisestärke wenden. Überschuss abschütteln. In einer kleinen Schüssel das Ei mit Sesamöl vermischen und über den Fisch gießen. Fisch nochmals mit Speisestärke bestäuben, und den Überschuss abschütteln. Öl in der Fritteuse oder im Wok stark erhitzen. Wenn es anfängt zu rauchen, den ganzen Fisch oder die Fischfilets nacheinander im Öl knusprig braun frittieren. Auf Küchenpapier entfetten. Sauce erwärmen. Fisch oder Filets auf einer vorgewärmten Platte anrichten und die Sauce darüber gießen. Sofort servieren.

Lachsfilet mit schwarzen Bohnen

Die Kombination mit pikanten Aromen bringt die Besonderheit von Fisch und Meeresfrüchten besonders gut hervor. Hier sind es die schwarzen Bohnen, die Pfiff geben, ohne den zarten Geschmack des Fisches zu verdrängen. Ich mache das Rezept mit Lachs, der kein typisch chinesischer Fisch ist, aber in Hongkong und Kanton sehr beliebt. Servieren Sie den Lachs mit gedämpftem Reis (Rezept siehe S. 221–222) und einem pfannengerührten Gericht als vollständige Mahlzeit.

Aus Hongkong
Garmethode: Dämpfen

Für 4 Personen

4 Scheiben Lachsfilet ohne Haut und Knochen (450 g)
1 TL Salz
1/4 TL weißer Pfeffer
2 EL schwarze fermentierte Bohnen
1 1/2 EL fein gehackter Knoblauch
1 EL fein gehackter Ingwer
1 1/2 EL Shaoxing-Reiswein oder trockener Sherry
1 EL helle Sojasauce
3 EL fein gehackte Frühlingszwiebeln
3 EL gehackte frische Korianderblätter
1 1/2 EL Erdnussöl

Lachsscheiben salzen und pfeffern. Schwarze Bohnen abwaschen und klein hacken. Gehackte Bohnen, Knoblauch und Ingwer in einer Schüssel vermischen. Fischfilets auf einen tiefen hitzefesten Teller legen und die Bohnenmischung gleichmäßig darauf verteilen. Reiswein und Sojasauce über den Fisch gießen.

Einen Dämpftopf vorbereiten oder einen Dämpfeinsatz in den Wok oder einen hohen Topf stellen. 5 cm Wasser angießen. Wasser bei starker Hitze zum Kochen bringen. Teller mit dem Fisch in den Dämpftopf oder auf den Dämpfeinsatz in den Wok stellen. Hitze reduzieren und Deckel auflegen. Fisch bei schwacher Hitze 8 bis 10 Minuten dämpfen, je nach Dicke der Scheiben. Öfters kochendes Wasser nachgießen. Fertigen Fisch aus dem Dämpftopf oder Wok nehmen. Frühlingszwiebeln und Koriander über den Fisch streuen.

Den Wok oder eine große Pfanne stark erhitzen. Öl hineingeben. Wenn es sehr heiß ist und anfängt zu rauchen, über den Fisch gießen. Sofort servieren.

Fischbällchen mit Brokkoli

Wir machten dieses Rezept früher häufig im Restaurant, aber meist nur für die Chinesen, da mein Onkel sich einbildete, es würde den anderen Gästen nicht schmecken. Ich kann mich gut erinnern, wie viel Arbeit es war, den Fisch so fein zu hacken, bis er zu einer Paste geworden war. Heute kann man – dank moderner Maschinen – das Gericht schnell zu Hause machen. Übrigens habe ich festgestellt, dass meine europäischen Freunde die Fischbällchen lieben! Servieren Sie gedämpftem Reis (Rezept siehe S. 221–222) und scharf-saure Suppe (Rezept siehe S. 76) dazu.

Aus Fujian und Kanton
Garmethoden: Pochieren und Pfannenrühren

Für 4 bis 6 Personen

450 g weißes festes Fischfilet, wie Kabeljau, Seebarsch oder Heilbutt
1 Eiweiß
2 TL Salz
1 TL weißer Pfeffer
2 TL Speisestärke + 2 TL Speisestärke, mit 2 TL Wasser angerührt
4 TL Sesamöl
450 g Brokkoli
50 g Parmaschinken oder magerer Räucherspeck
1 1/2 EL Erdnussöl
3 EL fein gehackter Ingwer
1 EL helle Sojasauce
2 EL Shaoxing-Reiswein oder trockener Sherry
300 ml Hühnerbrühe (Rezept siehe S. 59)

Fischfilet von der Haut befreien und in etwa 2,5 cm große Vierecke schneiden. Fisch, Eiweiß, Salz, Pfeffer, 2 Teelöffel trockene Speisestärke und 2 Teelöffel Sesamöl in die Küchenmaschine geben und so lange mixen, bis eine glatte Paste daraus geworden ist. Prüfen Sie mehrmals, ob die Mischung fertig ist; wenn man sie zu lange mixt, wird sie gummiartig.

In einem großen Topf Salzwasser zum Sieden bringen. Die Fischpaste mit zwei Löffeln zu etwa 2,5 cm großen Bällchen formen und diese ins Wasser legen. Fischbällchen 3 bis 4 Minuten pochieren, bis sie an die Oberfläche steigen. Mit einem Schaumlöffel herausnehmen und auf Küchenpapier trocknen lassen.

Brokkoli in Röschen teilen. Wenn die Stängel faserig sind, diese schälen. Stängel schräg in Scheiben schneiden. Dadurch garen sie genauso schnell wie die Röschen. Wasser zum Kochen bringen und Brokkoli 5 Minuten darin blanchieren. Abgießen, kurz in eiskaltes Wasser tauchen und abtropfen lassen.

Schinken oder Speck klein schneiden. Den Wok oder eine große Pfanne stark erhitzen. Öl hineingeben. Wenn es sehr heiß ist und anfängt zu rauchen, Ingwer und Schinken oder Speck hineingeben und 30 Sekunden pfannenrühren. Sojasauce, Reiswein, Brühe und angerührte Speisestärke dazugeben. Flüssigkeit zum Kochen bringen. Brokkoli und Fischbällchen hineingeben und alles bei starker Hitze 1 Minute vorsichtig in der Pfanne vermischen. 2 Teelöffel Sesamöl darüber geben. Fischbällchen mit Sauce auf eine vorgewärmte Servierplatte geben und sofort auftragen.

Fisch in Weinsauce

Dieses elegante Fischgericht aus Shanghai wird oft zu Hause gekocht, aber auch in den feinsten Restaurants serviert. Die Weinsauce ist ganz leicht zu machen. Der Fisch wird in eine Eiweißmischung gehüllt und dann in Öl oder Wasser sanft gekocht. Anschließend wird er mit der Sauce gemischt. Die Pilze mit ihrem Räuchergeschmack passen wunderbar zum zarten Fisch. Das Gericht ist ideal für eine besondere Einladung, weil es wirklich herrlich schmeckt und ganz einfach geht.

Aus Shanghai
Garmethode: Schmoren

Für 4 Personen

50 g chinesische getrocknete Pilze
450 g weißes festes Fischfilet, wie Seebarsch, Heilbutt oder Kabeljau
1 Eiweiß
2 TL Speisestärke
1 TL Salz
1/2 TL weißer Pfeffer
600 ml Erdnussöl oder Wasser

Für die Weinsauce

3 EL Shaoxing-Reiswein oder trockener Sherry
2 TL dunkle Sojasauce
1 TL helle Sojasauce
1 TL Salz
1 TL weißer Pfeffer
1 1/2 TL chinesischer Rohrzucker oder brauner Zucker
150 ml Hühnerbrühe (Rezept siehe S. 59)
2 TL Speisestärke, mit 1 EL Wasser angerührt

Getrocknete Pilze 20 Minuten in warmem Wasser einweichen. Abtropfen lassen und die Flüssigkeit ausdrücken. Stiele abschneiden und wegwerfen. Hüte fein schneiden.

Fischfilets in 5 cm große Stücke schneiden und mit Eiweiß, Speisestärke, Salz und Pfeffer in einer Schüssel gut vermischen. Im Kühlschrank 20 Minuten marinieren.

Den Wok sehr stark erhitzen. Öl hineingeben. Wenn es sehr heiß ist und anfängt zu rauchen, Wok von der Herdplatte nehmen. Fisch sofort hineingeben und kräftig rühren, damit er nicht zusammenklebt. Wenn nach 2 Minuten die Fischstücke weiß werden, Fisch und Öl in ein Metallsieb gießen, das auf einer Schüssel steht. Öl weggießen.

(Wenn Sie statt Öl Wasser nehmen, bringen Sie es in einem Topf zum Kochen. Topf von der Herdplatte nehmen und Fischstücke ins Wasser geben. Dabei kräftig rühren, damit sie nicht azusammenkleben. Wenn der Fisch nach 2 Minuten weiß wird, Fisch und Wasser in ein Metallsieb gießen, das auf einer Schüssel steht. Wasser weggießen.)

Alle Zutaten für die Sauce in einem Topf erhitzen, bis die Flüssigkeit siedet. Pilze dazugeben und etwa 2 Minuten darin schmoren. Fischstücke hineingeben und erhitzen. Sofort servieren.

Austern mit scharfer Sauce

Die Chinesen in Hongkong lieben gedämpfte Austern; das Dämpfen bringt den zarten Geschmack und die einmalige Konsistenz am besten hervor. Man dämpft Austern oft mit schwarzen Bohnen, aber ich persönlich mag sie am liebsten mit Ingwer und Frühlingszwiebeln. Sie können auch Venusmuscheln nehmen; die Kochzeit ist dann etwas kürzer.

Aus Hongkong
Garmethode: Dämpfen

Für 4 Personen

16 große frische Austern

Für die Sauce
2 frische rote Chilis
2 TL fein gehackter Knoblauch
1 EL fein gehackter frischer Ingwer
1 TL Chili-Bohnen-Sauce
1 EL Shaoxing-Reiswein oder trockener Sherry
1 EL helle Sojasauce
2 TL dunkle Sojasauce
3 EL fein gehackte Frühlingszwiebeln
3 EL Erdnussöl

Zum Garnieren
frischer Koriander

Austern mit einer Bürste säubern. Auf zwei hitzefeste Teller verteilen – sie müssen portionsweise gedämpft werden.

Einen Dämpftopf vorbereiten oder einen Dämpfeinsatz in den Wok oder einen hohen Topf stellen. 5 cm Wasser angießen. Wasser bei starker Hitze aufkochen. Den ersten Teller mit Austern in den Dämpftopf oder auf den Dämpfeinsatz stellen. Hitze reduzieren. Deckel fest auflegen. Austern bei schwacher Hitze 5 Minuten dämpfen, bis sie sich langsam öffnen.

Chilis putzen und fein hacken. Chilis, Knoblauch, Ingwer und alle Gewürze für die Sauce bis auf das Erdnussöl in eine hitzefeste Schüssel geben. Eine große Pfanne stark erhitzen. Erdnussöl hineingeben. Wenn es sehr heiß ist und anfängt zu rauchen, Öl über die Zutaten in der Schüssel gießen und gut vermischen.

Austern aus dem Dämpftopf nehmen und die zweite Portion dämpfen. Obere Schale der Austern abheben und etwas Sauce auf jede Auster geben. Mit Koriander garnieren und servieren. Während die erste Portion serviert wird, die zweite fertig machen.

Frittierte Austern

Austern gehören für die Chinesen in Hongkong zu den Grundnahrungsmitteln. Die Sorte aus dem Südchinesischen Meer ist ziemlich groß. Die Austern werden meist zerteilt, in Teig getaucht und frittiert. Chinesen essen Austern nie roh, da sie ihrer Meinung nach ungesund sind. Dieses Gericht basiert auf einem Rezept von einem Freund, der Koch im Fischerort Lau Fau Shan in Hongkong ist. Ich verwende außer Ausbackteig auch Paniermehl. Die Austern sind ein toller Snack zu Cocktails.

Aus Kanton
Garmethode: Frittieren

Für 4 Personen

450 g Austern ohne Schale
1 Ei
2 EL Speisestärke
1 EL Wasser
2 TL Backpulver
1 TL Salz
1/2 TL weißer Pfeffer
2 TL Sesamöl
50 g geröstetes Paniermehl
600 ml Erdnussöl (Fritteuse siehe S. 47)

Zum Garnieren
Zitronenschnitze

Zum Dippen
geröstetes Pfeffer-Salz (siehe S. 39)
oder Fünf-Gewürze-Salz (siehe S. 38)

Austern in einem Durchschlag abtropfen lassen und mit Küchenpapier trockentupfen. Ei, Speisestärke, Wasser, Backpulver, Salz, Pfeffer und Sesamöl zu einem Ausbackteig vermischen. Etwa 20 Minuten ruhen lassen.

Austern portionsweise zuerst in den Ausbackteig tauchen und danach im Paniermehl wälzen. Auf einen Teller geben.

Den Wok oder eine große Pfanne stark erhitzen. Öl hineingeben. Wenn es sehr heiß ist und anfängt zu rauchen, Hitze reduzieren. Die Austern im Teigmantel einige Minuten frittieren, bis sie goldbraun sind. Auf Küchenpapier entfetten und mit Zitronenschnitzen und dem Gewürz-Salz Ihrer Wahl servieren.

Jakobsmuscheln auf Sichuan-Art

Jakobsmuscheln werden in China oft pfannengerührt, da sie dabei nicht so leicht zäh werden. Zu diesem Gericht passt gedämpfter Reis (Rezept siehe S. 221–222) und Glasnudelsuppe mit Sojasprossen (Rezept siehe S. 68).

Aus Sichuan
Garmethode: Pfannenrühren

Für 4 Personen

1 1/2 EL Erdnussöl
1 EL fein gehackter frischer Ingwer
1 EL fein gehackter Knoblauch
2 EL fein gehackte Frühlingszwiebeln
450 g Jakobsmuscheln mit Corail

Für die Sauce
1 EL Shaoxing-Reiswein oder trockener Sherry
2 TL helle Sojasauce
2 TL dunkle Sojasauce
2 EL Chili-Bohnen-Sauce
2 TL Tomatenmark
1 TL Zucker
1/2 TL Salz
1/2 TL weißer Pfeffer
2 TL Sesamöl

Den Wok stark erhitzen. Öl hineingeben. Wenn es anfängt zu rauchen, Ingwer, Knoblauch und Frühlingszwiebeln hineingeben und 10 Sekunden pfannenrühren. Jakobsmuscheln zufügen und 1 Minute pfannenrühren. Alle Zutaten für die Sauce bis auf das Sesamöl hineingeben und 4 Minuten pfannenrühren. Sesamöl dazugeben, 1 Minute pfannenrühren und sofort servieren.

Garnelen

Früher bekam man Garnelen mit oder ohne Schale meist nur vorgekocht. Doch inzwischen gibt es große rohe Garnelen mit Schale, auch unter dem Namen Riesengarnelen, immer häufiger gefroren zu kaufen. Sie bekommen sie in vielen Asienläden, den Lebensmittelabteilungen großer Kaufhäuser und natürlich beim Fischhändler. Sie eignen sich gut für die chinesische Küche. Immer öfter gibt es auch frische rohe Garnelen, die am besten sind. In jedem Fall sind die gefrorenen rohen Garnelen besser als vorgegarte. Letztere werden oft zu lange gekocht und können dann keine Aromen mehr aufnehmen.

Garnelen schälen Zuerst den Kopf abdrehen und das Schwanzende herausziehen. Die Schale und die kleinen Beine lassen sich dann leicht entfernen. Wenn Sie rohe Riesengarnelen verwenden, schneiden Sie mit einem spitzen Messer den Rücken ein und entfernen Sie den dünnen schwarzen Darm. Garnelen vor dem Zubereiten waschen.

Ein Trick aus China für gefrorene rohe Garnelen: Garnelen schälen und vorbereiten wie oben beschrieben. Dann Garnelen dreimal in 1,2 l kaltem Wasser, dem Sie 1 Esslöffel Salz beigegeben haben, waschen. Wechseln Sie das Wasser jedesmal. Dadurch werden die Garnelen etwas fester und bekommen einen klaren, sauberen Geschmack und eine knackige Konsistenz.

Garnelen mit Mango

Diese exotische, ausgefallene Kombination ist ein gutes Beispiel dafür, wie chinesische Traditionen in Hongkong weiterentwickelt werden, wobei sich Neues und Fremdes mit dem Althergebrachten verbinden. Ich habe dieses Gericht schon öfter in Hongkong gegessen und fand es jedesmal wieder phantastisch. Die reiche Süße und die zarte Konsistenz der Mango passen einfach wunderbar zum frischen Meergeruch und zum Geschmack der Garnelen. Die Mango wird nur kurz erwärmt. Mangos sind heute sehr beliebt in Hongkong. Meist werden sie aus Thailand und von den Philippinen importiert. Mango gehört zu den beliebtesten tropischen Früchten und passt wirklich gut zu anderen Zutaten mit starkem Eigengeschmack.

Aus Hongkong
Garmethode: Pfannenrühren

Für 4 Personen

450 g frische rohe Garnelen
1 Eiweiß
2 TL Speisestärke
2 TL Salz
3 TL Sesamöl
1 TL weißer Pfeffer
450 g Mangos
450 ml Erdnussöl oder Wasser + 1 1/2 EL Erdnussöl
1 1/2 EL fein gehackter frischer Ingwer
2 TL fein gehackter Knoblauch
1 EL Shaoxing-Reiswein oder trockener Sherry

ZUM GARNIEREN
2 EL fein gehackte Frühlingszwiebeln

Garnelen schälen und, falls nötig, den schwarzen Darm entfernen (siehe S. 174). Garnelen waschen und mit Küchenpapier trockentupfen. Garnelen mit Eiweiß, Speisestärke, 2 Teelöffeln Salz, Sesamöl und 1/2 Teelöffel Pfeffer gut vermischen und 20 Minuten in den Kühlschrank stellen.

Mangos schälen und den Stein entfernen. Fruchtfleisch in Würfel schneiden.

Den Wok oder eine große Pfanne stark erhitzen. Öl hineingeben. Wenn es sehr heiß ist und anfängt zu rauchen, Wok von der Herdplatte ziehen. Garnelen sofort hineingeben und kräftig rühren, damit sie nicht zusammenkleben. Wenn die Garnelen nach etwa 2 Minuten rosa werden, alles in einen Durchschlag aus Metall gießen, der auf einer Schüssel steht. Öl beiseite stellen.

(Wenn Sie statt Öl Wasser verwenden, bringen Sie es in einem Topf zum Kochen. Topf von der Herdplatte nehmen und Garnelen sofort hineingeben. Kräftig rühren, damit sie nicht zusammenkleben. Wenn die Garnelen nach etwa 2 Minuten rosa werden, alles in einen Durchschlag aus Metall gießen, der in einer Schüssel steht. Wasser weggießen.)

Den Wok oder eine große Pfanne stark erhitzen. Öl hineingeben. Wenn es sehr heiß ist und anfängt zu rauchen, Ingwer und Knoblauch hineingeben und 10 Sekunden pfannenrühren. Garnelen, Reiswein, 1 Teelöffel Salz und 1/2 Teelöffel Pfeffer dazugeben. Mischung 1 Minute pfannenrühren. Mango dazugeben und sanft unterrühren. 1 Minute erwärmen. 2 Teelöffel Sesamöl unterrühren, alles auf eine vorgewärmte Servierplatte geben, mit Frühlingszwiebeln garnieren und servieren.

Garnelen mit Rührei

Dieses Gericht findet man im Westen auf Speisekarten oft unter dem Namen Fuyung-Eier. Es ist sehr beliebt, weil es köstlich schmeckt und leicht zu machen ist. Sie können anstelle der Garnelen Krebse, Fisch oder Hackfleisch verwenden. Meine Lieblingsversion ist diese hier. Das Gericht passt gut zu scharf-saurer Suppe (Rezept siehe S. 76) und Rindfleisch mit Ingwer (Rezept siehe S. 105).

Aus Kanton
Garmethode: Pfannenrühren

Für 4 Personen

225 g frische rohe Garnelen
1 Eiweiß
2 TL Salz
1/2 TL weißer Pfeffer
3 TL Sesamöl
2 TL Speisestärke
6 große geschlagene Eier
3 EL Hühnerbrühe (Rezept siehe S. 59) oder Wasser
1 EL Shaoxing-Reiswein oder trockener Sherry
1/2 TL schwarzer Pfeffer
1 EL helle Sojasauce
1 TL Zucker
2 EL Erdnussöl

Zum Garnieren

3 EL fein gehackte Frühlingszwiebeln (nur der grüne Teil)

Garnelen schälen und, falls nötig, den schwarzen Darm entfernen (siehe S. 174). Garnelen waschen und mit Küchenpapier trockentupfen. Garnelen mit Eiweiß, 1 Teelöffel Salz, weißem Pfeffer, 1 Teelöffel Sesamöl und Speisestärke in einer Schüssel gut mischen. 20 Minuten im Kühlschrank ruhen lassen.

Eier, 2 Teelöffel Sesamöl, Hühnerbrühe, Reiswein, 1 Teelöffel Salz, schwarzen Pfeffer, Sojasauce und Zucker in einer Schüssel gut vermischen.

Den Wok oder eine große Pfanne stark erhitzen. 1 Esslöffel Öl hineingeben. Wenn es sehr heiß ist und anfängt zu rauchen, Garnelen hineingeben und 2 Minuten pfannenrühren. Mit einem Schaumlöffel herausnehmen. Wok säubern und wieder stark erhitzen. 1 Esslöffel Öl hineingeben. Eimischung sofort dazugeben und 1 Minute pfannenrühren, bis die Eier fest werden. Garnelen wieder dazugeben und 1 Minute pfannenrühren. Mit Frühlingszwiebeln garnieren und servieren.

Garnelen in Schmorsauce

Bei Meeresfrüchten und Fisch ist das Einfachste manchmal das Beste. Dies ist das simpelste Garnelenrezept der chinesischen Küche. Es ist in einer Minute vorbereitet. Wenn Sie gegarte Garnelen benutzten, erhitzen Sie diese nur ganz kurz.

Aus Beijing
Garmethode: Schmoren

Für 4 Personen

450 g große rohe Garnelen

Für die Sauce

150 ml Hühnerbrühe (Rezept siehe S. 59)
1 EL Shaoxing-Reiswein oder trockener Sherry
1 TL Salz
1 EL Zucker
1 EL dunkle Sojasauce
1 TL helle Sojasauce
2 TL dunkler Reisessig oder Cidre-Essig
2 EL fein gehackte Frühlingszwiebeln
1 EL fein gehackter frischer Ingwer
2 TL fein gehackter Knoblauch
1 TL Speisestärke, mit 2 TL Wasser angerührt
2 TL Sesamöl

Garnelen schälen und, falls nötig, den schwarzen Darm entfernen (siehe S. 174). Garnelen waschen und mit Küchenpapier trockentupfen.

Alle Zutaten für die Sauce in einen Wok oder eine große Pfanne geben und verrühren. Zum Sieden bringen und Garnelen hineingeben. Garnelen bei schwacher Hitze 5 Minuten in der Sauce schmoren. Sofort servieren.

Süßsaure Garnelen

Dieses Gericht ist in westlichen Ländern sehr beliebt, die Sauce passt perfekt zu den saftigen Garnelen. Es ist leicht zu machen und kann mit anderen chinesischen Gerichten serviert werden oder als Auftakt zu einem europäischen Menü.

Aus Fujian und Kanton
Garmethoden: Pfannenrühren und Sieden

Für 4 Personen

450 g große rohe Garnelen
225 g Wasserkastanien (Dose)
1 kleine rote oder grüne Paprikaschote
4 Frühlingszwiebeln
1 1/2 EL Erdnussöl
1 EL fein gehackter Knoblauch
2 TL fein gehackter frischer Ingwer

Für die Sauce

150 ml Hühnerbrühe (Rezept siehe S. 59)
2 EL Shaoxing-Reiswein oder trockener Sherry
3 EL helle Sojasauce
2 TL dunkle Sojasauce
1 1/2 EL Tomatenmark
3 EL heller Reisessig oder Cidre-Essig
1 EL Zucker
1 EL Speisestärke, mit 2 EL Wasser angerührt

Garnelen schälen und, falls nötig, den schwarzen Darm entfernen (siehe S. 174). Garnelen waschen und mit Küchenpapier trockentupfen. Wasserkastanien abtropfen lassen und in Scheiben schneiden. Paprikaschote waschen, putzen und in 3,5 cm große Vierecke schneiden. Frühlingszwiebeln putzen und schräg in 3,5 cm lange Stücke schneiden.

Den Wok oder eine große Pfanne stark erhitzen. Öl hineingeben. Wenn es sehr heiß ist und anfängt zu rauchen, Knoblauch, Ingwer und Frühlingszwiebeln hineingeben und 20 Sekunden pfannenrühren. Garnelen dazugeben und 10 Sekunden pfannenrühren. Paprikaschoten und Wasserkastanien dazugeben und 30 Sekunden pfannenrühren. Alle Zutaten für die Sauce dazugeben und zum Kochen bringen. Hitze reduzieren und alles 4 Minuten sieden lassen. Sofort mit gedämpftem Reis (Rezept siehe S. 221–222) servieren.

Peking-Garnelen

Dies ist meine Version eines beliebten Gerichtes aus Nordchina. Das Paniermehl ist natürlich eine Zutat aus westlichen Ländern, passt aber sehr gut. Das Rezept gelingt leicht und ist deshalb ideal für eine Einladung. Die Garnelen werden wirklich in letzter Minute gebraten.

Aus Beijing
Garmethode: Braten

Für 4 Personen

450 g große rohe Garnelen mit Schale
50 g Mehl
50 g geröstetes Paniermehl
1 Ei
2 TL Sesamöl
1 TL Salz
1/2 TL weißer Pfeffer
300 ml Erdnussöl

FÜR DEN DIP
2 EL Hoisin-Sauce
1 TL Sesamöl

Garnelen schälen, dabei das Schwanzende nicht entfernen. Mit einem scharfen Messer Garnelen von unten her der Länge nach aufschneiden, sodass die Hälften am Rücken zusammenhängen. Hälften vorsichtig auseinander drücken, sodass die Garnelen flach wie Schmetterlinge daliegen. Falls nötig, den schwarzen Darm entfernen (siehe S. 174). Garnelen waschen und mit Küchenpapier trockentupfen. Mehl und Paniermehl auf zwei Teller geben. Ei in einer Schüssel mit Sesamöl, Salz und Pfeffer gut verschlagen.

Garnelen zuerst im Mehl, dann in der Eimischung und zum Schluss im Paniermehl wälzen. Überschüssiges Paniermehl abschütteln. Öl im Wok oder einer großen Pfanne stark erhitzen, bis es anfängt zu rauchen. Garnelen in zwei Portionen goldbraun braten und auf Küchenpapier entfetten.

Hoisin-Sauce und Sesamöl in einem Schälchen mischen und als Dip zu den heißen Garnelen servieren.

Garnelen mit Reiskrusten

Dieses aufregende Rezept wird Ihre Gäste beeindrucken! Es geht im Grunde einfach, erfordert aber Organisation und etwas Erfahrung mit der chinesischen Küche. Wenn es einmal gelungen ist, wird es garantiert zu einem festen Bestandteil Ihres Repertoires. Wichtig ist, dass die Garnelen in der Sauce und die Reiskrusten sehr heiß sind. Wenn man sie dann mischt, gibt es ein dramatisches Zischen. Servieren Sie das Gericht mit kalten marinierten Bohnensprossen (Rezept siehe S. 198) und Pak choi mit Knoblauch (Rezept siehe S. 206).

Aus Sichuan
Garmethoden: Pfannenrühren und Frittieren

Für 6 Personen

450 g große rohe Garnelen
2 EL Erdnussöl
1 EL fein gehackter frischer Ingwer
1 1/2 EL fein gehackter Knoblauch
3 EL fein gehackte Frühlingszwiebeln
1,2 l Erdnussöl (Fritteuse siehe S. 47)
1 Reiskruste (Rezept siehe S. 224)

FÜR DIE SAUCE

1 kleine gewürfelte rote oder grüne Paprikaschote
1 1/2 EL chinesischer dunkler Reisessig oder Cidre-Essig
1 EL dunkle Sojasauce
2 TL helle Sojasauce
1 1/2 EL Chili-Bohnen-Sauce
1 1/2 EL Tomatenmark
2 EL Shaoxing-Reiswein oder trockener Sherry
2 TL Zucker
300 ml Hühnerbrühe (Rezept siehe S. 59)
1 EL Speisestärke, mit 2 EL Wasser angerührt
1 EL Sesamöl

Garnelen schälen. Mit einem scharfen Messer Garnelen von unten her längs aufschneiden, sodass die Hälften am Rücken noch zusammenhängen. Hälften vorsichtig auseinander drücken, sodass die Garnelen flach wie Schmetterlinge daliegen. Falls nötig, den schwarzen Darm entfernen (siehe S. 174). Garnelen waschen und mit Küchenpapier trockentupfen.

Den Wok oder eine große Pfanne stark erhitzen. 2 Esslöffel Öl hineingeben. Wenn es sehr heiß ist und anfängt zu rauchen, Ingwer hineingeben und einige Sekunden pfannenrühren. Knoblauch und Frühlingszwiebeln dazugeben, kurz danach die Garnelen. Garnelen pfannenrühren, bis sie fest werden. Alle Zutaten für die Sauce außer der angerührten Speisestärke und dem Sesamöl dazugeben. Aufkochen lassen und Herdplatte auf schwache Hitze stellen.

Reiskruste in Stücke brechen. Den Wok oder eine Fritteuse stark erhitzen. 1,2 l Öl hineingeben. Wenn es sehr heiß ist und anfängt zu rauchen, ein kleines Stück Reiskruste hineingeben. Wenn Blasen aufsteigen und die Reiskruste sofort nach oben kommt, ist das Öl heiß genug. Alle Reiskrustenstücke 1 bis 2 Minuten frittieren, bis sie sich aufblähen und braun werden. Mit einem Schaumlöffel herausnehmen und kurz auf Küchenpapier entfetten. Heiße Reiskrusten rasch auf eine vorgewärmte Platte geben und die Garnelen in der heißen Sauce darüber gießen. Es sollte dramatisch zischen! Wenn Sie das Gericht öfters gemacht haben, können Sie diesen Effekt am Tisch vorführen! (Das Öl zum Frittieren der Reiskrusten können Sie aufheben und wieder verwenden. Wenn es abgekühlt ist, durch einen Kaffeefilter aus Papier gießen und in einem Glas aufheben.)

Krebse

Gefrorenes Krebsfleisch und Krebsfleisch aus der Dose Wenn Sie gefrorenes Krebsfleisch verwenden, lassen Sie es vollständig auftauen. Krebsfleisch aus der Dose riecht fischig. Spülen Sie es vor dem Verwenden mit kaltem Wasser ab. Ich persönlich rate von beiden Produkten ab.

Einen Krebs auswählen Wenn möglich, kaufen Chinesen Krebs lebendig und kochen ihn selbst. In Deutschland sind Krebse auch gekocht im Handel. Achten Sie darauf, dass der Krebs frisch ist und nicht riecht. Je schwerer der Krebs ist, umso besser.

Einen lebendigen Krebs kochen Wasser in einem großen Topf zum Kochen bringen. 2 Teelöffel Salz hineingeben. Krebs schnell hineingeben, Deckel auflegen und Krebs 5 bis 7 Minuten kochen, bis er rot ist. Mit einem Schaumlöffel herausholen und in einem Durchschlag abtropfen. Abkühlen lassen.

Gekochtes Krebsfleisch herausholen Es ist nicht schwer, das Fleisch aus dem Panzer zu holen, aber es braucht etwas Zeit und Geduld. Folgen Sie den Arbeitsschritten auf der gegenüberliegenden Seite.

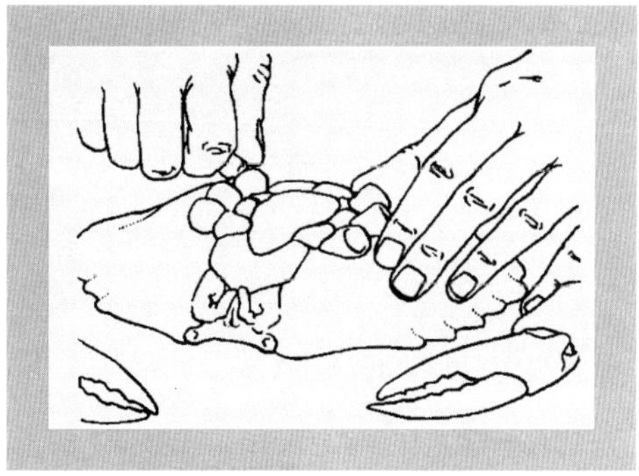

1 Krebs mit dem Bauch nach oben auf die Arbeitsplatte legen. Mit den Fingern die Scheren herausdrehen. Beine ebenfalls herausdrehen. Das müsste leicht gehen.

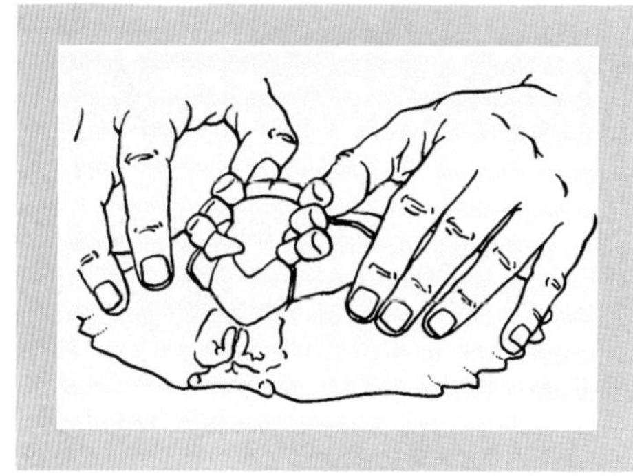

2 Jetzt das knochige Schwanzende auf der Unterseite des Krebses herausdrehen und wegwerfen. Mit den Fingern den Körper aus der Hauptschale herausholen.

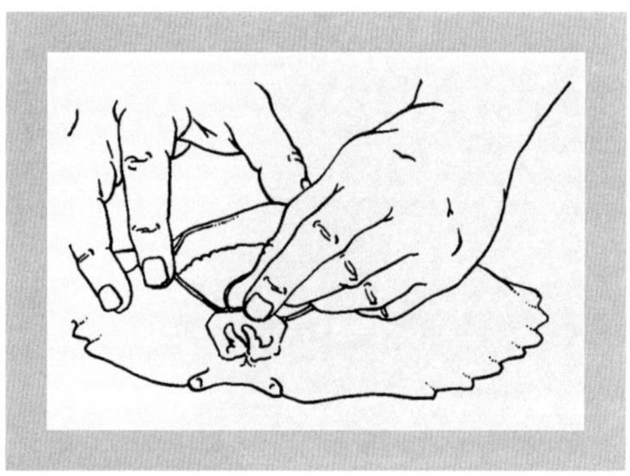

3 Den kleinen Magenbeutel und seine Anhängsel, die direkt hinter dem Maul des Krebses sind, herausholen und wegwerfen.

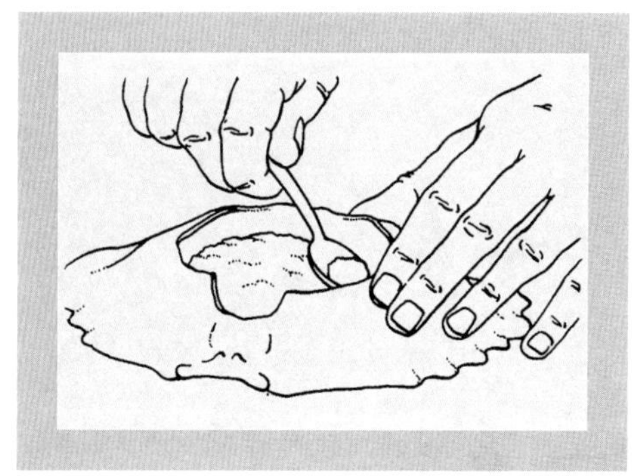

4 Mit einem Löffel das braune Krebsfleisch aus dem Panzer holen.

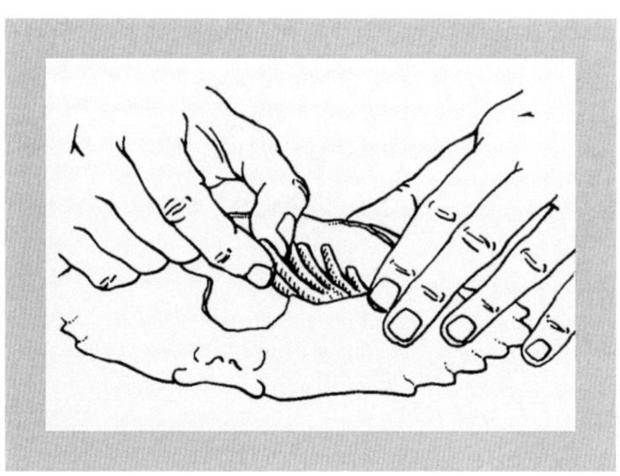

5 Die weichen, fedrigen Kiemen, die ein bisschen aussehen wie Finger, vom Körper abtrennen und wegwerfen.

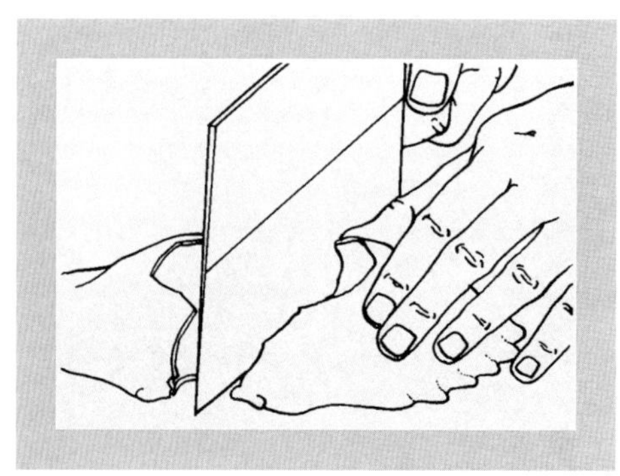

6 Mit einem Küchenbeil oder einem schweren Messer den Körper halbieren. Mit einem Messer, einer Gabel oder einem Spieß das weiße Fleisch aus Körper, Scheren und Beinen holen.

7 Weißes und braunes Fleisch mischen.

Krebs mit Bohnensauce

Für dieses Rezept braucht man einen Krebs mit Panzer, da dieser das empfindliche Fleisch beim Pfannenrühren beschützt. Wenn Sie keinen Krebs mit Panzer bekommen, nehmen Sie Garnelen. Ich habe Schweinehackfleisch dazugegeben, ein alter Trick in China, mit dem man das teure Krebsfleisch etwas »streckt«. Ich liebe dieses Gericht mit gedämpftem Reis (Rezept siehe S. 221–222) und pikanten Auberginen (Rezept siehe S. 191).

Aus Kanton
Garmethode: Pfannenrühren

Für 4 bis 6 Personen

1,5 kg frisch gekochte Krebse im Panzer
3 EL schwarze fermentierte Bohnen
2 EL Erdnussöl
1 1/2 EL fein gehackter Knoblauch
1 EL fein gehackter frischer Ingwer
3 EL fein gehackte Frühlingszwiebeln
225 g Schweinehackfleisch
2 EL helle Sojasauce
1 EL dunkle Sojasauce
2 EL Shaoxing-Reiswein oder trockener Sherry
450 ml Hühnerbrühe (Rezept siehe S. 59)
2 geschlagene Eier
2 TL Sesamöl

Schwanzende, Magenbeutel und Kiemen aus den Krebsen holen (siehe S. 183) Mit einem schweren Messer die Krebse mit Panzer in große Stücke teilen. Schwarze Bohnen abspülen und grob hacken.

Den Wok oder eine große Pfanne stark erhitzen. Öl hineingeben. Wenn es sehr heiß ist und anfängt zu rauchen, schwarze Bohnen, Knoblauch, Ingwer und Frühlingszwiebeln hineingeben und 20 Sekunden pfannenrühren. Schweinehackfleisch dazugeben und 1 Minute pfannenrühren. Krebsstücke dazugeben. Beide Sojasaucen, Reiswein und Hühnerbrühe dazugeben und bei starker Hitze alles 10 Minuten pfannenrühren. Eier mit Sesamöl vermischen und in den Wok gießen. Alles auf eine vorgewärmte Platte geben und sofort servieren.

Es ist übrigens erlaubt, die Krebse mit den Fingern zu essen. Stellen Sie eine große Schüssel mit Wasser und Zitronenscheiben auf den Tisch, damit man sich die Hände säubern kann.

Krebsfleisch in Eiercreme

An der Ostküste Chinas werden viele verschiedene Krebse gefangen. Eine beliebte Zubereitungsmethode ist, sie im Ganzen zu dämpfen und dann bei Tisch das Fleisch aus dem Panzer zu holen und in Essig und Zucker zu tauchen. In diesem Rezept wird gekochter Krebs mit einer leichten Eiercreme gemischt und dann gedämpft. Ergebnis ist eine delikate, samtige Sauce. Verwenden Sie ganz frisches gegartes Krebsfleisch. Servieren Sie das Gericht mit gedämpftem Reis (Rezept siehe S. 221–222) und Maissuppe mit Curry (Rezept siehe S. 64).

Aus Shanghai
Garmethode: Dämpfen

Für 4 Personen

4 Eier
300 ml Hühnerbrühe (Rezept siehe S. 59)
2 TL fein gehackter frischer Ingwer
3 1/2 EL fein gehackte Frühlingszwiebeln (nur der weiße Teil)
1 1/2 EL Shaoxing-Reiswein oder trockener Sherry
1 TL weißer Pfeffer
1 TL Salz
225 g frisch gekochtes weißes Krebsfleisch

Zum Garnieren
2 TL dunkle Sojasauce
2 EL fein gehackte Frühlingszwiebeln
1 EL Erdnussöl

Für die Eiercreme Eier, Hühnerbrühe, Ingwer, 3 1/2 Esslöffel Frühlingszwiebeln, Reiswein, Pfeffer und Salz in einer Schüssel mischen. Krebsfleisch dazugeben. Alle Zutaten gut verrühren und in eine tiefe, hitzefeste Form geben.
Einen Dämpftopf vorbereiten oder einen Dämpfeinsatz in den Wok oder einen hohen Topf stellen. 5 cm Wasser angießen. Wasser bei starker Hitze zum Kochen bringen. Die Schüssel mit Krebsfleisch und Eiercreme in den Dämpftopf oder auf den Dämpfeinsatz stellen. Hitze reduzieren. Deckel fest auflegen. Alles bei schwacher Hitze 20 bis 25 Minuten dämpfen, bis die Eiercreme fest geworden ist.
Schüssel herausnehmen. Sojasauce und Frühlingszwiebeln über die Eiercreme geben. Erdnussöl in einem kleinen Topf stark erhitzen, bis es raucht. Öl über das Krebsfleisch in Eiercreme gießen und alles sofort servieren.

Flusskrebs in Ingwer-Essig-Sauce

Im Spätherbst wird in Shanghai mit Spannung die Ankunft der frischen Flusskrebse erwartet. Sie sind voller Rogen, und das Fleisch ist süß und delikat. Sie werden mit Kräutern gedämpft, die den intensiven Geschmack der Krebse mildern. Dann serviert man sie mit Ingwer-Essig-Sauce zum Dippen. Dies ist meine Version dieses unkomplizierten Gerichts. Verwenden Sie nur ganz frische gegarte Flusskrebse! Ich serviere diese Köstlichkeit als Hauptgericht zu einem besonderen Anlass. Dazu gibt es gebratenen Reis (Rezept siehe S. 222–223) und pfannengerührtes Gemüse.

Aus Shanghai
Garmethode: Dämpfen

Für 4 bis 6 Personen

1,5 kg frische gegarte Flusskrebse mit Panzer
4 EL Shaoxing-Reiswein oder trockener Sherry
4 EL fein gehackter frischer Ingwer
3 fein gehackte Frühlingszwiebeln
2 EL helle Sojasauce
3 EL roter oder dunkler Reisessig
2 TL Zucker

Schwanzende, Magenbeutel und Kiemen von den Flusskrebsen entfernen (siehe S. 183). Mit einem schweren Messer die Krebse mit dem Panzer in große Stücke teilen. Diese mit Reiswein, 2 Esslöffeln Ingwer und Frühlingszwiebeln vermischen und 30 Minuten marinieren.

Einen Dämpftopf vorbereiten oder einen Dämpfeinsatz in den Wok oder einen hohen Topf stellen. 5 cm Wasser angießen. Wasser bei starker Hitze zum Kochen bringen. Krebsstücke mit der Marinade in eine hitzefeste Schüssel geben und in den Dämpftopf oder auf den Dämpfeinsatz stellen. Hitze reduzieren und Deckel fest auflegen. Alles bei schwacher Hitze 15 Minuten dämpfen.

Sojasauce, Reisessig, Zucker und 2 Esslöffel Ingwer in einer kleinen Schüssel vermischen. Beiseite stellen.

Krebsstücke aus der Marinade nehmen und abtropfen lassen. Marinade weggießen. Krebsstücke auf eine große vorgewärmte Platte geben und mit dem Dip sofort servieren. Es ist übrigens erlaubt, die Krebse mit den Fingern zu essen. Stellen Sie eine große Schüssel mit Wasser und Zitronenscheiben auf den Tisch, damit man sich die Hände säubern kann.

Kalmar mit Gemüse

Kalmar auf chinesische Art ist zart und köstlich. Das Geheimnis besteht darin, ihn in sehr heißem Wasser zu blanchieren und dann nur ganz kurz zu kochen – gerade so lange, dass er fester wird. Zu lange gekochter Kalmar wird hart und gummiartig. Statt Kalmar schmecken in diesem Rezept auch Garnelen. Servieren Sie scharf-saure Suppe (Rezept siehe S. 76) und gedämpften Reis (Rezept siehe S. 221–222) dazu.

Aus Kanton und Fujian
Garmethoden: Blanchieren und Pfannenrühren

Für 4 Personen

450 g frischer oder tiefgefrorener Kalmar
1 kleine rote oder grüne Paprikaschote
100 g Zuckerschoten
1 1/2 EL Erdnussöl
2 EL fein gehackter Knoblauch
1 EL fein gehackter frischer Ingwer
85 ml Hühnerbrühe (Rezept siehe S. 59)
1 EL Shaoxing-Reiswein oder trockener Sherry
3 EL Austernsauce
1 EL helle Sojasauce
2 EL dunkle Sojasauce
2 TL Salz
2 TL Speisestärke, mit 2 TL Wasser angerührt
2 TL Sesamöl

Vom Kalmar sind Tentakel und Körper essbar. Mit einem kleinen scharfen Messer den Körper halbieren. Das transparente Fischbein entfernen. Kalmarhälften gründlich unter fließend kaltem Wasser waschen. Haut abziehen und wegwerfen. Tentakel vom Kopf abtrennen. Tiefgefrorenen Kalmar vollständig auftauen lassen.

Kalmar in 3,5 cm lange Streifen schneiden und mit den Tentakeln in einem großen Topf mit kochendem Wasser 15 Sekunden blanchieren. Der Kalmar wird dabei fester und durchsichtig weiß. Kalmar in einem Sieb abtropfen lassen.

Paprikaschote waschen, putzen und in 3,5 cm lange Streifen schneiden. Zuckerschoten waschen und putzen. Den Wok oder eine große Pfanne stark erhitzen. Öl hineingeben. Wenn es sehr heiß ist und anfängt zu rauchen, Knoblauch und Ingwer darin 15 Sekunden pfannenrühren. Paprikastreifen und Zuckerschoten dazugeben und 1 Minute pfannenrühren. Alle Zutaten bis auf den Kalmar dazugeben und zum Kochen bringen. Umrühren, Kalmar dazugeben und untermischen. 30 Sekunden kochen und sofort servieren.

Ernährungswissenschaftler sind sich einig, dass Gemüse ein unverzichtbarer Bestandteil für eine ausgewogene Ernährung ist. In dieser Hinsicht braucht die chinesische Küche keine Ermunterung. Selbst als Kind liebte ich Gemüse, und mit dieser Vorliebe bin ich ein typischer Chinese. Viele meiner europäischen Freunde verschmähten Gemüse als Kinder und selbst als Erwachsene essen sie es oft nur ungern. Dafür gibt es Gründe. Viele Köche im Westen kochen Gemüse zu lang, was ihm Geschmack und Farbe raubt, und es schlapp werden lässt. In China wird Gemüse nie zu lange gekocht. Beim Pfannenrühren, Blanchieren, Frittieren und Schmoren wird das Aroma ebenso erhalten wie die Konsistenz. Einfachheit ist ein weiterer Faktor. Chinesen ertränken Gemüse nicht in schweren Saucen, sondern legen Wert auf den Eigengeschmack. Übrigens essen wir Gemüse fast nie roh, außer es ist eingelegt; selbst Salat wird gekocht, und chinesische Salate bestehen immer aus gekochtem oder eingelegtem Gemüse. Jede Mahlzeit in China enthält ein oder zwei Gemüsegerichte, denn außer dem hohen Nährwert bringen Gemüse Farbe und Konsistenz – ebenfalls wichtig in der chinesischen Küche.

Die meisten Menschen im Westen geben zu, dass Gemüse auf chinesische Art einfach köstlich ist. Diese Meisterschaft in der Zubereitung basiert auf Jahrtausenden kulinarischer Tradition. China verfügt zudem über eine riesige Auswahl an Gemüsesorten, die in den letzten Jahrhunderten durch importierte Sorten wie Tomaten, Möhren, Süßkartoffeln und mehrere Kürbissorten noch bereichert wurde.

Die buddhistisch-taoistische Tradition ist ein Grund für den meisterhaften Umgang der Chinesen mit Gemüse. Buddhisten essen kein Fleisch, da das Töten von Tieren ihrer Lehre von der Wiedergeburt entgegensteht. Taoisten sind Vegetarier, da ihrer Meinung nach das Töten von Tieren die essentielle Einheit des Universums erschüttert. Daher haben sie über die letzten 1500 Jahre fleischlose Kost gefördert, und ihre Köche haben gelernt, Gemüse phantasievoll und kreativ zu verwenden. Sie haben sogar Imitationen von Fleisch, Huhn, Fisch und Meeresfrüchten erfunden, die so realistisch und köstlich sind, dass sie kaum jemand vom Original unterscheiden kann. Da Gemüse jedoch kein guter Proteinlieferant ist, kam die vielseitige und proteinhaltige Sojabohne ins Spiel. Tofu, Sojamilch und andere Produkte aus der Sojabohne wurden zu Grundnahrungsmitteln der Vegetarier. Statt Hühner- oder Fleischbrühe verwendete man das Einweichwasser von Pilzen als Basis für Suppen und Saucen. All diese Erfindungen verbreiteten sich nach und nach im ganzen Land.

Es gibt in diesem Kapitel einige vegetarische Rezepte. Sie sind im Register mit einem **v** gekennzeichnet. Viele Gerichte können Sie abwandeln, indem Sie die Hühnerbrühe durch Gemüsebrühe, Reiswein oder Wasser ersetzen. Fleisch können Sie einfach weglassen – die Gerichte schmecken auch ohne wunderbar.

Gemüse

GARMETHODEN FÜR GEMÜSE

In der Gemüseküche ist Technik sehr wichtig. Wir kochen mit wenig Wasser oder Öl und bekommen so die besten Ergebnisse. Starke Hitze und schnelle Garmethoden erhalten Aromen und Nährstoffe ebenso wie die Konsistenz. Kurzes Blanchieren und anschließendes Eintauchen in kaltes Wasser erhält Geschmack und Farbe von Gemüse. Dieser Prozess ist besonders wichtig, wenn man harte Gemüse wie Möhren oder Brokkoli mit weicheren Sorten pfannenrühren will. Sie müssen vorgegart werden, und dafür ist Blanchieren ideal.

Frittieren ist übrigens auch eine gute Garmethode für Gemüse, da das heiße Öl den Geschmack erhält und Gemüse besonders knackig macht. Welche Technik auch immer Sie wählen, ich hoffe, dass Sie Gemüse von jetzt an genauso genießen, wie wir Chinesen schon seit Jahrhunderten. Die meisten in meinen Rezepten verwendeten Gemüsesorten sind gut bekannt, aber Sie finden auch einige exotischere Sorten.

Links:
Süßsaurer kalter Chinakohl
(Rezept siehe S. 202)

Pikante Auberginen

Auberginen gehören zu meinen Lieblingsgemüsen. Versuchen Sie, für dieses Rezept die langen, dünnen chinesischen Auberginen zu bekommen. Natürlich funktioniert es auch mit den großen europäischen. Ich schäle Auberginen nicht, da die Schale zart, köstlich und voller Nährstoffe ist; außerdem hält sie die Aubergine während des Kochens in Form. Hier wird zunächst pfannengerührt, damit sich die Aromen verbinden und dann das Gemüse in einer würzigen Sauce schmort.

Aus Sichuan
Garmethoden: Pfannenrühren und Schmoren

Für 4 Personen

450 g Auberginen
2 TL Salz
1 1/2 EL Erdnussöl
2 EL fein gehackter Knoblauch
1 EL fein gehackter frischer Ingwer
3 EL fein gehackte Frühlingszwiebeln (nur der weiße Teil)
2 EL dunkle Sojasauce
1 EL Chili-Bohnen-Sauce
1 EL Sojabohnenpaste mit ganzen Bohnen
1 EL Zucker
1 EL dunkler Reisessig oder Cidre-Essig
2 TL geröstete und gemahlene Sichuan-Pfefferkörner (siehe S. 34)
300 ml Hühnerbrühe (Rezept siehe S. 59) oder Wasser

Zum Garnieren
2 EL fein gehackte Frühlingszwiebeln (nur der grüne Teil)

Auberginen waschen und putzen. Chinesische Auberginen mit der Technik des Rollend-Schneiden (siehe S. 45) zerkleinern. Europäische Auberginen in 2,5 cm große Würfel schneiden. Auberginen salzen und in einem Durchschlag 20 Minuten abtropfen lassen. Mit kaltem Wasser abspülen und mit Küchenpapier trockentupfen.

Den Wok oder eine große Pfanne stark erhitzen. Öl hineingeben. Wenn es heiß ist und anfängt zu rauchen, Knoblauch, Ingwer und Frühlingszwiebeln hineingeben und 30 Sekunden pfannenrühren. Auberginen dazugeben und 1 Minute pfannenrühren. Übrige Zutaten dazugeben und alles offen bei schwacher Hitze 10 bis 15 Minuten schmoren, bis die Auberginen weich sind.

Hitze erhöhen und alles unter Rühren kochen, bis die Flüssigkeit zu einer Sauce eingekocht ist. Mit Frühlingszwiebeln garnieren und sofort servieren.

Auberginen auf Bauernart

Dieses Gericht schmeckt gleichzeitig scharf, sauer, salzig und süß – ein typisches Gericht der Sichuan-Küche. Es wird von vielen Familien in ganz China auf dem Land gekocht und oft mit Schweinefleisch zubereitet. Es geht ganz einfach und lässt sich gut aufwärmen. In manchen Ländern heißt die Aubergine übrigens Eierfrucht, was sicher von den kleinen, elfenbeinfarbenen Auberginen kommt, die tatsächlich an Eier erinnern. Ursprünglich stammen Auberginen übrigens aus Nordindien, sie sind in China aber schon seit einigen Jahrhunderten bekannt. Es gibt Auberginen in vielen Größen, Formen und Farben: rot, gelb, weiß, gestreift und lila.

Aus Sichuan
Garmethoden: Frittieren und Pfannenrühren

Für 4 Personen

450 g Auberginen
2 TL Salz
450 ml Erdnussöl
450 g Schweinehackfleisch
2 EL fein gehackter Knoblauch
2 EL fein gehackter frischer Ingwer
3 EL fein gehackte Frühlingszwiebeln
2 EL dunkle Sojasauce
3 EL Shaoxing-Reiswein oder trockener Sherry
3 EL dunkler Reisessig
2 EL Zucker
1 EL geröstete und gemahlene Sichuan-Pfefferkörner (siehe S. 34)
2 TL Chili-Bohnen-Sauce
1/2 TL schwarzer Pfeffer
120 ml Hühnerbrühe (Rezept siehe S. 59)
2 TL Sesamöl

Auberginen waschen und putzen. Chinesische Auberginen mit der Technik des Rollend-Schneiden (siehe S. 45) zerkleinern. Europäische Auberginen in 2,5 cm große Würfel schneiden. Auberginen salzen und in einem Durchschlag 20 Minuten abtropfen lassen. Mit kaltem Wasser abspülen und mit Küchenpapier trockentupfen.

Den Wok oder eine große Pfanne stark erhitzen. Öl hineingeben. Wenn es sehr heiß ist und anfängt zu rauchen, Auberginen in zwei Portionen je 3 Minuten frittieren. Im Durchschlag abtropfen lassen und auf Küchenpapier entfetten.

Wok oder Pfanne säubern und wieder erhitzen. 1 Esslöffel des abgetropften Öls zufügen. Schweinehackfleisch dazugeben und 3 Minuten pfannenrühren. Knoblauch, Ingwer und Frühlingszwiebeln hineingeben und 2 Minuten pfannenrühren. Sojasauce, Reiswein, Reisessig, Zucker, Sichuan-Pfeffer, Chili-Bohnen-Sauce, Pfeffer und Hühnerbrühe dazugeben. Aufkochen lassen, Auberginen hineingeben und bei starker Hitze kochen, bis der Großteil der Flüssigkeit verkocht ist. Sesamöl unterrühren. Auberginen servieren oder auf Zimmertemperatur abkühlen lassen.

Frittierte grüne Bohnen

Im Originalrezept verwendet man chinesischen Spargel oder Schlangenbohnen, aber ich finde es mit grünen Bohnen genauso gut. Die Bohnen werden kurz frittiert, was ihnen eine besondere Konsistenz verleiht. Danach werden sie mit Gewürzen pfannengerührt. Die Bohnen sollen leicht ölig sein, aber wenn Sie das nicht mögen, können Sie sie vor dem Pfannenrühren mit Küchenpapier entfetten.

Aus Sichuan
Garmethoden: Frittieren und Pfannenrühren

Für 4 Personen

450 g grüne Bohnen
600 ml Erdnussöl (Fritteuse siehe S. 47)
1 1/2 EL fein gehackter Knoblauch
1 1/2 EL fein gehackter frischer Ingwer
3 EL fein gehackte Frühlingszwiebeln (nur der weiße Teil)
1 1/2 EL Chili-Bohnen-Sauce
1 EL Sojabohnenpaste mit ganzen Bohnen
2 EL Shaoxing-Reiswein oder trockener Sherry
1 EL dunkle Sojasauce
2 TL Zucker
1 EL Wasser
2 TL Chiliöl

Bohnen waschen und putzen. Den Wok oder eine große Pfanne stark erhitzen. Öl hineingeben. Wenn es sehr heiß ist und anfängt zu rauchen, die Hälfte der Bohnen hineingeben und 3 bis 4 Minuten frittieren, bis sie schrumpelig werden. Herausnehmen und abtropfen lassen. Übrige Bohnen genauso frittieren, herausnehmen und auf Küchenpapier entfetten.

1 Esslöffel Frittieröl in einen sauberen Wok oder eine Pfanne geben und erhitzen. Knoblauch, Ingwer und Frühlingszwiebeln hineingeben und 30 Sekunden pfannenrühren. Übrige Würzzutaten dazugeben und 30 Sekunden pfannenrühren. Bohnen hineingeben und gut mit der Sauce vermischen. Wenn die Bohnen heiß sind, auf eine vorgewärmte Platte geben und servieren.

Tofu mit Pilzen

Tofu gehört zu den besonders vielseitigen und nahrhaften Lebensmitteln. Er wird aus Sojabohnen hergestellt, die sehr viel Protein enthalten. Tofu hat kaum Eigengeschmack, doch das lässt sich – wie in diesem Rezept – leicht ändern! Hier wird er frittiert, was seine Konsistenz verändert, und anschließend mit Pilzen und Gewürzen zu einem köstlichen vegetarischen Gericht geschmort, das auch aufgewärmt gut schmeckt.

Aus Sichuan
Garmethoden: Frittieren und Schmoren

Für 4 Personen

450 g fester Tofu
50 g Frühlingszwiebeln
450 ml Erdnussöl (Fritteuse siehe S. 47) + 1 EL Erdnussöl
100 g kleine Champignons
1 1/2 EL fein gehackter Knoblauch
2 EL fein gehackter frischer Ingwer
2 TL Chili-Bohnen-Sauce
1 1/2 EL Shaoxing-Reiswein oder trockener Sherry
1 EL dunkle Sojasauce
1 TL Salz
1/2 TL schwarzer Pfeffer
2 EL Hühnerbrühe (Rezept siehe S. 59) oder Wasser
2 TL geröstete und gemahlene Sichuan-Pfefferkörner (siehe S. 34)

Tofu abtropfen lassen und in 2,5 cm große Würfel schneiden. Frühlingszwiebeln waschen, putzen und in 2,5 cm lange Stücke schneiden.
Öl im Wok oder in der Fritteuse stark erhitzen. Wenn es anfängt zu rauchen, Tofuwürfel in zwei Portionen nacheinander frittieren. Wenn die Tofuwürfel bräunen, herausnehmen und auf Küchenpapier entfetten. Frittieröl abkühlen lassen und weggießen.
Champignons mit Küchenpapier putzen, Stielende abschneiden. Den Wok oder eine große Pfanne stark erhitzen. 1 Esslööfel Erdnussöl hineingeben. Knoblauch, Ingwer und Frühlingszwiebeln hineingeben und einige Sekunden pfannenrühren. Champignons dazugeben und 30 Sekunden pfannenrühren. Alle Saucen und Gewürze zufügen. Hitze reduzieren und Tofuwürfel untermischen. Deckel auflegen und alles bei schwacher Hitze 8 Minuten schmoren.

Tofu mit Gemüse

Wenn man Tofu brät, wird seine Konsistenz leicht und locker. Außerdem bildet Tofu beim Braten eine Haut, die verhindert, dass er Öl aufsaugt, und die ihn beim Pfannenrühren zusammenhält.

Aus Kanton
Garmethoden: Braten und Pfannenrühren

Für 4 Personen

450 g fester Tofu
50 g Wasserkastanien (Dose)
50 g Bambussprossen (Dose)
50 g Zuckerschoten
150 ml Erdnussöl

Für die Sauce

1 1/2 EL Shaoxing-Reiswein oder trockener Sherry
3 EL Austernsauce
2 TL dunkle Sojasauce
2 TL helle Sojasauce
2 TL Zucker
1 TL Salz
1/2 TL schwarzer Pfeffer
50 ml Hühnerbrühe (Rezept siehe S. 59) oder Wasser
1 TL Speisestärke, mit 1 TL Wasser angerührt
2 TL Sesamöl

Tofu abtropfen lassen und mit kaltem Wasser abspülen. Mit Küchenpapier trockentupfen und in 1 cm große Würfel schneiden. Wasserkastanien abtropfen lassen und in Scheiben schneiden. Bambussprossen abtropfen lassen und schräg in 2,5 cm große Stücke schneiden.

Den Wok oder eine große Pfanne stark erhitzen. Öl hineingeben. Wenn es sehr heiß ist und anfängt zu rauchen, Tofuwürfel hineingeben und braten, bis sie bräunen. Mit einem Schaumlöffel herausholen und auf Küchenpapier entfetten.

Öl bis auf 1 Esslöffel ausgießen. Zuckerschoten waschen und putzen. Öl erhitzen, Zuckerschoten, Wasserkastanien und Bambussprossen hineingeben und 2 Minuten pfannenrühren. Alle Zutaten für die Sauce bis auf die angerührte Speisestärke und das Sesamöl dazugeben. Mischung aufkochen, Wok von der Herdplatte nehmen und angerührte Speisestärke untermischen. Wok wieder auf die Herdplatte stellen und Flüssigkeit aufkochen. Tofuwürfel und Sesamöl hineingeben. Alle Zutaten kurz verrühren und auf eine vorgewärmte Platte geben. Sofort servieren.

Tofu auf Familienart

Tofu eignet sich gut zum Schmoren, da er Aromen und Farben aufnimmt. Für mich ist chinesischer Tofu der beste der Welt; er ist glatt wie Satin und unendlich vielfältig, wenn er richtig zubereitet wird – 3000 Jahre Erfahrung machen sich bemerkbar! Dieses Rezept ist ideal, wenn Sie das erste Mal Tofu kochen. Es schmeckt köstlich, ist leicht vorzubereiten und lässt sich gut aufwärmen. Die Hoisin-Sauce gibt dem Gericht den leicht süßen Geschmack und die satte rote Farbe. Daher spricht man hier auch von Rot-Schmoren.

Aus Kanton
Garmethoden: Frittieren und Schmoren

Für 4 Personen

450 g fester Tofu
8 Frühlingszwiebeln
450 ml Erdnussöl (Fritteuse siehe S. 47 + 1 1/2 EL Erdnussöl
2 EL grob gehackter Knoblauch
2 EL Shaoxing-Reiswein oder trockener Sherry
3 EL Hoisin-Sauce
1 EL helle Sojasauce
2 TL dunkle Sojasauce
1 TL Zucker
250 ml Hühnerbrühe (Rezept siehe S. 59) oder Wasser
1 EL Sesamöl

Tofu abtropfen lassen und in 2,5 cm große Würfel schneiden. Frühlingszwiebeln putzen und in 2,5 cm lange Stücke schneiden.

Öl im Wok oder in einer Fritteuse stark erhitzen. Wenn es anfängt zu rauchen, die Hälfte der Tofuwürfel hineingeben und frittieren, bis sie braun werden. Auf Küchenpapier entfetten und die zweite Portion ebenso frittieren und entfetten. Öl abkühlen lassen und weggießen.

Wok säubern und wieder stark erhitzen. 1 1/2 Esslöffel Öl hineingeben. Wenn es sehr heiß ist und anfängt zu rauchen, Knoblauch und Frühlingszwiebeln hineingeben und einige Sekunden pfannenrühren. Tofuwürfel dazugeben und 30 Sekunden pfannenrühren. Alle übrigen Zutaten bis auf das Sesamöl in den Wok geben. Hitze reduzieren und alles bei schwacher Hitze 8 Minuten schmoren. Hitze wieder erhöhen und die Flüssigkeit auf die Hälfte einkochen. Sesamöl unterrühren und Gericht sofort servieren.

Pfeffer-Tofu

Dies ist eine vegetarische Version eines Pfeffer-Gerichtes aus Hongkong, das mit Garnelen oder Spareribs gemacht wird. Es geht ganz einfach. Der Tofu wird zuerst frittiert und dann mit Salz, Pfeffer und Sichuan-Pfeffer sowie anderen Gewürzen pfannengerührt. Eine tolle Vorspeise – auch für ein nicht-chinesisches Menü.

Aus Hongkong und Kanton
Garmethoden: Frittieren und Pfannenrühren

Für 4 Personen

450 g fester Tofu
2 TL Salz
2 TL geröstete und gemahlene Sichuan-Pfefferkörner (siehe S. 34)
1 TL schwarzer Pfeffer
1 TL Zucker
300 ml Erdnussöl (Fritteuse siehe S. 47)
3 frische rote oder grüne Chilis
2 EL fein gehackter Knoblauch
2 TL fein gehackter frischer Ingwer

Zum Garnieren
3 EL fein gehackte Frühlingszwiebeln

Tofu abtropfen lassen, mit kaltem Wasser abspülen und mit Küchenpapier trockentupfen. In 1 cm große Würfel schneiden und auf Küchenpapier weiter trocknen lassen. In einer kleinen Schüssel Salz, Sichuan-Pfeffer, Pfeffer und Zucker vermischen.
Den Wok oder eine Fritteuse stark erhitzen. Öl hineingeben. Wenn es sehr heiß ist und anfängt zu rauchen, Tofuwürfel hineingeben und rundherum hellbraun frittieren. Mit dem Schaumlöffel herausholen und auf Küchenpapier entfetten.
Chilis waschen, putzen und grob hacken. Öl bis auf 1 Esslöffel aus dem Wok gießen. Wok erhitzen. Wenn das Öl heiß ist, Knoblauch, Ingwer und Chilis hineingeben und 20 Sekunden pfannenrühren. Tofu wieder in den Wok geben und 1 Minute pfannenrühren. Salz-Pfeffer-Mischung dazugeben und 2 Minuten pfannenrühren. Alles auf eine vorgewärmte Platte geben, mit Frühlingszwiebeln garnieren und sofort servieren.

Rechts:
Frischer Tofu
(Seite 35)

Kalte marinierte Bohnensprossen

Dieses nahrhafte kalte Gemüsegericht ist leicht zu machen und schmeckt als Vorspeise oder Salat zu gegrilltem Fleisch oder Fisch. Verwenden Sie frische Bohnensprossen, Dosenware ist weich und schmeckt nach nichts. Sie bekommen frische Bohnensprossen inzwischen fast überall und können sie auch leicht selbst ziehen. Ich schneide aus optischen Gründen immer beide Enden der Sprossen ab. Sie können dieses Gericht vier Stunden vor dem Essen zubereiten. Es schmeckt sowohl richtig kalt als auch bei Zimmertemperatur – in ideales Sommeressen.

Aus Beijing
Garmethode: Marinieren

Für 4 Personen

450 g frische Bohnensprossen
2 frische rote oder grüne Chilis
3 EL heller Reisessig oder Cidre-Essig
2 EL helle Sojasauce
2 EL fein gehackter frischer Koriander
2 TL fein gehackter Knoblauch

Bohnensprossen waschen und abtropfen lassen. Beide Enden abschneiden und Sprossen in eine Glasschüssel geben. Chilis waschen, putzen und längs halbieren. Samen entfernen. Chilis ganz fein hacken und zu den Bohnensprossen geben.

Reisessig, Sojasauce, Koriander und Knoblauch ebenfalls in die Schüssel geben und gut mit den Chilis und den Bohnensprossen mischen. Salat mindestens 2 bis 3 Stunden marinieren, dabei mehrmals umrühren. Kurz vor dem Servieren die Bohnensprossen abgießen, die Marinade weggießen und die Bohnensprossen anrichten.

Brokkoli mit Ingwer

Brokkoli sieht nicht nur dekorativ aus, er enthält auch viele Nährstoffe. Die im Westen verbreitete Sorte schmeckt milder als die chinesische, und viele sagen, jener vereine die besten Aromen von Blumenkohl und Spargel. Brokkoli verträgt sich mit vielen Gewürzen, und Ingwer passt besonders gut. Nach dem Pfannenrühren lasse ich das Gericht abkühlen und serviere es bei Zimmertemperatur. Es schmeckt besonders gut im Sommer.

Aus Kanton
Garmethode: Pfannenrühren

Für 4 Personen

450 g frischer Brokkoli
1 1/2 EL Erdnussöl
2 TL fein gehackter frischer Ingwer
1 TL Salz
1/2 TL schwarzer Pfeffer
4–5 EL Wasser
2 TL Sesamöl

Brokkoli waschen, putzen und in Röschen teilen. Stängel schälen und in Scheiben schneiden. Brokkoliröschen und -scheiben in einem großen Topf in reichlich Salzwasser 5 Minuten blanchieren, dann in kaltes Wasser tauchen. In einem Durchschlag gut abtropfen lassen.

Den Wok oder eine große Pfanne erhitzen. Öl hineingeben. Wenn es sehr heiß ist und anfängt zu rauchen, Ingwer, Salz und Pfeffer hineingeben und einige Sekunden pfannenrühren. Brokkoli dazugeben. Etwas Wasser hineingeben. Alles bei mittlerer Hitze 4 Minuten pfannenrühren, bis der Brokkoli erwärmt ist. Sesamöl dazugeben und 30 Sekunden pfannenrühren. Brokkoli sofort servieren oder abkühlen lassen.

Kalter Sesambrokkoli

Dieses sommerliche Gericht schmeckt wunderbar zu Fleisch und beim Picknick. Wer es ein bisschen pikant mag, ersetzt die Sesamsamen durch die gleiche Menge gehackten frischen Ingwer. Sie können den Brokkoli am Vortag zubereiten – er schmeckt noch besser am nächsten Tag.

Aus Beijing
Garmethode: Blanchieren

Für 4 bis 6 Personen

450 g–750 g Brokkoli
1 EL Sesamsamen
1 EL Erdnussöl
2 TL Sesamöl
1 TL fein gehackter Knoblauch
1 1/2 EL helle Sojasauce
2 EL fein gehackte Frühlingszwiebeln

Brokkoli waschen, putzen und in Röschen teilen. Stängel schälen und in Scheiben schneiden. Brokkoli in einem großen Topf in reichlich Salzwasser 5 Minuten blanchieren, dann in kaltes Wasser tauchen. In einem Durchschlag gut abtropfen lassen und in eine Schüssel geben.

Sesamsamen im vorgeheizten Backofen bei 190 °C (Gas Stufe 3, Umluft 170 °C) backen oder unter dem Grill braun rösten. Sesamsamen in einer kleinen Schüssel mit Öl, Sesamöl, Knoblauch, Sojasauce und Frühlingszwiebeln gut vermischen. Diese Sauce über den Brokkoli gießen und alles gut vermischen. (Wenn Sie das Gericht am nächsten Tag essen, decken Sie die Schüssel mit Folie zu und stellen sie über Nacht in den Kühlschrank.)

Brokkoli mit Hoisin-Sauce

Brokkoli ist köstlich mit Hoisin-Sauce, die intensiv schmeckt, eine tiefrote Farbe und einen starken Geruch hat. Heiß serviert ist dieses Gericht eine perfekte Beilage. Auch Möhren und Zucchini schmecken anstelle von Brokkoli.

Aus Beijing
Garmethode: Pfannenrühren

Für 4 Personen

450 g Brokkoli
1 1/2 EL Erdnussöl
1 EL fein gehackter Knoblauch
2 TL Salz
1 TL schwarzer Pfeffer
2 EL Hoisin-Sauce
2 EL Shaoxing-Reiswein oder trockener Sherry
3 EL Wasser

Brokkoli waschen, putzen und in Röschen teilen. Stängel schälen und in Scheiben schneiden. Brokkoli in einem großen Topf in Salzwasser 5 Minuten blanchieren, dann in kaltes Wasser tauchen. In einem Durchschlag gut abtropfen lassen.

Den Wok oder eine große Pfanne stark erhitzen. Öl hineingeben. Wenn es sehr heiß ist und anfängt zu rauchen, Knoblauch, Salz, Pfeffer und Brokkoli hineingeben. 1 Minute pfannenrühren. Hoisin-Sauce, Reiswein und Wasser dazugeben und bei mittlerer Hitze etwa 5 Minuten pfannenrühren, bis der Brokkoli zart ist. Sofort servieren.

Blumenkohl mit Austernsaue

Blumenkohl ist köstlich, vielseitig und leicht zuzubereiten. Da er eine längere Garzeit benötigt, ist Pfannenrühren alleine nicht ideal. Ich mag Blumenkohl gerne geschmort in Austernsauce, die seinen milden Geschmack perfekt ergänzt.

Aus Kanton
Garmethoden: Pfannenrühren und Schmoren

Für 4 Personen

750 g Blumenkohl
1 EL Erdnussöl
4 zerdrückte Knoblauchzehen
2 EL fein gehackter frischer Ingwer
1 TL helle Sojasauce
1 TL dunkle Sojasauce
3 1/2 EL Austernsauce
450 ml Hühnerbrühe (Rezept siehe S. 59) oder Wasser
2 TL Sesamöl

ZUM GARNIEREN
2 EL fein gehackte Frühlingszwiebeln

Blumenkohl in etwa 4 cm große Röschen teilen, waschen und abtropfen lassen.

Den Wok oder eine große Pfanne stark erhitzen. Öl hineingeben. Wenn es sehr heiß ist und anfängt zu rauchen, Knoblauch und Ingwer hineingeben und 20 Sekunden pfannenrühren. Blumenkohlröschen sofort dazugeben und einige Sekunden pfannenrühren. Beide Sojasaucen, Austernsauce und Brühe dazugeben. Hitze reduzieren. Alles 8 Minuten schmoren, bis der Blumenkohl zart ist. Sesamöl untermischen. Gericht auf eine vorgewärmte Platte geben und mit den Frühlingszwiebeln garnieren. Sofort servieren.

Süßsaurer kalter Chinakohl

In Nordchina, wo die Gemüsesaison kurz ist und die Winter lang, gibt es nur einige Monate frisches Gemüse. Wegen des Mangels an modernen Kühlmethoden haben sich die Menschen andere Mittel ausgedacht, um Lebensmittel zu lagern. Populär sind Einlegen in Brühe, Salz und Wein oder einer Mischung von Zucker und Salz. Manche Lebensmittel werden fermentiert. In diesem Rezept wird Chinakohl süßsauer eingelegt. Sie können ihn sofort essen oder aufbewahren. Gerichte wie dieses werden lauwarm zum Auftakt einer Mahlzeit gegessen, denn der süßsaure Geschmack regt die Geschmacksnerven und den Appetit an.

Aus Beijing
Garmethoden: Blanchieren und Einlegen

Für 4 bis 6 Personen

750 g Chinakohl oder Weißkohl
85 ml Erdnussöl
1 EL Sesamöl
5 getrocknete rote Chilis
2 EL ganze geröstete Sichuan-Pfefferkörner (siehe S. 34)
100 g Zucker
150 ml heller Reisessig oder Cidre-Essig
2 EL Salz
1 1/2 EL fein gehackter frischer Ingwer
3 EL fein gehackter Knoblauch
3 EL grob gehackte frische rote Chilis

Chinakohl oder Weißkohl waschen, putzen und die Blätter in 5 cm lange Streifen schneiden. Einige Sekunden in kochendes Wasser geben, bis die Blätter sich kräuseln. Abgießen und in eine Glasschüssel geben. Erdnussöl und Sesamöl im Wok stark erhitzen. Getrocknete Chilis und Sichuan-Pfefferkörner hineingeben. Wenn sie dunkel werden, Herdplatte abschalten. Das aromatisierte Öl durch ein Sieb gießen und über den Kohl geben. Chilis und Pfefferkörner in Gaze packen und diese zu einem kleinen Beutel binden wie ein Bouquet garni. Gewürzbeutel zum Kohl geben.

Zucker und Essig unter den Kohl mischen. Salz, Ingwer, Knoblauch und frische Chilis dazugeben und alle Zutaten sehr gut vermischen. Kohl einige Stunden bei Zimmertemperatur stehen lassen. Über Nacht in den Kühlschrank stellen. Dieses Gericht hält eine Woche im Kühlschrank. Vor dem Servieren die Marinade abgießen und das Bouquet garni entfernen.

Scharfer Chinakohl

Chinakohl unterscheidet sich von Weißkohl und Rotkohl durch seinen leicht süßen Geschmack, der ein bisschen an Salat erinnert. Er ist gekocht besser als roh. Da sein Eigenaroma mild ist, kann er eine kräftige Sauce vertragen. Ich mag Chinakohl gerne mit dieser pikanten Sauce. Sie können die Chilis auch durch Currypulver ersetzen.

Aus Sichuan
Garmethoden: Pfannenrühren und Schmoren

Für 2 bis 4 Personen

750 g Chinakohl
1 EL Erdnussöl
1 EL fein gehackter frischer Ingwer
1 1/2 EL fein gehackter Knoblauch
2 halbierte getrocknete rote Chilis
1 1/2 EL Shaoxing-Reiswein oder trockener Sherry
1 EL dunkle Sojasauce
1 TL helle Sojasauce
2 TL Chili-Bohnen-Sauce
1/2 TL schwarzer Pfeffer
2 TL Zucker
50 ml Hühnerbrühe (Rezept siehe S. 59) oder Wasser
1 EL Sesamöl

Chinakohlblätter gründlich waschen und in 2,5 cm breite Streifen schneiden. **Den Wok** oder eine große Pfanne stark erhitzen. Öl hineingeben. Wenn es sehr heiß ist und anfängt zu rauchen, Ingwer, Knoblauch und Chilis hineingeben und einige Sekunden pfannenrühren. Chinakohl dazugeben und einige Sekunden pfannenrühren. Reiswein, beide Sojasaucen, Chili-Bohnen-Sauce, Pfeffer, Zucker und Brühe hineingeben. Hitze reduzieren und alles 8 Minuten schmoren, bis die Kohlblätter zart sind. (Jetzt können Sie die getrockneten Chilis herausnehmen, wenn Sie möchten.) Sesamöl dazugeben und gut unterrühren. Gericht sofort servieren.

Chinakohl in cremiger Sauce

Vegetarische Gerichte sind in ganz China verbreitet. Historische und religiöse Einflüsse spielten bei der Entwicklung der vegetarischen Küche eine Rolle, aber die große Auswahl an Gemüsesorten und deren vielseitige Verwendungsmöglichkeiten waren natürlich eine weitere wichtige Voraussetzung. Chinakohl beispielsweise wird frisch und eingelegt gegessen. Eine der besten Zubereitungen für Chinakohl ist dieses traditionelle Rezept. Er wird zuerst pfannengerührt, dann sanft in Hühnerbrühe geschmort, wobei die Brühe eingekocht und mit Hühnerfett angereichert wird. Ich verzichte auf den letzten Schritt, denn das Gericht ist köstlich auch ohne das Fett. Um es vegetarisch zu machen, braucht man nur die Hühnerbrühe durch Wasser zu ersetzen. Ein bescheidenes Mahl, aber gut genug für ein Bankett am Kaiserhof!

Aus Beijing
Garmethoden: Pfannenrühren und Schmoren

Für 4 Personen

450 g Chinakohl
1 1/2 EL Erdnussöl
3 fein gehackte Knoblauchzehen
450 ml Wasser oder Hühnerbrühe (Rezept siehe S. 59)
2 TL Salz
1 TL weißer Pfeffer
2 TL Speisestärke, mit 1 EL Wasser angerührt

Chinakohl waschen und die Blätter in 5 cm große Stücke schneiden.

Den Wok oder eine große Pfanne stark erhitzen. Öl hineingeben. Wenn es sehr heiß ist und anfängt zu rauchen, Knoblauch hineingeben und 15 Sekunden pfannenrühren. Chinakohl dazugeben und 2 Minuten pfannenrühren. Wasser oder Brühe, Salz und Pfeffer dazugeben. Hitze reduzieren. Deckel auflegen und alles bei schwacher Hitze 10 Minuten schmoren, bis der Kohl sehr zart ist. Kohl mit einem Schaumlöffel herausheben.

Flüssigkeit im Wok kochen, bis sie auf die Hälfte reduziert ist. Angerührte Speisestärke untermischen und Sauce so lange weiterkochen, bis sie cremig ist. Kohl auf einer vorgewärmten Platte anrichten, Sauce darüber gießen und servieren.

Pak choi mit Knoblauch

Grüne Gemüse gehörten zu den Grundnahrungsmitteln in meiner Kindheit, da sie billig, nahrhaft und jederzeit verfügbar waren. Auch heute freue ich mich immer auf dieses einfache Gericht, das mit Pak choi und Choisum gleichermaßen gut schmeckt. Manchmal wird das Gemüse kurz blanchiert, aber ich finde, dass es pfannengerührt mit Öl und Knoblauch oder Sojasauce einfach köstlich schmeckt. Pak choi passt gut zu Fleisch und Fisch, aber auch als Teil eines vegetarischen Menüs. Sie bekommen Pak choi und Choisum im Chinaladen. Mangold und Zuckerschoten kann man auch auf diese Weise zubereiten.

Aus Kanton
Garmethode: Pfannenrühren

Für 4 Personen

750 g chinesisches grünes Gemüse, wie Pak choi oder Choisum
1 EL Erdnussöl
3 geschälte und fein gehackte Knoblauchzehen
2 TL Salz
2 EL Hühnerbrühe (Rezept siehe S. 59) oder Wasser

Pak choi oder Choisum waschen, putzen und in Streifen schneiden. Den Wok oder eine große Pfanne stark erhitzen. Öl hineingeben. Wenn es sehr heiß ist und anfängt zu rauchen, Knoblauch und Salz hineingeben und 15 Sekunden pfannenrühren. Gemüse dazugeben und 3 bis 4 Minuten pfannenrühren, bis die Blätter sich kräuseln. Hühnerbrühe dazugeben und alles einige Minuten pfannenrühren, bis das Gemüse zart ist, aber noch Biss hat.

Chinakohl mit Sojasauce

Dieses einfache Rezept gehört zu meinen Lieblingsrezepten für Chinakohl. Durch das Blanchieren bleibt die Süße erhalten, während das heiße Öl dem Kohl einen nussigen Geschmack gibt. Es ist einfach und schnell gemacht. Weißkohl oder anderes Blattgemüse lassen sich nach dem gleichen Rezept zubereiten.

Aus Kanton
Garmethode: Blanchieren

Für 2 Personen

450 g Chinakohl
1 EL helle Sojasauce
2 TL dunkle Sojasauce
3 EL fein gehackte Frühlingszwiebeln
1 EL Erdnussöl

Chinakohl waschen, putzen und die Blätter in 4 cm breite Stücke schneiden. In kochendem Salzwasser 5 Minuten blanchieren. Abtropfen lassen und auf einer vorgewärmten Platte anrichten. Beide Sojasaucen und die Frühlingszwiebeln darauf geben.

Öl im Wok oder einer Pfanne stark erhitzen. Wenn es anfängt zu rauchen, Öl über den Chinakohl gießen. Gericht sofort servieren. Für etwas Schärfe verwenden Sie Chiliöl (siehe S. 22) statt Erdnussöl. Das Gericht schmeckt köstlich an einem kalten Winterabend. Gedämpfter Reis (Rezept siehe S. 221–222) passt gut dazu.

Knackiger »Seetang«

Dieses Gericht ist ausgesprochen populär bei Restaurantbesuchern in Europa. Ich weiß nicht, wer dieses einmalige Rezept aus dem Nordosten Chinas zuerst dahin gebracht hat. Als Ersatz für den chinesischen Seetang, der in Europa nicht erhältlich ist, verwendet man hier Pak choi oder Kohl. Da sieht man wieder, wie flexibel die chinesische Küche sich anderen Zutaten und Techniken und neuen Gegebenheiten anpassen kann. Dieses Gericht schmeckt köstlich, ist leicht zu machen und kann – da wir schon von Flexibilität sprechen – auch mit Spinat zubereitet werden.

Aus Shanghai
Garmethode: Frittieren

Für 4 Personen

1,2 kg Pak choi
900 ml Erdnussöl
1 TL Salz
2 TL Zucker
50 g geröstete Pinienkerne

Backofen auf 120 °C vorheizen. Pak choi in die Einzelblätter zerteilen und die grünen Blätter vom festen weißen Stängel abschneiden. (Heben Sie die Stängel auf für eine Suppe.) Blätter gründlich mit kaltem Wasser waschen. Im Durchschlag abtropfen lassen und in der Salatschleuder trockenschleudern.

Blätter fest zusammenrollen und in ganz feine Streifen schneiden. Zum Trocknen auf ein Backblech legen, dieses 10 Minuten in den Backofen stellen, bis die Blätter trockener sind. Sie sollten aber nicht vollständig trocknen, denn dann verbrennen sie beim Frittieren. Pak choi aus dem Backofen nehmen und abkühlen lassen. Diesen Arbeitsschritt können Sie am Vortag machen.

Den Wok oder eine Fritteuse stark erhitzen. Öl hineingeben. Wenn es sehr heiß ist und anfängt zu rauchen, den Pak choi in 2 bis 3 Portionen frittieren. Sobald die Blätter dunkelgrün sind – das dauert etwa 30 Sekunden – herausnehmen und auf Küchenpapier entfetten. Abkühlen lassen.

Die knusprigen Blätter in Salz und Zucker tauchen. Mit den Pinienkernen bestreuen und servieren.

Scharf gewürzte Gurken

Als Kind war ich immer erstaunt, wenn ich sah, dass die Amerikaner Gurken roh aßen. Wir Chinesen tun das kaum; Gurken werden entweder gekocht oder eingelegt. Am liebsten mögen wir Gurken, wenn sie Saison haben und jung, zart und richtig saftig sind. Dieses einfache pfannengerührte Gericht stammt aus Westchina. Wenn alle Zutaten vermischt sind, geht es ganz schnell. Chili und Knoblauch sind ein guter Kontrast zur kühlen, knackigen Gurke. Wenn Sie einmal Gurke gekocht haben, werden Sie feststellen, wie sie sich in ein »echtes« Gemüse verwandelt.

Aus Sichuan
Garmethode: Pfannenrühren

Für 4 Personen

750 g Gurken
3 TL Salz
1 1/2 EL schwarze fermentierte Bohnen
1 EL Erdnussöl
1 1/2 EL fein gehackter Knoblauch
1 EL fein gehackter frischer Ingwer
2 EL fein gehackte Frühlingszwiebeln
2 EL Chili-Bohnen-Sauce
1/2 TL schwarzer Pfeffer
2 TL Zucker
120 ml Wasser
2 TL Sesamöl

Gurken schälen, längs halbieren und mit einem Teelöffel die Samen herausholen. Gurkenhälften in 2,5 cm große Würfel schneiden. Mit 2 Teelöffeln Salz bestreuen und gut vermischen. In einen Durchschlag geben und 20 Minuten abtropfen lassen. Dadurch wird den Gurken unnötige Flüssigkeit entzogen. Wenn die Würfel abgetropft sind, mit Wasser abspülen und mit Küchenpapier trockentupfen. Schwarze Bohnen abspülen und grob hacken.

Den Wok oder eine große Pfanne sehr stark erhitzen. Öl hineingeben. Wenn es sehr heiß ist und anfängt zu rauchen, Knoblauch, schwarze Bohnen, Ingwer und Frühlingszwiebeln hineingeben und 30 Sekunden pfannenrühren. Gurken, Chili-Bohnen-Sauce, 1 Teelöffel Salz, Pfeffer und Zucker dazugeben und 30 Sekunden pfannenrühren, bis sich alles gut vermischt hat. Wasser dazugeben und bei starker Hitze alles 3 bis 4 Minuten pfannenrühren, bis der Großteil des Wassers verdampft ist und die Gurken gekocht sind. Sesamöl untermischen und Gericht sofort servieren.

Gefüllte Gurken

Es gibt viele chinesische Rezepte für gefülltes Gemüse. Sogar Tofu kann gefüllt werden! Gurken sind ideal zum Füllen, da ihr zartes, saftiges Fleisch sich perfekt mit würzigen Füllungen kombinieren lässt. In diesem Rezept verwenden wir Schweinehackfleisch. Dicke Gurkenscheiben werden gefüllt und gebraten; dadurch bleibt das Aroma der Füllung erhalten. Anschließend werden sie in Sauce geschmort.

Aus Fujian
Garmethoden: Braten und Schmoren

Für 4 Personen

750 g Gurken
2 EL Speisestärke
3 EL Erdnussöl

Für die Füllung
225 g feines Schweinehackfleisch
1 Eiweiß
1 1/2 EL fein gehackte Frühlingszwiebeln
1 EL fein gehackter frischer Ingwer
2 TL Shaoxing-Reiswein oder trockener Sherry
2 TL helle Sojasauce
2 TL Zucker
1 TL Salz
1 TL schwarzer Pfeffer
1 TL Sesamöl

Für die Sauce
300 ml Hühnerbrühe (Rezept siehe S. 59)
2 EL Shaoxing-Reiswein oder trockener Sherry
2 EL helle Sojasauce
1 EL Austernsauce
2 TL Zucker
1 TL Speisestärke, mit 2 TL Wasser angerührt

Zum Garnieren
2 TL Sesamöl
1 EL fein gehackter frischer Koriander

Gurken waschen und mit der Schale in 2,5 cm dicke Scheiben schneiden. Samen und weiches Fruchtfleisch aus der Mitte mit einem kleinen Messer herausschneiden. Dabei sollte etwa 5 mm Gurke rundherum übrig bleiben. Die Innenseite der Gurkenringe mit Speisestärke bestäuben. Alle Zutaten für die Füllung in einer Schüssel vermischen. Gurkenringe mit dieser Mischung füllen.

Den Wok oder eine große Pfanne stark erhitzen. Öl hineingeben. Wenn es heiß ist, ein Portion gefüllte Gurkenringe hineingeben und braten, bis sie etwas braun werden. Wenden und auf der anderen Seite auch bräunen. Gurkenringe mit dem Schaumlöffel herausnehmen und auf eine Platte geben. Alle Gurkenringe auf diese Weise braten. Wok oder Pfanne säubern.

Wok oder Pfanne wieder erhitzen. Zutaten für die Sauce hineingeben und die Flüssigkeit zum Sieden bringen. Gefüllte Gurkenringe hineingeben. Deckel auflegen und alles bei schwacher Hitze 7 Minuten schmoren, bis die Gurken gar sind. Gurkenscheiben mit dem Schaumlöffel aus der Sauce heben und auf eine vorgewärmte Platte geben.

Sauce bei starker Hitze auf etwa ein Drittel reduzieren. Sesamöl und Koriander untermischen. Sauce über die Gurkenringe geben und sofort servieren.

Salat mit Austernsauce

Dies ist eine typisch chinesische Zubereitung für Salat – blanchiert und mit Austernsauce angemacht. Wenn Salat so gemacht wird, bleibt er knackig und behält sein zartes Aroma. Dies ist ein schnelles, einfaches und leckeres Gemüsegericht.

Aus Kanton und Hongkong
Garmethode: Blanchieren

Für 2 bis 4 Personen

750 g Eisbergsalat
3 EL Austernsauce
1 EL Erdnussöl

Salatblätter abtrennen und waschen. In kochendem Salzwasser 30 Sekunden blanchieren, bis sie sich kräuseln. Abgießen und gut abtropfen lassen. Austernsauce mit dem Öl vermischen. Salatblätter auf einer Platte anrichten, Austernsauce darüber gießen und Salat sofort servieren.

Zuckerschoten mit Wasserkastanien

In China werden Wasserkastanien zwischen Reispflanzen angebaut. Sie sind eine beliebte Delikatesse, und frische Wasserkastanien werden gerne in Zuckersirup getaucht und als kleiner Snack gegessen. Gekocht schmecken sie süßlich und sind knackig. Dieses Rezept geht sehr einfach. Kaufen Sie junge, zarte Zuckerschoten und kochen Sie sie am selben Tag. Auch frischer Spargel lässt sich so zubereiten.

Aus Kanton und Fujian
Garmethode: Pfannenrühren

Für 4 Personen

225 g Wasserkastanien (Dose)
225 g Zuckerschoten
1 EL Erdnussöl
3 EL fein gehackte Frühlingszwiebeln
1 EL helle Sojasauce
2 EL Wasser
1 TL Salz
1/2 TL schwarzer Pfeffer
1 TL Zucker
2 TL Sesamöl

Wasserkastanien abtropfen und in dünne Scheiben schneiden. Zuckerschoten waschen und putzen.

Den Wok oder eine große Pfanne stark erhitzen. Öl hineingeben. Wenn es sehr heiß ist und anfängt zu rauchen, Frühlingszwiebeln hineingeben und 10 Sekunden pfannenrühren. Zuckerschoten dazugeben und 1 Minute pfannenrühren, bis sie rundherum vom Öl umgeben sind. Sojasauce, Wasser, Salz, Pfeffer und Zucker dazugeben und 3 Minuten pfannenrühren. Wasserkastanien hineingeben und 2 Minuten mitkochen. Wenn die Zuckerschoten gar sind, Sesamöl unterrühren und das Gericht sofort servieren.

Pikante Pilze

Champignons sind in Europa und Amerika sehr verbreitet, doch in China waren sie bis vor kurzem unbekannt. Nun erfreuen sie sich großer Beliebtheit, denn ihr milder Geschmack ist ideal für pfannengerührte Gerichte mit chinesischen Gewürzen. Dieses Gericht geht leicht und lässt sich gut aufwärmen. Servieren Sie Schmorente (Rezept siehe S. 145) und gedämpften Reis (Rezept siehe S. 221–222) dazu.

Aus Sichuan
Garmethode: Pfannenrühren

Für 4 Personen

450 g kleine Champignons
1 EL Erdnussöl
2 TL fein gehackter Knoblauch
2 TL fein gehackter frischer Ingwer
1 EL fein gehackte Frühlingszwiebeln
2 TL Chili-Bohnen-Sauce
1 EL Shaoxing-Reiswein oder trockener Sherry
2 TL dunkle Sojasauce
1 TL Salz
1/2 TL schwarzer Pfeffer
1 EL Hühnerbrühe (Rezept siehe S. 59) oder Wasser
2 TL Zucker
2 TL Sesamöl

Pilze putzen und, wenn nötig, Stielenden abschneiden. Den Wok oder eine große Pfanne stark erhitzen. Öl hineingeben. Wenn es sehr heiß ist und anfängt zu rauchen, Knoblauch, Ingwer und Frühlingszwiebeln hineingeben und 20 Sekunden pfannenrühren. Pilze hineingeben und 30 Sekunden pfannenrühren. Rasch die übrigen Zutaten bis auf das Sesamöl dazugeben. Alles 5 Minuten pfannenrühren, bis die Pilze gar sind und alle Gewürze aufgenommen haben. Kurz vor dem Servieren das Sesamöl darüber geben und kurz unterrühren. Alles auf eine vorgewärmte Platte geben und sofort servieren, denn die Pilze schmecken heiß am besten.

Rechts: Pilze (Seite 29)

Paprikaschoten mit schwarzen Bohnen

Paprikaschoten und Chilis sind in ganz China beliebt. Dieses Rezept ist von der Sichuanküche inspiriert. Im Original werden relativ milde, ganze Chilis verwendet, die man mit pikanten Gewürzen aus Sichuan kombiniert. Die schwarzen Bohnen sorgen für extra Schärfe und schmecken in dieser Kombination einfach köstlich. Das Gericht ist leicht gemacht und schmeckt noch besser, wenn Sie es vor dem Servieren 2 Stunden ruhen lassen. Es ist herrlich im Sommer bei Zimmertemperatur.

Aus Sichuan
Garmethode: Pfannenrühren

Für 4 Personen

1 mittelgroße rote Paprikaschote
1 mittelgroße gelbe Paprikaschote
1 mittelgroße grüne Paprikaschote
2 EL schwarze fermentierte Bohnen
1 1/2 EL Erdnussöl
3 EL fein gehackte Schalotten
1 1/2 EL fein gehackter Knoblauch
1 EL fein gehackter frischer Ingwer
2 EL Shaoxing-Reiswein oder trockener Sherry
1 EL Chili-Bohnen-Sauce
1 EL helle Sojasauce
2 EL dunkle Sojasauce
2 TL Zucker
150 ml Hühnerbrühe (Rezept siehe S. 59) oder Wasser
2 TL Sesamöl

Paprikaschoten waschen, putzen und in 2,5 cm große Quadrate schneiden. Schwarze Bohnen waschen und grob hacken. Den Wok oder eine große Pfanne erhitzen. Öl erhitzen. Wenn es sehr heiß ist, Schalotten, Bohnen, Knoblauch und Ingwer hineingeben und 1 Minute pfannenrühren. Paprikaschoten dazugeben und 1 Minute pfannenrühren. Reiswein, Chili-Bohnen-Sauce, Sojasaucen, Zucker und Hühnerbrühe dazugeben und bei starker Hitze 5 Minuten kochen, bis viel Flüssigkeit verdampft ist. Sesamöl untermischen. Alles abkühlen lassen und servieren.

Drei-Pilze-Schmortopf

Pilze sind in China sehr beliebt, vor allem im Süden, wo das warme feuchte Klima ideal ist für die Pilzzucht. Es gibt unendlich viele Sorten. In diesem Rezept verwenden wir drei Sorten, die sehr unterschiedlich sind: Reisstrohpilze haben einen Moschusduft und eine fleischige Konsistenz; chinesische getrocknete Pilze schmecken rauchig und sind relativ fest; Champignons sind mild und weich. Alle drei Sorten, in einer üppigen Sauce geschmort, ergeben ein eigenständiges Gericht. Sie bekommen Reisstrohpilze und getrocknete chinesische Pilze im Chinaladen und in manchen Supermärkten. Wenn Sie beide Sorten nicht bekommen, machen Sie das Rezept trotzdem und verwenden 350 g Champignons.

Aus Kanton und Fujian
Garmethoden: Pfannenrühren und Schmoren

Für 4 Personen

25 g getrocknete chinesische Pilze
1 Dose chinesische Reisstrohpilze (225 g)
75 g Champignons
3 Knoblauchzehen
1 EL Erdnussöl
1 EL helle Sojasauce
2 EL Shaoxing-Reiswein oder trockener Sherry
3 EL Austernsauce
2 TL Zucker
65 ml Hühnerbrühe (Rezept siehe S. 59) oder Wasser
2 EL fein gehackte Frühlingszwiebeln

Getrocknete Pilze 20 Minuten in warmem Wasser einweichen und abtropfen lassen. Flüssigkeit ausdrücken, Stiele entfernen und Hüte klein schneiden. Beiseite stellen. Reisstrohpilze abgießen und kurz abspülen. Ganz lassen. Champignons putzen und in Scheiben schneiden.

Knoblauch abziehen und in Scheiben schneiden. Den Wok oder eine große Pfanne stark erhitzen. Öl hineingeben. Wenn es sehr heiß ist und anfängt zu rauchen, Knoblauch hineingeben und einige Sekunden pfannenrühren. Alle Pilze dazugeben und einige Sekunden pfannenrühren. Sojasauce, Reiswein, Austernsauce, Zucker und Hühnerbrühe dazugeben. Hitze reduzieren und alles 7 Minuten unter ständigem Rühren schmoren, bis die Pilze gar sind. Hitze wieder ganz hoch stellen und so lange kochen, bis der Großteil der Flüssigkeit verdampft ist. Frühlingszwiebeln unterrühren und Pilzgericht sofort servieren.

Eintopf der Buddhisten

Dieses Rezept ist meine Version eines berühmten buddhistischen Gerichtes. Das Original verlangt nach inzwischen vergessenen getrockneten Gemüsesorten, aber ich benutze Gemüse, das man überall bekommt. Außerdem würze ich mit Koriander, den Buddhisten nicht verwenden. Dieser Eintopf schmeckt im Sommer genauso gut wie im Winter. Ich bereite ihn im chinesischen Tontopf zu (siehe S. 43), aber natürlich können Sie auch einen anderen Topf verwenden. Der Eintopf lässt sich gut vorbereiten und aufwärmen. Dazu passen Reis, Nudeln oder frisches Brot.

Aus Fujian
Garmethoden: Frittieren und Schmoren

Für 4 Personen

225 g fester Tofu
100 g Brokkoli
100 g Chinakohl oder Weißkohl
100 g kleine Zucchini
1 kleine rote Paprikaschote
100 g Zuckerschoten
450 ml Erdnussöl (Fritteuse siehe S. 47)
600 ml Hühnerbrühe (Rezept siehe S. 59) oder Wasser
2 EL helle Sojasauce
3 EL Hoisin-Sauce
2 EL Sojabohnenpaste mit ganzen Bohnen
1 EL fein gehackter frischer Koriander
1 TL Salz
½ TL schwarzer Pfeffer
1 EL Sesamöl

Tofu abtropfen lassen und in 2,5 cm große Würfel schneiden. Auf Küchenpapier trocknen. Brokkoli in kleine Röschen teilen, Stängel schälen und in Scheiben schneiden. Chinakohl oder Weißkohl waschen und in 2,5 cm große Stücke schneiden. Zucchini waschen, putzen und in 0,5 cm dicke Scheiben schneiden. Paprikaschote waschen, putzen und in dünne Streifen schneiden. Zuckerschoten waschen und putzen.

Den Wok oder die Fritteuse sehr stark erhitzen. Öl hineingeben. Wenn es sehr heiß ist und anfängt zu rauchen, Tofuwürfel in zwei Portionen nacheinander hineingeben und frittieren. Auf Küchenpapier entfetten.

Hühnerbrühe oder Wasser, Sojasauce, Hoisin-Sauce und Sojabohnenpaste in einen großen emaillierten Topf oder einen chinesischen Tontopf geben und zum Kochen bringen. Brokkoli dazugeben und Chinakohl oder Weißkohl unterrühren. Alles 2 Minuten schmoren. Zucchini und Paprikaschoten dazugeben und 2 Minuten kochen.

Zuckerschoten und Tofuwürfel dazugeben und 1 Minute mitkochen. Frischen Koriander untermischen und alles mit Salz und Pfeffer abschmecken. Sesamöl unterrühren und Gericht servieren. Wenn Sie das Gericht aufwärmen wollen, sollten Sie es bei ganz schwacher Hitze sieden, bis das Gemüse warm ist.

Spinat mit fermentiertem Tofu

Im Süden und Südwesten Chinas ist Wasserspinat sehr populär. Er unterscheidet sich von europäischem Spinat durch seine hohlen Stängel und pfeilspitzenförmigen Blätter. Wenn er richtig zubereitet wird, ergibt sich ein interessanter Kontrast zwischen dem weichen Blatt und dem knackigen Stängel. Sie bekommen ihn frisch im Chinaladen. Der fermentierte Tofu bringt eine scharfe Note. Das Gericht passt zu allen Fleischgerichten und natürlich zu Reis.

Aus Kanton
Garmethode: Pfannenrühren

Für 4 Personen

1 kg chinesischer frischer Wasserspinat oder europäischer Spinat
4 Knoblauchzehen
2 EL Erdnussöl
3 EL rot oder weiß fermentierter Tofu
2 EL Shaoxing-Reiswein oder trockener Sherry
3 EL Wasser

Chinesischen Spinat waschen und abtropfen lassen. Das harte Ende vom Stängel abschneiden. Spinat in 7,5 cm lange Stücke schneiden. Europäischen Spinat gründlich waschen, die Stängel herausschneiden und wegwerfen. Knoblauch abziehen und in dünne Scheiben schneiden.

Den Wok oder eine große Pfanne stark erhitzen. Öl hineingeben. Wenn es sehr heiß ist und anfängt zu rauchen, Knoblauch hineingeben und 15 Sekunden pfannenrühren. Fermentierten Tofu dazugeben und mit der Wokschaufel in kleine Stücke brechen. Spinat dazugeben und 3 Minuten pfannenrühren. Reiswein und Wasser dazugeben und alles 3 Minuten kochen. Auf eine vorgewärmte Platte geben und sofort servieren.

Spinat mit Knoblauch

Spinat wird im Westen oft mit Verachtung gestraft, was wahrscheinlich daran liegt, dass er meistens zu lange gekocht wird. In diesem köstlichen Rezept aus Südchina wird der Spinat kurz pfannengerührt und gewürzt. Es geht ganz einfach.

Aus Kanton
Garmethode: Pfannenrühren

Für 4 Personen

750 g frischer Spinat
1 EL Erdnussöl
1 EL fein gehackter Knoblauch
1 TL Salz
1 TL Zucker

Spinat gründlich waschen. Stängel abschneiden. Nur die Blätter werden verwendet. Den Wok oder eine große Pfanne stark erhitzen. Öl hineingeben. Wenn es sehr heiß ist und anfängt zu rauchen, Knoblauch und Salz hineingeben und 10 Sekunden pfannenrühren.

Spinat dazugeben und 2 Minuten pfannenrühren. Wenn der Spinat auf etwa ein Drittel reduziert ist, Zucker dazugeben und alles 4 Minuten pfannenrühren. Gericht auf einen Teller geben und Flüssigkeit abgießen. Heiß oder kalt servieren.

Frittierte Milch

Eines der interessantesten Gerichte, die ich in Hongkong entdeckt habe, ist frittierte Milch. Es ist in chinesischen Restaurants im Westen recht beliebt. Durch das Kochen wird Milch auch für Menschen zugänglich, die sonst keine Milch vertragen. Milchcreme wird in Teig frittiert, und das Ergebnis ist eine knusprige Hülle mit einem cremigen Innenleben – eine Verbindung, die die Chinesen sehr schätzen. Die Frage ist, wie Milch nach Hongkong gelangt ist. Ich denke, das Gericht stammt ursprünglich aus dem Norden und ist nach Süden gewandert. Der Kontrast zwischen der salzigen Creme und dem Zucker ist spannend. In Hongkong serviert man frittierte Milch mit Spareribs oder in Zucker eingetaucht – wie auch immer, sie werden feststellen, dass sie köstlich ist.

Aus Hongkong
Garmethode: Frittieren

Für 4 Personen

350 ml Milch
175 ml Kondensmilch
2 TL Salz
1 TL weißer Pfeffer
6 EL Speisestärke
1 EL Erdnussöl + 450 ml Erdnussöl

Für den Ausbackteig
75 g Mehl
4 EL Speisestärke
2 TL Backpulver
175 ml Wasser
Zucker zum Eintauchen

Beide Milchsorten, Salz, Pfeffer und Speisestärke in einer Schüssel vermischen. Mischung zu einer glatten Masse schlagen und in einen Topf geben. Bei schwacher Hitze alles 10 Minuten sieden lassen, bis die Mischung eindickt.

Eine 15 cm lange quadratische Form einölen. Mischung hineingeben und vollständig abkühlen lassen. Mit Folie zudecken und kalt stellen, bis sie fest geworden ist. Dies lässt sich am Vortag vorbereiten.

Zutaten für den Ausbackteig in einer Schüssel gut verrühren. Bei Zimmertemperatur 30 Minuten ruhen lassen. Fertige Milchcreme in 5 cm lange Würfel schneiden.

Den Wok oder eine große Pfanne sehr stark erhitzen. Öl hineingeben. Wenn es sehr heiß ist und anfängt zu rauchen, mehrere Milchwürfel mit Ess-Stäbchen oder einem Schaumlöffel in den Teig tauchen und 3 Minuten im Öl knusprig goldbraun frittieren. Auf Küchenpapier entfetten. Alle Milchwürfel frittieren und entfetten. Mit Zucker zum Eintauchen servieren.

Eine authentische chinesische Mahlzeit besteht immer aus zwei Arten von Gerichten. Die eine heißt auf chinesisch »Cai« und besteht aus Fleisch-, Geflügel-, Fisch- und Gemüsegerichten. Die andere heißt »Fan« und umfasst Reis, Weizen, Sorghum, Hirse und andere Getreide, die Grundnahrungsmittel sind. Ich möchte hervorheben, dass sich – im Gegensatz zur landläufigen Meinung – mehr Chinesen von anderem Getreide ernähren als von Reis, vor allem im kälteren trockenen Norden, wo Reis nicht angebaut werden kann. Reis wird als »Fan« in seiner Urform gegessen, während anderes Getreide hauptsächlich zu Nudeln und Teigen weiterverarbeitet wird, aus denen Teigtaschen, Brötchen und Pfannkuchen gemacht werden.

»Fan« und »Cai« sind gleich wichtig in der chinesischen Küche. Doch wie in anderen Ländern auch, ist »Fan« die Basis der Ernährung. Ein chinesischer Weiser sagte: »Ohne ›Cai‹ schmeckt das Essen nach weniger, aber ohne ›Fan‹ kann der Hunger nicht gestillt werden«. Dieses Kapitel ist in drei Teile unterteilt: Reis, Nudeln und Teig. Sie finden Informationen zu Reis- und Nudelsorten sowie zu Mehl und verschiedenen Teigen. Sie werden ganz bestimmt ein Fan von »Fan« werden!

Reis, Nudeln und Teig

Reis

Es gibt Langkornreis, Kurzkornreis und Klebreis, und alle werden sowohl in ihrer Urform zum Kochen verwendet, als auch zu Mehl, Nudeln, Wein und Essig verarbeitet. Purer weißer Reis – gekocht oder gedämpft – wird zu vielen Mahlzeiten gereicht. Gebratener Reis, der heute in chinesischen Restaurants auf der ganzen Welt populär ist, wird in China als Snack gegessen oder als letzter Gang eines Banketts, aber nie mit »Cai«-Gerichten. Der im Westen beliebte braune Vollkornreis passt nicht zu chinesischem Essen.

Langkornreis Langkornreis ist im Süden Chinas verbreitet, und er ist auch mein Lieblingsreis. Wenn Sie Langkornreis offen im Chinaladen kaufen, sollten Sie ihn waschen. Verwechseln Sie ihn nicht mit Schnellkochreis, den es überall zu kaufen gibt. Diese Sorte eignet sich nicht für die chinesische Küche, denn ihm fehlt der Stärkegeschmack, die Konsistenz und die reinweiße Farbe, die in der chinesischen Küche ganz entscheidend sind.

Kurzkornreis Nicht zu verwechseln mit Rundkornreis. Kurzkornreis wird in der chinesischen Küche hauptsächlich für Reiscongée verwendet und ist eher außerhalb Südchinas populär. Sie finden Kurzkornreis in den meisten Chinaläden. Wenn Sie ihn nicht bekommen, nehmen Sie Langkornreis.

Klebreis Die Körner vom Klebreis sind kurz und rund wie kleine Perlen. Nicht zu verwechseln mit normalem Kurzkorn- oder Rundkornreis. Klebreis enthält mehr Gluten als normaler Reis und wird beim Kochen klebriger und süßer. Er wird überwiegend für Füllungen und Süßspeisen verwendet. Außerdem wird aus Klebreis chinesischer Reiswein und Reisessig gemacht. Sie bekommen ihn im Chinaladen. Er muss gewaschen und mindestens 2 Stunden vor dem Kochen eingeweicht werden. Klebreis wird gekocht oder gedämpft wie Langkornreis. Wenn Sie ihn dämpfen, weichen Sie ihn mindestens 8 Stunden oder am besten über Nacht ein. Legen Sie einen Bambusdämpfer mit Musseline aus und geben den Reis darauf. Die Garzeit beträgt etwa 40 Minuten.

Reis waschen Wenn Sie Reis offen im Chinaladen kaufen, sollten Sie ihn waschen. Dazu Reis in eine große Schüssel geben. Kaltes Wasser dazugießen und den Reis mit einem Löffel oder den Händen im Wasser hin- und herbewegen. Das trüb gewordene Wasser abgießen, ohne den Reis auszuschütten. So oft wiederholen, bis das Wasser klar ist.

Gedämpfter Reis

Alle Regionen
Garmethode: Dämpfen

Reis so zu dämpfen, wie es die Chinesen machen, gehört zu den besten und einfachsten Methoden! Ich nehme am liebsten weißen Langkornreis, der gekocht besonders locker ist. Verwenden Sie auf gar keinen Fall Schnellkochreis oder Reis aus dem Kochbeutel für die chinesische Küche, denn beide schmecken nicht so gut und haben nicht die richtige Konsistenz.
Damit der Reis nicht klebrig wird, sollte man ihn nach folgender Methode kochen: Reis in Wasser bei starker Hitze offen kochen, bis das meiste Wasser verdampft ist. Dann stellt man die Hitze auf ganz klein, deckt den Topf zu und gart den Reis sanft im übrigen Dampf. Als Kind war es mir strengstens verboten, während dieses Prozesses in den Topf zu gucken, da dann kostbarer Dampf entweichen würde und der Reis nicht anständig gekocht würde. Das wiederum sollte Unglück bringen! Geben Sie soviel Wasser zum Reis, dass es etwa 2,5 cm über dem Reis steht. So gart der Reis perfekt, ohne klebrig zu werden. Viele Kochanleitungen auf den Reispackungen geben zu große Wassermengen an, und der Reis wird oft zu einem klebrigen Brei. Halten Sie sich an mein Rezept, und Ihr Reis wird perfekt chinesisch gedämpft.
Die meisten Chinesen essen große Mengen Reis (etwa 150 g Reis pro Person, was für die meisten Menschen im Westen zu viel ist). In diesem Rezept und im Rezept für gebratenen Reis verwende ich 400 g trockenen Reis für 4 Personen. Natürlich können Sie auch größere Mengen kochen, aber achten Sie in jedem Fall darauf, dass das Wasser 2,5 cm Wasser über dem Reis steht.
Für authentische chinesische Rezepte wird Langkornreis verwendet, von dem es viele Sorten gibt. Hier noch einmal die wenigen Grundregeln, die es beim Kochen von Langkornreis zu beachten gilt.

Das Wasser sollte 2,5 cm über dem Reis im Topf stehen; zu viel Wasser macht den Reis klebrig. Packungsanleitungen schreiben meist zu viel Wasser vor.
Heben Sie während des sanften Siedens niemals den Deckel hoch; stellen Sie die Küchenuhr und warten Sie geduldig.
Folgen Sie den Anleitungen auf der nächsten Seite – und Sie sind auf dem besten Weg zum perfekt gegarten Reis!

Für 4 Personen

400 g chinesischer Langkornreis
etwa 600 ml Wasser

Reis in einer großen Schüssel waschen. Dabei das Wasser so oft wechseln, bis es ganz klar bleibt. Reis abgießen und in einen schweren Topf geben. Etwa 600 ml Wasser angießen und zum Kochen bringen. Kochen lassen, bis der Großteil der Flüssigkeit verkocht ist. Das dauert etwa 15 Minuten. Die Oberfläche vom Reis sollte kleine Krater haben. Jetzt einen gut schließenden Deckel auflegen, die Herdplatte auf die kleinste Stufe stellen und den Reis 15 Minuten dämpfen, ohne den Garprozess zu stören. Sie brauchen den Reis nicht aufzulockern. Topf von der Herdplatte nehmen und Reis vor dem Servieren 5 Minuten ruhen lassen.

Gebratener Reis

Aus Fujian und Kanton
Garmethode: Pfannenrühren

In China reicht man gebratenen Reis als Sattmacher am Ende eines festlichen Essens. Er wird nicht mit anderen Gerichten anstelle von gedämpftem Reis serviert, obwohl das im Westen sehr populär ist. Man bekommt gebratenen Reis in vielen chinesischen Restaurants, doch meist ist er nicht richtig zubereitet. Hier einige wichtige Tipps:

Der gekochte Langkornreis muss vollständig abgekühlt, am besten richtig kalt sein, bevor Sie ihn verwenden. Nur dann ist die meiste Feuchtigkeit verdampft, und die trockenen Körner werden vom Öl eingehüllt, was dafür sorgt, dass sie nicht zusammenkleben. Bewahren Sie den gekochten Reis bis zur Verwendung im Kühlschrank auf.
Geben Sie nie Sojasauce zu gebratenem Reis. Es würde die Farbe verderben, und den Reis zu stark salzen. Außerdem macht jede Feuchtigkeit den Reis klumpig. Gebratener Reis sollte trocken sein mit lockeren Körnern.
Achten Sie darauf, dass das Öl heiß genug ist, damit es den gekochten oder gedämpften Reis nicht durchtränkt und ölig und schwer macht. Der fertige gebratene Reis soll leicht rauchig schmecken und riechen.

Wenn Sie sich an diese Regeln halten, werden Sie mit perfektem gebratenem Reis belohnt. Er passt zu allen Gerichten, aber, wie schon gesagt, in China wird er als sättigendes Gericht zum Schluss gegessen, auch um die Geschmacksnerven zu neutralisieren.

Für 4 Personen

400 g Langkornreis (Rezept siehe S. 222)
100 g frische oder gefrorene Erbsen
2 geschlagene Eier
2 TL Sesamöl
50 g gekochter Schinken
2 EL Erdnussöl
2 TL Salz
1/2 TL schwarzer Pfeffer
3 EL fein gehackte Frühlingszwiebeln (nur der weiße Teil)
100 g frische Bohnensprossen

ZUM GARNIEREN
2 EL fein gehackte Frühlingszwiebeln

Reis nach dem Rezept auf S. 221–222 dämpfen und ganz abkühlen lassen. Frische Erbsen in sprudelnd kochendem Wasser 5 Minuten blanchieren; gefrorene Erbsen auftauen lassen. Erbsen abtropfen lassen. Eier und Sesamöl in einer kleinen Schüssel verrühren und beiseite stellen. Schinken fein hacken.

Den Wok oder eine große Pfanne stark erhitzen. Öl hineingeben. Wenn es sehr heiß ist und anfängt zu rauchen, Reis hineingeben und 3 Minuten pfannenrühren. Schinken, Erbsen, Salz und Pfeffer dazugeben und bei starker Hitze 5 Minuten pfannenrühren. Eiermischung dazugeben und 1 Minute pfannenrühren. Frühlingszwiebeln und Bohnensprossen untermischen und 2 Minuten pfannenrühren, bis die Eier fest werden. Alles auf eine Platte geben und mit Frühlingszwiebeln garnieren. Heiß servieren oder abkühlen lassen für einen Reissalat.

Reiskrusten

Alle Regionen
Garmethode: Dämpfen

Reiskrusten wurden wahrscheinlich vor vielen Jahrhunderten von einem sparsamen Koch erfunden, der die dünne Reisschicht, die manchmal am Topfboden klebt, nutzen wollte. Dieses knusprige Überbleibsel hat sich zu einer beliebten Beilage entwickelt. Besonders köstlich sind Reiskrusten mit Garnelen (Rezept siehe S. 181). Wenn Sie das einmal probiert haben, werden Sie nie mehr eine Reiskruste wegwerfen!
Verwenden Sie keinen Schnellkochreis für dieses Rezept. Er hat nicht genug Stärke, um eine Kruste zu bilden; nehmen Sie chinesischen Langkornreis. Fertige Reiskrusten können Sie bei Zimmertemperatur tagelang aufbewahren. Nicht zudecken, sonst bildet sich Feuchtigkeit, die sie verdirbt! Lassen Sie die Reiskrusten ganz trocknen. Dann können Sie sie frittieren oder für Suppe verwenden oder in Stücke brechen und als heißen Snack mit etwas Salz essen.

Für 1 Reiskruste von 23 cm Durchmesser

225 g chinesischer Langkornreis
600 ml Wasser
2 TL Erdnussöl

Reis waschen und mit dem Wasser in einen schweren Topf von 23 bis 24 cm Durchmesser geben. Wasser bei starker Hitze zum Kochen bringen. Herdplatte auf kleinste Hitze herunterschalten, Deckel auflegen und Reis etwa 45 Minuten dämpfen. Der Reis sollte eine solide Kruste am Topfboden bilden. Lockeren Reis abnehmen und zum Beispiel für gebratenen Reis (Rezept siehe S. 222–223) verwenden.
Öl gleichmäßig auf der Reiskruste verteilen und bei schwacher Hitze 5 Minuten kochen. Die Reiskruste sollte sich jetzt leicht lösen. Wenn sie noch klebt, geben Sie nochmals Öl darauf und kochen sie weiter, bis sie sich ablöst.

Reiscongée

Viele Chinesen essen Reiscongée zum Frühstück. Im Grunde ist es Reisbrei. In manchen Gegenden Chinas wird frittierter Brotteig, fermentierter Tofu oder eingelegtes Gemüse, zum Beispiel Senfkohl zum Congée gegeben. Im Süden isst man Fleisch, Huhn, Ente, Erdnüsse oder fermentierte Eier dazu. Interessanterweise stammt das Wort Congée aus dem Hindi, und womöglich ist das ein Hinweis auf den Ursprung des Gerichtes.
Für Congée wird Reis zunächst gekocht und dann langsam gesiedet. Die Stärke entweicht langsam und dickt den Brei ein, ohne dass die Reiskörner zerfallen. Ich finde Kurzkornreis dafür am besten, aber Sie können auch Langkornreis verwenden. Für dieses Rezept den Reis nicht waschen, denn hier wird die ganze Stärke benötigt.

Aus Kanton
Garmethode: Sieden

Für 4 Personen

225 g chinesische Würste (oder eine andere aromatische Zutat Ihrer Wahl, zum Beispiel eingelegtes Sichuan-Gemüse oder gegartes Huhn, Ente oder Fleisch- und Fischreste)
1,5 l Wasser
170 g Kurzkorn- oder Langkornreis
2 TL Salz
3 EL fein gehackte Frühlingszwiebeln
2 EL fein gehackter frischer Koriander

Chinesische Würste oder andere ausgewählte Zutat in kleine Würfel schneiden und beiseite stellen.
Wasser in einem großen Topf zum Kochen bringen. Reis und Salz hineingeben. Wieder aufkochen lassen und mehrmals umrühren. Herdplatte auf schwache Hitze herunterstellen und Deckel auflegen. Alles 1 Stunde sieden lassen, dabei gelegentlich umrühren. Würste oder andere Zutaten dazugeben und 5 Minuten offen sieden lassen. Kurz vor dem Servieren Frühlingszwiebeln und Koriander untermischen. Sofort servieren. Sie können Congée auch vorbereiten und dann bei ganz schwacher Hitze aufwärmen. Falls nötig, etwas Wasser dazugeben.

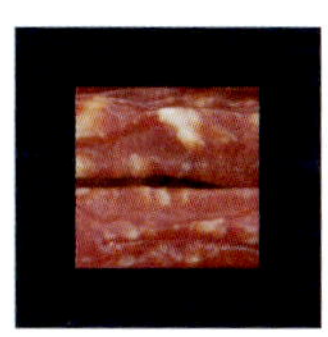

Hühnchen-Reistopf

Mit diesem Gericht verbinde ich viele schöne Erinnerungen. Obwohl ich in Amerika aufwuchs, brachte ich oft ein typisch chinesisches Mittagessen mit zur Schule. Früh am Morgen dämpfte meine Mutter Hühnchen und Würste mit Reis und gab sie in einen Warmhaltetopf. Ich tauschte oft ein bisschen von meinem warmen Essen gegen Sandwiches meiner Mitschüler ein.
Das Rezept für diesen Reistopf geht einfach. Fragen Sie im Chinaladen nach chinesischen Würsten, wenn sie nicht ausliegen. Ihr Geschmack ist so einmalig, dass es keinen Ersatz dafür gibt. Der Reistopf lässt sich übrigens auch gut aufwärmen. Servieren Sie dazu pikante Auberginen (Rezept siehe S. 191) oder scharfen Chinakohl (Rezept siehe S. 204).

Aus Kanton
Garmethode: Dämpfen

Für 4 Personen

400 g Klebreis
750 g Hühnerteile ohne Haut und Knochen
1 EL Shaoxing-Reiswein oder trockener Sherry
2 EL helle Sojasauce
2 TL dunkle Sojasauce
2 TL Zucker
1 TL Salz
1 TL schwarzer Pfeffer
1 TL Sesamöl
25 g getrocknete chinesische Pilze
175 g chinesische Würste oder Schweinswürste
900 ml Hühnerbrühe (Rezept siehe S. 59) oder Wasser
1 1/2 EL fein gehackter frischer Ingwer
3 EL fein gehackte Frühlingszwiebeln

Klebreis mindestens 8 Stunden in kaltem Wasser einweichen.
Hühnerteile in 5 cm große Stücke schneiden und in eine Schüssel geben. Mit Reiswein, beiden Sojasaucen, Zucker, Salz, Pfeffer und Sesamöl vermischen und mindestens 20 Minuten marinieren.
Pilze 20 Minuten in warmem Wasser einweichen. Abgießen und ausdrücken. Stängel entfernen, Hüte klein schneiden. Würste schräg in 5 cm lange Stücke schneiden.
Hühnerbrühe oder Wasser in einem großen Topf zum Kochen bringen. Reis abgießen und in die Hühnerbrühe geben. Herdplatte auf schwache Hitze stellen. Deckel auflegen und Reis 2 Minuten sieden.
Hühnerstücke, Pilze, Würste, Ingwer und Frühlingszwiebeln dazugeben und mit dem Reis vermischen. Alles 25 Minuten sieden lassen, bis Reis, Hühnerstücke und Würste gar sind. Sofort servieren.

Regenbogen-Reis

Reis ist so schlicht, dass er oft für selbstverständlich genommen wird. Dieses Rezept aus Südchina verleiht ihm etwas Glamour. Auf den ersten Blick erinnert es an gebratenen Reis (S.222–223), aber es unterscheidet sich darin, dass der Reis und die anderen Zutaten getrennt voneinander gekocht werden und dann gemeinsam pfannengerührt. Dieses Rezept ist sättigend, farbenfroh und ideal für Gäste.

Aus Kanton
Garmethode: Pfannenrühren

Für 4 Personen

400 g Langkornreis (Rezept siehe S. 221–222)
50 g chinesische getrocknete Pilze
½ rote Paprikaschote
1 kleine Möhre
100 g chinesische Würste oder gekochter Schinken
50 g frische oder gefrorene Erbsen
2 EL Erdnussöl
3 EL fein gehackte Frühlingszwiebeln
1 EL helle Sojasauce
1 TL Salz
½ TL schwarzer Pfeffer
2 TL Sesamöl

Den Reis nach dem Rezept auf S. 221–222 zubereiten. Getrocknete Pilze 20 Minuten in warmem Wasser einweichen. Inzwischen Paprikaschote und Möhre putzen und fein würfeln. Würste oder Schinken ebenfalls fein würfeln. Pilze abtropfen und ausdrücken, Stängel entfernen und Hüte fein würfeln. Gefrorene Erbsen ganz auftauen lassen.

Den Wok oder eine große Pfanne erhitzen. Öl und Frühlingszwiebeln hineingeben und 30 Sekunden pfannenrühren. Paprikaschoten, Möhren und Würste oder Schinken dazugeben. Alles 2 Minuten pfannenrühren. Sojasauce, Salz und Pfeffer untermischen. Sesamöl dazugeben. Wok von der Herdplatte ziehen und alles abkühlen lassen.

Wenn der Reis fast fertig ist, gießen Sie die Mischung aus dem Wok über den Reis und lassen alles zusammen 5 Minuten kochen. Gut verrühren, auf eine Servierplatte geben und sofort auftragen.

Gebratener Reis mit Rindfleisch

Gebratener Reis lässt sich mit Rindfleisch in ein köstliches und gehaltvolles Essen verwandeln. Traditionell wird er zum Abschluss eines Banketts oder Essens gereicht – für die immer noch hungrigen Gäste. Doch heute wird gebratener Reis immer öfter zu einer Vorspeise gereicht. Das Rezept ist ganz einfach.

Aus Beijing
Garmethode: Pfannenrühren

Für 4 Personen

2 EL Erdnussöl
225 g Rinderhackfleisch
2 TL helle Sojasauce
1 TL dunkle Sojasauce
1 TL Salz
1/2 TL schwarzer Pfeffer
1 EL fein gehackter frischer Ingwer
3 EL fein gehackte Frühlingszwiebeln
400 g abgekühlter Langkornreis
(Rezept siehe S. 221–222)
2 TL Sesamöl

Den Wok oder eine große Pfanne stark erhitzen. Öl hineingeben. Wenn es sehr heiß ist und anfängt zu rauchen, Hackfleisch hineingeben und 2 Minuten pfannenrühren. Beide Sojasaucen, Salz, Pfeffer, Ingwer und Frühlingszwiebeln dazugeben und 2 Minuten pfannenrühren. Reis gut untermischen und alles 5 Minuten pfannenrühren, bis der Reis heiß ist. Sesamöl gut untermischen und Gericht sofort servieren.

Nudeln

Schon lange wird darüber gestritten, ob die Chinesen Nudeln erfunden haben, bevor die Italiener Spaghetti erfanden. Marco Polo hat angeblich chinesische Nudeln bewundert, aber die Italiener sagen, dass er nur höflich war. Eines ist jedoch sicher: Chinesische Nudeln sind vielfältiger als italienische. Es gibt sie in vielen Formen und Größen, und sie werden mit verschiedenen Mehlsorten gemacht. Meist handelt es sich um eine Mischung aus Weizenmehl oder Reismehl mit Wasser, wobei in Südchina oft Eier dazukommen. Es gibt auch Nudeln aus Mungbohnen, aber hier muss man streng genommen von einem Gemüse sprechen.

Einem professionellen Nudelmacher in China bei der Arbeit zuzusehen, ist ein echtes Erlebnis. Der Nudelteig wird durch einen ausgefeilten und schnellen Ablauf von Kneten, Ziehen, Schleudern und Herumwirbeln zu ganz feinen langen Nudeln gemacht. Es dauert vier bis fünf Jahren, dieses faszinierende Handwerk zu erlernen, und es ist wunderbar anzusehen.

Nudeln spielen auch eine wichtige symbolische Rolle in China, da sie für ein langes Leben stehen. Deshalb gibt es oft zum chinesischen Neujahr und an Geburtstagen Nudeln. Übrigens soll es Pech bringen, wenn man sie zerschneidet, denn das kann das Leben verkürzen! Nudeln können gekocht als Beilage anstelle von Reis mit Saucen gegessen werden, als Suppeneinlage oder kalt als Salat. Gebratene Nudeln mit Fleisch und Gemüse ergeben eine köstliche kleine Mahlzeit.

Kalte pikante Nudeln

Diese pikanten Nudeln schmecken wunderbar im Sommer und sie lassen sich prima vorbereiten. Die Sesampaste verleiht dem Gericht die besondere Note. Sie ist im Chinaladen, aber auch in vielen Supermärkten unter dem Namen Tahin erhältlich. Die kalten pikanten Nudeln passen übrigens gut zu gegrilltem Fleisch.

Aus Sichuan
Garmethode: Blanchieren

Für 4 Personen

450 g getrocknete oder frische Eiernudeln
2 EL Sesamöl

FÜR DIE SAUCE
3 EL Sesampaste
1 EL Chili-Bohnen-Sauce
1 1/2 EL fein gehackter Knoblauch
2 TL Chiliöl (Rezept siehe S. 22)
2 EL heller Reisessig oder Cidre-Essig
2 EL helle Sojasauce
2 TL dunkle Sojasauce
1 TL Salz
1 TL schwarzer Pfeffer
2 TL Zucker
2 TL geröstete und gemahlene Sichuan-Pfefferkörner (siehe S. 34)
1 EL Erdnussöl
1 1/2 EL Sesamöl

ZUM GARNIEREN
3 EL fein gehackte Frühlingszwiebeln

Nudeln 3 bis 5 Minuten in sprudelnd kochendem Wasser garen. Abgießen und kalt abschrecken. Gut abtropfen lassen und mit dem Sesamöl vermischen. Auf einer Platte oder in einer Schüssel anrichten.

Alle Zutaten für die Sauce in einer Schüssel oder mit dem Mixer gut vermischen. Sie können die Sauce auch schon vorab machen und im Kühlschrank aufheben, denn sie soll richtig kalt sein. Sauce über die Nudeln gießen und mit Frühlingszwiebeln bestreuen. Vor dem Servieren alles gut vermischen. (Wenn Sie das Gericht vorbereiten, bewahren Sie Nudeln und Sauce getrennt voneinander auf und mischen sie erst kurz vor dem Servieren.)

Rechts:
Frische Eiernudeln
(Seite 27)

Nudeln mit Bohnensauce

Nudeln sind in Nordchina sehr populär und werden oft zum Frühstück in Suppe gegessen. Sie sind auch ein Snack für die Millionen Menschen, die in Beijing tagtäglich die zahlreichen mobilen Ess-Stände aufsuchen. Dieses Rezept ist meine Variation eines Nudelgerichtes, von dem es viele Versionen gibt. Wenn Sie es öfters gemacht haben, werden Sie – wie die Chinesen – ein bisschen variieren. Servieren Sie Frühlingsrollen (Rezept siehe S. 256–257) und offene Teigtaschen (Rezept siehe S. 261) dazu.

Aus Beijing
Garmethoden: Pfannenrühren und Sieden

Für 4 Personen

450 g getrocknete oder frische Eiernudeln
1 1/2 EL Sesamöl

FÜR DIE SAUCE
1 1/2 EL Erdnussöl
1 1/2 EL fein gehackter Knoblauch
1 EL fein gehackter frischer Ingwer
3 EL fein gehackte Frühlingszwiebeln
450 g Schweinehackfleisch
3 EL Sojabohnenpaste mit ganzen Bohnen
1 EL Chili-Bohnen-Sauce
1 1/2 EL Shaoxing-Reiswein oder trockener Sherry
2 EL dunkle Sojasauce
2 TL Salz
1/2 TL schwarzer Pfeffer
2 TL Chiliöl (siehe S. 22) nach Belieben
2 TL Zucker
300 ml Hühnerbrühe (Rezept siehe S. 59) oder Wasser

ZUM GARNIEREN
3 EL grob gehackte Frühlingszwiebeln

Nudeln 3 Minuten in sprudelnd kochendem Wasser garen. Abgießen und kalt abschrecken. Abtropfen lassen und mit dem Sesamöl vermischen. (So können die Nudeln mit Folie abgedeckt bis zu 2 Stunden im Kühlschrank aufbewahrt werden.)
Den Wok oder eine große Pfanne stark erhitzen. Öl hineingeben. Wenn es sehr heiß ist und anfängt zu rauchen, Knoblauch, Ingwer und Frühlingszwiebeln hineingeben und 15 Sekunden pfannenrühren. Schweinehackfleisch dazugeben und kräftig rühren, damit es zerfällt. Etwa 2 Minuten pfannenrühren, bis das Fleisch nicht mehr rosa ist. Alle übrigen Zutaten für die Sauce unter ständigem Rühren dazugeben. Aufkochen lassen, Hitze reduzieren und alles 5 Minuten sieden.
Nudeln 30 Sekunden in kochendes Wasser tauchen, bis sie wieder heiß sind. Im Durchschlag oder Sieb gut abtropfen lassen. Nudeln in eine große Schüssel geben, Sauce darüber gießen, mit den Frühlingszwiebeln bestreuen, alles gut vermischen und sofort servieren.

Nudelsuppe mit Rindfleisch

Dieses Gericht gehört zu meinen Lieblingsrezepten der nordchinesischen Küche – eine wärmende Suppe mit herrlichem Rindfleischgeschmack. Sie lässt sich aufwärmen und schmeckt besonders gut an kalten Winterabenden. Nehmen Sie nicht das teuerste Stück Rindfleisch, sondern ein durchwachsenes Stück wie Hachse oder Nackenfleisch. Auch Ochsenschwanz eignet sich für diese Suppe.

Aus Beijing
Garmethoden: Blanchieren und Schmoren

Für 4 bis 6 Personen

- 900 g Rindfleisch ohne Knochen oder Ochsenschwänze
- 2 chinesische Zimtrinden oder Zimtstangen
- 3 Sternanis
- 2 EL Fenchelsamen
- 1 EL Kreuzkümmelsamen
- 6 getrocknete rote Chilis
- 3 EL Shaoxing-Reiswein oder trockener Sherry
- 2 EL helle Sojasauce
- 1 EL dunkle Sojasauce
- 2 eingeweichte getrocknete Zitrusschalen (siehe S. 37)
- 2 TL Salz
- 1 TL schwarzer Pfeffer
- 1,2 l Hühnerbrühe (Rezept siehe S. 59)
- 350 g getrocknete oder frische Eiernudeln

Rindfleisch in 5 cm große Würfel schneiden und 10 Minuten in sprudelnd kochendem Wasser blanchieren. Abtropfen lassen.

Zimt, Sternanis, Fenchelsamen und Kreuzkümmelsamen in ein Stück Musseline wickeln und wie ein Bouquet garni zu einem Beutel binden. Getrocknete Chilis längs halbieren. Fleischwürfel mit allen Zutaten außer den Nudeln in einen großen Topf geben. Zum Kochen bringen. Hitze reduzieren, bis die Flüssigkeit siedet. Etwa 15 Minuten lang Schaum oder Fett immer wieder abschöpfen. Deckel auflegen und alles bei schwacher Hitze 2 ½ bis 3 Stunden schmoren, bis das Fleisch zart ist.

Nudeln in sprudelnd kochendem Wasser 3 bis 5 Minuten kochen und abgießen. Nudeln auf einzelne Schüsseln oder in eine große Suppenterrine geben.

Wenn das Fleisch zart ist, Fett von der Oberfläche abschöpfen. Etwas Fleisch und Brühe über die Nudeln geben und sofort servieren.

Chow mein

Chow mein bedeutet wörtlich »pfannengerührte Nudeln«. Dieses Gericht ist außerhalb von China ebenso beliebt wie im Süden des Landes, wo es herkommt. Es geht ganz einfach und schmeckt köstlich. Sie können beinahe alles dazugeben, ob Fisch oder Fleisch, Geflügel oder Gemüse. Es ist ein beliebtes Mittagessen. Chow mein schmeckt auch kalt als Nudelsalat köstlich.

Aus Kanton
Garmethode: Pfannenrühren

Für 4 Personen

- 225 g getrocknete oder frische Eiernudeln
- 1 EL + 3 TL Sesamöl
- 100 g Hühnbrust ohne Haut
- 4 TL helle Sojasauce
- 4 TL Shaoxing-Reiswein oder trockener Sherry
- 1 1/2 TL Salz
- 1 TL weißer Pfeffer
- 50 g Zuckerschoten
- 50 g Parmaschinken oder gekochter Schinken
- 2 1/2 EL Erdnussöl
- 1 EL fein gehackter Knoblauch
- 2 TL dunkle Sojasauce
- 1/2 TL Zucker
- 3 EL fein gehackte Frühlingszwiebeln

Nudeln 3 bis 5 Minuten in sprudelnd kochendem Wasser kochen. Abgießen und kalt abschrecken. Gut abtropfen lassen und mit 1 Esslöffel Sesamöl vermischen.

Mit einem scharfen Messer die Hühnerbrüste in dünne, 5 cm lange Streifen schneiden. Fleischstreifen mit 2 Teelöffeln heller Sojasauce, 2 Teelöffeln Reiswein, 1 Teelöffel Sesamöl, 1/2 Teelöffel Salz und 1/2 Teelöffel weißem Pfeffer in einer Schüssel vermischen. Etwa 20 Minuten marinieren lassen.

Zuckerschoten waschen und putzten. Schinken fein schneiden. Den Wok oder eine große Pfanne stark erhitzen. 1 Esslöffel Erdnussöl hineingeben. Wenn es sehr heiß ist und anfängt zu rauchen, Hühnerstreifen hineingeben und 2 Minuten pfannenrühren. Auf einen Teller geben und den Wok säubern.

Wok wieder erhitzen und 1 1/2 Esslöffel Öl hineingeben. Wenn es sehr heiß ist und anfängt zu rauchen, Knoblauch hineingeben und 10 Sekunden pfannenrühren. Zuckerschoten und Schinken dazugeben und 1 Minute pfannenrühren. Nudeln, 2 Teelöffel helle Sojasauce, dunkle Sojasauce, 2 Teelöffel Reiswein, 1 Teelöffel Salz, 1/2 Teelöffel weißen Pfeffer, Zucker und Frühlingszwiebeln dazugeben und 2 Minuten pfannenrühren. Hühnerfleisch mit dem gezogenen Fleischsaft dazugeben. Alles 3 bis 4 Minuten pfannenrühren, bis die Hühnerstreifen gar sind. 2 Teelöffel Sesamöl gut unterrühren. Gericht auf eine vorgewärmte Platte geben und sofort servieren.

Knuspernudeln mit Huhn

Dieses Nudelgericht ist in vielen Dim-Sum-Lokalen in Hongkong und Kanton sehr beliebt. Dünne, frische Eiernudeln werden in der Pfanne knusprig braun gebraten und mit einer Sauce mit Hühnerstreifen serviert – ein wunderbarer Abschluss für ein Dim-Sum-Essen! Wie die meisten Nudelgerichte, so schmeckt auch dieses zu jeder Tages- und jeder Jahreszeit, und oft sieht man Leute, die es den ganzen Tag hindurch essen, und nicht nur nach einem Dim-Sum-Mahl. Die knusprigen Nudeln und das zarte Hühnerfleisch ergänzen sich perfekt. Das Huhn wird mit einem Mantel aus Stärke und Eiweiß überzogen, der das Fleisch zart und saftig erhält. Ein ursprünglich einfaches Familiengericht wird hier zu einem wahren Feinschmeckeressen.

Aus Hongkong und Kanton
Garmethoden: Braten und Pfannenrühren

Für 4 Personen

- 225 g Hühnerbrust ohne Haut und Knochen
- 1 Eiweiß
- 2 TL Speisestärke
- 2 TL Salz
- 1/2 TL weißer Pfeffer
- 225 g frische dünne chinesische Eiernudeln
- 3 EL Erdnussöl + 300 ml Erdnussöl oder Wasser
- 2 EL Shaoxing-Reiswein oder trockener Sherry
- 1 1/2 EL Austernsauce
- 1 EL helle Sojasauce
- 300 ml Hühnerbrühe (Rezept siehe S. 59)
- 1/2 TL schwarzer Pfeffer
- 1 EL Speisestärke, mit 1 1/2 EL Wasser angerührt

Zum Garnieren

- 3 EL fein gehackte Frühlingszwiebeln

Hühnerbrust ganz fein schneiden und mit Eiweiß, Speisestärke, 1 Teelöffel Salz und weißem Pfeffer in einer Schüssel gut vermischen. Mindestens 20 Minuten im Kühlschrank ziehen lassen.

Nudeln 2 Minuten in sprudelnd kochendem Salzwassser blanchieren und abgießen.

Eine Bratpfanne stark erhitzen. 1 1/2 Esslöffel Öl hineingeben. Nudeln in der Pfanne verteilen, Hitze reduzieren und Nudeln bei schwacher Hitze in etwa 5 Minuten braun braten. Nudeln wenden und auf der anderen Seite braun braten. Falls nötig, etwas Öl dazugeben. Nudeln auf eine Platte geben und warm halten.

Den Wok oder eine große Pfanne stark erhitzen. 300 ml Öl hineingeben. Wenn es sehr heiß ist und anfängt zu rauchen, Wok von der Herdplatte ziehen. Hühnerstreifen sofort hineingeben und kräftig rühren, damit sie nicht zusammenkleben. Wenn das Hühnerfleisch nach 2 Minuten weiß wird, Huhn und Öl in einen Durchschlag aus Metall gießen, der auf einer Schüssel steht. Öl weggießen.

(Wenn Sie Wasser anstelle von Öl nehmen, bringen Sie es in einem Topf zum Kochen. Topf von der Herdplatte ziehen und Hühnerstreifen sofort hineingeben, dabei kräftig rühren. Wenn die Hühnerstücke nach 2 Minuten weiß werden, alles in einen Durchschlag gießen, der auf einer Schüssel steht. Wasser weggießen.)

Wok oder Pfanne säubern und wieder stark erhitzen. Reiswein, Austernsauce, Sojasauce, Hühnerbrühe, 1 Teelöffel Salz und schwarzen Pfeffer dazugeben. Aufkochen lassen. Angerührte Speisestärke dazugeben und gut unterrühren. Sauce über die Nudeln gießen, mit Frühlingszwiebeln garnieren und sofort servieren.

Reisnudeln mit Gemüse

Meine Mutter machte häufig Reisnudeln anstelle von Eiernudeln. Ich liebe die Konsistenz von Reisnudeln. Ich glaube, meine Mutter mochte sie besonders deshalb, weil sie so schnell fertig sind! Sie bekommen Reisnudeln im Asienladen und manchen Supermärkten. Das Rezept schmeckt aber auch mit Eiernudeln. Dieses Gericht ist köstlich für sich oder mit Snacks wie Spareribs mit schwarzen Bohnen (Rezept siehe S. 254) oder Sesamgarnelen-Toast (Rezept siehe S. 255).

Aus Fujian und Kanton
Garmethode: Pfannenrühren

Für 4 Personen

225 g Reisnudeln
225 g frische Bohnensprossen
100 g rote oder grüne Chilis
225 g Wasserkastanien (Dose)
2 EL Erdnussöl
1 1/2 EL fein gehackter Knoblauch
2 TL fein gehackter frischer Ingwer
6 fein geschnittene Frühlingszwiebeln
1 TL Salz
1/2 TL weißer Pfeffer
2 EL helle Sojasauce
1 EL dunkle Sojasauce
2 TL Sojabohnenpaste mit ganzen Bohnen
2 EL Shaoxing-Reiswein oder trockener Sherry
5 EL Hühnerbrühe (Rezept siehe S. 59) oder Wasser

Reisnudeln 25 Minuten in warmem Wasser einweichen. Im Sieb abtropfen lassen.

Bohnensprossen waschen und beide Enden abschneiden. Chilis putzen und ganz fein schneiden. Wasserkastanien abtropfen lassen und ebenfalls klein schneiden.

Den Wok oder eine große Pfanne sehr stark erhitzen. Öl hineingeben. Wenn es sehr heiß ist und anfängt zu rauchen, Knoblauch, Ingwer und Frühlingszwiebeln hineingeben und 15 Sekunden pfannenrühren. Bohnensprossen, Chilis und Wasserkastanien dazugeben und 1 Minute pfannenrühren.

Salz, Pfeffer, beide Sojasaucen, Sojabohnenpaste, Reiswein und Hühnerbrühe unterrühren. Nudeln dazugeben und 3 Minuten pfannenrühren, bis alles gut vermischt und heiß ist. Sofort servieren.

Singapur-Nudeln

Aus Hongkong, Fujian und Kanton
Garmethode: Pfannenrühren

Curry stammt ursprünglich nicht aus China, sondern wurde vor Jahrhunderten von Immigranten mitgebracht, die nach Jahren in Südostasien in ihre alte Heimat zurückkehrten. Curry ist besonders im Süden und Osten von China beliebt, denn die meisten Menschen aus dem fernen Singapur ließen sich dort nieder. Die Chinesen war schon immer gut darin, neue Zutaten und Gewürze in ihre Küche zu integrieren. Die leichten Reisnudeln passen perfekt zur würzigen Currysauce. Das Rezept geht ganz einfach.
Wer vegetarisch essen möchte, lässt Fleisch und Hühnerbrühe weg und verwendet mehr Kokosmilch – übrigens auch eine Zutat, die nicht aus China stammt.
Servieren Sie die Nudeln zu einem Fisch- oder Fleischgericht, oder ganz für sich. Ersatzweise können Sie auch chinesische Eiernudeln nehmen. Übrigens schmecken die Singapur-Nudeln auch kalt sehr gut – eine Überraschung für das nächste Picknick!

Für 4 bis 6 Personen

225 g dünne Reisnudeln
50 g chinesische getrocknete Wolkenohrenpilze
175 g kleine TK-Erbsen
4 geschlagene Eier
1 EL Sesamöl
1 TL Salz
1/2 TL weißer Pfeffer
6 frische rote oder grüne Chilis
100 g würziger gekochter Schinken
6 Wasserkastanien (Dose)
3 EL Erdnussöl
1 1/2 EL fein gehackter Knoblauch
1 EL fein gehackter frischer Ingwer
3 fein geschnittene Frühlingszwiebeln
100 g kleine, gekochte, geschälte Krabben

Für die Currysauce
2 EL helle Sojasauce
3 EL indische Madras-Currypaste oder 2 EL Currypulver
2 EL Shaoxing-Reiswein oder trockener Sherry
1 EL Zucker
1 TL Salz
1 TL schwarzer Pfeffer
250 ml Kokosmilch (Dose)
175 ml Hühnerbrühe (Rezept siehe S. 59)

Zum Garnieren
frischer Koriander

Reisnudeln in einer Schüssel mit warmem Wasser 25 Minuten einweichen. Abgießen und im Sieb abtropfen lassen. (Wenn Sie getrocknete Eiernudeln nehmen, garen Sie sie 3 bis 5 Minuten in sprudelnd kochendem Wasser. Abgießen und kalt abschrecken. Gut abtropfen lassen und mit Erdnussöl mischen.) Nudeln beiseite stellen.

Pilze in warmem Wasser 20 Minuten einweichen. Abtropfen lassen und Flüssigkeit ausdrücken. Stängel entfernen und Hüte in dünne Streifen schneiden. Erbsen auftauen lassen. Eier mit Sesamöl, Salz und Pfeffer vermischen und beiseite stellen.

Chilis putzen und fein schneiden. Schinken fein schneiden. Wasserkastanien in Scheiben schneiden. Den Wok oder eine große Pfanne stark erhitzen. Öl hineingeben. Wenn es sehr heiß ist und anfängt zu rauchen, Knoblauch, Ingwer und Chilis hineingeben und 30 Sekunden pfannenrühren. Wasserkastanien, Pilze, Schinken und Frühlingszwiebeln dazugeben und 1 Minute pfannenrühren. Reisnudeln, Garnelen und Erbsen hinzufügen und 2 Minuten pfannenrühren. Alle Zutaten für die Sauce dazugeben und bei starker Hitze 5 Minuten kochen, bis der Großteil der Flüssigkeit verkocht ist. Eiermischung unter ständigem Rühren dazugeben, bis das Ei fest wird. Alles auf eine große vorgewärmte Platte geben, mit Koriander garnieren und servieren.

Scharfe Glasnudeln

Glasnudeln sind wunderbar leicht. Sie sind sehr dünn, fast durchsichtig weiß und in jedem Chinaladen und vielen Supermärkten erhältlich. Glasnudeln sind leicht zu kochen und passen eigentlich zu fast jeder Sauce. Im Gegensatz zu vielen anderen Nudeln kann man sie auch gut aufwärmen. Die scharfe Sauce passt wunderbar zu den feinen Nudeln. Dazu schmeckt Reis.

Aus Sichuan
Garmethode: Pfannenrühren

Für 4 Personen

100 g Glasnudeln
1 EL Erdnussöl
3 EL fein gehackte Frühlingszwiebeln
2 EL fein gehackter Knoblauch
450 g Rinderhackfleisch

FÜR DIE SAUCE
450 ml Hühnerbrühe (Rezept siehe S. 59)
1 1/2 EL Chili-Bohnen-Sauce
1 EL Sojabohnenpaste mit ganzen Bohnen
2 EL helle Sojasauce
2 TL dunkle Sojasauce
1/2 TL Salz
1/2 TL schwarzer Pfeffer
2 TL Sesamöl

ZUM GARNIEREN
2 TL grob gehackte Frühlingszwiebeln

Glasnudeln in einer großen Schüssel mit warmem Wasser 15 Minuten einweichen. Wenn sie weich sind, abgießen und Wasser weggießen. Glasnudeln mit der Schere in 7,5 cm lange Stücke schneiden.
Den Wok oder eine große Pfanne stark erhitzen. Öl hineingeben. Wenn es sehr heiß ist und anfängt zu rauchen, Frühlingszwiebeln und Knoblauch hineingeben und 15 Sekunden pfannenrühren. Alle Zutaten für die Sauce bis auf das Sesamöl dazugeben und etwa 5 Minuten bei mittlerer Hitze kochen. Abgetropfte Nudeln und Sesamöl untermischen und nochmals 5 Minuten kochen, bis der Großteil der Flüssigkeit verkocht ist. Nudeln mit Sauce auf individuelle Schälchen verteilen, mit Frühlingszwiebeln garnieren und sofort servieren.

Scharfe Sichuan-Nudeln

Dieses scharf-würzige Gericht ist ganz typisch für die Küche in Sichuan, aber es ist im übrigen China, vor allem im Norden, gar nicht beliebt. Solche Nudelgerichte – Xiao chi oder »kleine Essen« genannt – bekommt man in einfachen Lokalen und an Ess-Ständen als Imbiss. Es gibt viele Versionen dieses Gerichts, und alle sind leicht zu machen, schmecken köstlich und machen satt. Hier ist meine Version.

Aus Sichuan
Garmethode: Pfannenrühren

Für 4 Personen

225 g fettes Schweinehackfleisch
3 EL dunkle Sojasauce
2 TL Shaoxing-Reiswein oder trockener Sherry
2 TL Salz
1 1/2 TL schwarzer Pfeffer
450 g getrocknete oder frische chinesische Eiernudeln
1 EL Sesamöl
2 EL Erdnussöl
2 EL fein gehackter Knoblauch
1 EL fein gehackter frischer Ingwer
5 EL fein gehackte Frühlingszwiebeln
2 EL Sesampaste
2 TL helle Sojasauce
2 TL Chili-Bohnen-Sauce
2 EL Chili Öl (siehe S. 22)
250 ml Hühnerbrühe (Rezept siehe S. 59)

ZUM GARNIEREN

2 TL geröstete und gemahlene Sichuan-Pfefferkörner (siehe S. 34)

Schweinehackfleisch mit 1 Esslöffel dunkler Sojasauce, Reiswein, 1 Teelöffel Salz und 1/2 Teelöffel Pfeffer in einer Schüssel vermischen. 20 Minuten marinieren lassen.

Nudeln 3 bis 5 Minuten in sprudelnd kochendem Wasser garen, abgießen und kalt abschrecken. Gut abtropfen lassen und mit Sesamöl vermischen. (So können Sie die Nudeln mit Folie zugedeckt bis zu 2 Stunden im Kühlschrank aufheben.)

Den Wok oder eine große Pfanne stark erhitzen. Öl hineingeben. Wenn es sehr heiß ist und anfängt zu rauchen, Knoblauch, Ingwer und Frühlingszwiebeln zufügen und 30 Sekunden pfannenrühren. Hackfleisch dazugeben und pfannenrühren, bis das Fleisch nicht mehr rosa ist. Sesampaste, 2 Esslöffel dunkle Sojasauce, helle Sojasauce, Chili-Bohnen-Sauce, Chili Öl, 1 Teelöffel Salz, 1 Teelöffel Pfeffer und die Hühnerbrühe dazugeben. 2 Minuten kochen. Nudeln gut untermischen. Alles auf eine vorgewärmte Platte geben, mit Sichuan-Pfeffer bestreuen und sofort servieren.

Teigtaschen, Brötchen und Pfannkuchen

In der chinesischen Küche gibt es viele verschiedene Mehlsorten, aus denen Teig für Brötchen, Pfannkuchen und Teigtaschen hergestellt wird. Für Süßspeisen und Gebäck nimmt man häufig Reismehl, vor allem Klebreismehl. Ich habe für die Rezepte in diesem Buch nur eine einzige Mehlsorte verwendet, die nicht chinesisch ist, aber überall erhältlich.

Weizenmehl Weizenmehl ist weich und locker und ideal geeignet für chinesische Pfannkuchen, Brötchen und Teigtaschen. Es enthält relativ wenig Gluten, lässt sich schnell und gut anrühren und ausrollen. Vollkornmehl ist für die chinesische Küche nicht geeignet.

Chinesische Ravioli

Dieser beliebte und üppige Imbiss kommt aus Nordchina, wo es im Winter so kalt ist, dass die Menschen die Teigtaschen draußen gefroren aufbewahren, bis sie gegessen werden. Zum chinesischen Neujahr sitzen ganze Familien zusammen und füllen die Teigtaschen gemeinsam. Man kann sie braten, kochen und dämpfen – mir schmecken sie gebraten am besten. Gebratene Teigtaschen heißen auch Topfkleber, weil sie nach dem Braten so lange in Flüssigkeit gekocht werden, bis sie am Topfboden kleben. Sie sollten unten knusprig sein, oben weich und innen saftig. Dazu reicht man einen Dip aus Chiliöl (siehe S. 22), Essig und Sojasauce. Sie können die Teigtaschen gut vorbereiten und ungekocht einfrieren. Sie brauchen sie nicht aufzutauen, sondern nur ein bisschen länger zu kochen.

Aus Beijing
Garmethode: Braten

Für etwa 18 Teigtaschen

275 g Weizenmehl + Mehl zum Bestreuen
250 ml sehr heißes Wasser

FÜR DIE FÜLLUNG
85 g Chinakohl oder Spinat
100 g fettes Schweinehackfleisch
1 TL fein gehackter frischer Ingwer
1/2 EL Shaoxing-Reiswein oder trockener Sherry
1/2 EL dunkle Sojasauce
1/2 TL helle Sojasauce
1/2 TL Salz
1/4 TL schwarzer Pfeffer
1 1/2 EL fein gehackte Frühlingszwiebeln
1 TL Sesamöl
1/2 TL Zucker
1 EL kalte Hühnerbrühe (Rezept siehe S. 59) oder Wasser

Für den Teig Mehl in eine große Schüssel geben und das heiße Wasser nach und nach unterrühren. Dabei ständig mit einer Gabel oder einem Stäbchen rühren, bis sich das Wasser mit dem Mehl verbunden hat. Wenn der Teig trocken wird, etwas mehr Wasser dazugeben. Teigmischung auf die Arbeitsfläche geben. Falls sie klebrig ist, mit etwas Mehl bestreuen. Die Mischung mit den Händen etwa 8 Minuten zu einem glatten Teig kneten. Diesen in die Schüssel geben, mit einem feuchten Küchentuch abdecken und 20 Minuten ruhen lassen.

In der Zwischenzeit Chinakohl oder Spinat waschen, putzen und fein schneiden. Mit dem Schweinehackfleisch und allen anderen Zutaten für die Füllung in eine große Schüssel geben und alles gut vermischen.

Teig aus der Schüssel nehmen und wieder 5 Minuten kneten. Wenn er klebrig ist, mit etwas Mehl bestreuen. Sobald der Teig glatt geknetet ist, zu einer etwa 23 cm langen Rolle von etwa 2,5 cm Durchmesser formen. Mit einem Messer die Rolle in 18 gleich große Teile schneiden.

Jedes Teigstück zu einer kleinen Kugel rollen. Diese zu flachen Teigkreisen von etwa 6 cm Durchmesser ausrollen. Die Teigkreise auf einem leicht bemehlten Backblech auslegen und mit einem feuchten Küchentuch zudecken, damit sie nicht austrocknen.

Zum Kochen
1 EL Erdnussöl
75 ml Wasser

Etwa 2 Teelöffel Füllung in die Mitte jedes Teigkreises geben. Teigränder mit Wasser anfeuchten. Teig in der Mitte falten und die Hälften mit den Fingern zusammendrücken. Ränder fest verschließen. (Die Teigtaschen sollen aussehen wie Ravioli.) Fertige Teigtaschen auf das bemehlte Backblech legen und wieder mit dem Küchentuch zudecken, bis alle Teigtaschen fertig sind.

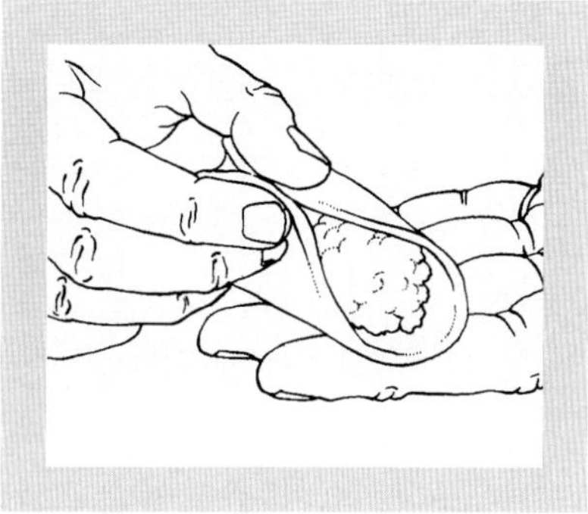

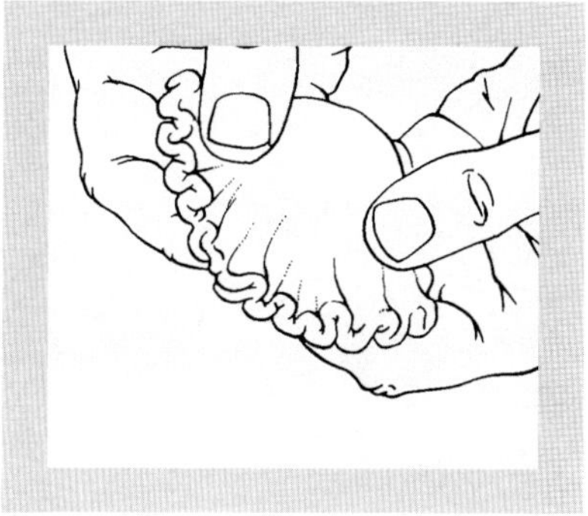

Eine große Bratpfanne (idealerweise antihaftbeschichtet) sehr stark erhitzen. 1 Esslöffel Öl hineingeben. Wenn es heiß ist, eine Portion Teigtaschen hineingeben. Hitze reduzieren und Teigtaschen in etwa 2 Minuten braun braten. Wasser dazugeben, Deckel fest auflegen und Teigtaschen bei schwacher Hitze etwa 12 Minuten sieden, bis sie den Großteil der Flüssigkeit aufgesogen haben. (Nach 6 Minuten prüfen, ob mehr Wasser benötigt wird.) Teigtaschen offen weitere 2 Minuten garen, herausnehmen und warm halten. Die übrigen Teigtaschen genauso garen und servieren.

Jeder Gast bekommt drei kleine Schälchen mit hellem Reisessig, Chiliöl (siehe S. 22) und heller Sojasauce. Jeder rührt seinen Dip selbst so an, wie er ihn am liebsten mag.

Dämpfbrötchen

Diese Brötchen sind in ganz China beliebt. Da sie gedämpft sind, haben sie keine Kruste, sondern sind weich, leicht und luftig und trotzdem fest. In Südchina füllt man sie oft mit Fleisch oder süßer Bohnenpaste und isst sie als »Dim-Sum«. Im Norden und Westen serviert man sie zu knuspriger Sichuan-Ente (Rezept siehe S. 144) und anderen Enten-Gerichten. Nach der chinesischen Tradition mache ich sie mit Weizenmehl und Hefe. Einmal gedämpft, lassen sie sich gut aufwärmen. Man kann sie auch einfrieren, auftauen und wieder dämpfen. Servieren Sie sie als Beilage.

Alle Regionen
Garmethode: Dämpfen

Für etwa 18 Brötchen

175 ml warmes Wasser
1 Päckchen Trockenhefe (7 g)
1 EL Zucker
2 EL Erdnussöl
375 g Weizenmehl

Warmes Wasser und Trockenhefe anrühren und an einem warmen Ort oder im abgeschalteten Backofen 2 Minuten ruhen lassen. Die Mischung sollte schaumig sein. Zucker und Erdnussöl dazugeben. Diese Mischung in einer großen Schüssel mit dem Mehl verrühren. Oder alle Zutaten in der Küchenmaschine mixen. Alles so lange rühren, bis ein glatter Teig daraus geworden ist. Aus Backpapier 18 Quadrate von etwa 6 cm Seitenlänge schneiden.

Teig aus der Schüssel nehmen und einige Minuten auf der bemehlten Arbeitsfläche kneten. Wenn er klebrig ist, einige Esslöffel Mehl dazugeben. Teig zu einer etwa 46 cm langen Rolle von 5 cm Durchmesser formen und diese mit einem scharfen Messer in 18 gleich große Stücke teilen.

Ein Teigstück auf der Handfläche zu einer glatten Kugel formen und diese auf ein Stück Papier setzen. Alle Teigstücke zu Kugeln formen und mit den Papierböden auf eine hitzefeste Platte geben. Teigkugeln mit einem großen Stück Backpapier abdecken und ein feuchtes Küchentuch darüber ausbreiten. 30 Minuten an einem warmen Ort oder im abgeschalteten Backofen ruhen lassen. Die Brötchen sollten jetzt auf die doppelte Größe aufgegangen sein.

Einen Dämpftopf vorbereiten oder einen Dämpfeinsatz in einen Wok oder hohen Topf stellen. 5 cm Wasser angießen. Wasser bei starker Hitze zum Kochen bringen, dann Herdplatte auf ganz schwache Hitze stellen. Die Platte mit den Brötchen in den Dämpftopf oder auf den Dämpfeinsatz stellen. Deckel fest auflegen. Brötchen bei schwacher Hitze 20 Minuten dämpfen.

Sie können die fertigen Brötchen zu Entengerichten servieren. Oder Sie lassen sie abkühlen und frieren sie in Tüten ein. Vor dem Erwärmen vollständig auftauen. Aufgetaute Brötchen 10 bis 15 Minuten dämpfen, bis sie heiß sind.

Chinesische Pfannkuchen

Diese Pfannkuchen sind die klassische Beilage zur Peking-Ente (Rezept siehe S. 142–143) und ein typisches Rezept aus Nordchina, wo Weizen den Stellenwert von Reis hat. Die Pfannkuchen gehen einfach, wenn man den Trick einmal raus hat. Durch das Ausrollen von »doppelten« Pfannkuchen werden sie besonders dünn und trocknen nicht aus. Sie können die Pfannkuchen vorher zubereiten und einfrieren. Sie schmecken auch zu Schweinehackfleisch mit Gemüse (Rezept siehe S. 84) oder anstelle der Salatblätter mit Regenbogen-Rindfleisch (Rezept siehe S. 100–101).

Aus Beijing
Garmethode: Braten

Für etwa 18 Pfannkuchen

275 g Weizenmehl
250 ml sehr heißes Wasser
2 EL Sesamöl

Mehl in eine große Schüssel geben. Das heiße Wasser nach und nach dazugeben, dabei ununterbrochen mit einem Stäbchen oder einer Gabel rühren, bis Wasser und Mehl sich vermischt haben. Falls nötig, mehr Wasser dazugeben. Teig aus der Schüssel nehmen und etwa 8 Minuten mit den Händen kneten, bis er glatt ist. Teig wieder in die Schüssel geben, mit einem sauberen feuchten Küchentuch abdecken und etwa 30 Minuten ruhen lassen.

Teig aus der Schüssel nehmen und wieder 5 Minuten kneten. Wenn er klebrig ist, etwas Mehl dazugeben. Den glatt gekneteten Teig zu einer etwa 46 cm langen Rolle formen und diese in 18 gleich große Stücke teilen. Jedes Teigstück zu einer Kugel rollen.

Zwei Teigkugeln bereitlegen. Eine Kugel halb in das Sesamöl tauchen und mit der eingeölten Seite auf die andere Teigkugel setzen. Mit einem Teigroller beide Kugeln zusammen zu einem Teigkreis von etwa 15 cm Durchmesser ausrollen. Dieser Schritt ist wichtig, weil der Teig so innen saftig bleibt und Sie ihn dünner ausrollen können, ohne dass er später verbrennt.

Eine Bratpfanne oder einen Wok etwas erhitzen. Einen Doppel-Pfannkuchen hineingeben und so lange braten, bis die Unterseite trocken ist. Pfannkuchen wenden und die andere Seite garen. Herausnehmen und die beiden Pfannkuchen wieder auseinander ziehen. Alle Pfannkuchen so zubereiten.

Zum Aufwärmen die Pfannkuchen dämpfen. Oder Sie packen sie gut in doppelt gelegte Alufolie ein und erhitzen sie in einem Topf mit etwas kochendem Wasser. Deckel auflegen, Herdplatte auf ganz schwache Hitze stellen und Pfannkuchen erwärmen. Wärmen Sie die Pfannkuchen nicht im Backofen auf, da sie austrocknen würden. Wenn Sie fertige Pfannkuchen einfrieren wollen, packen Sie sie gut in Klarsichtfolie ein. Gefrorene Pfannkuchen im Kühlschrank auftauen und dann erst aufwärmen.

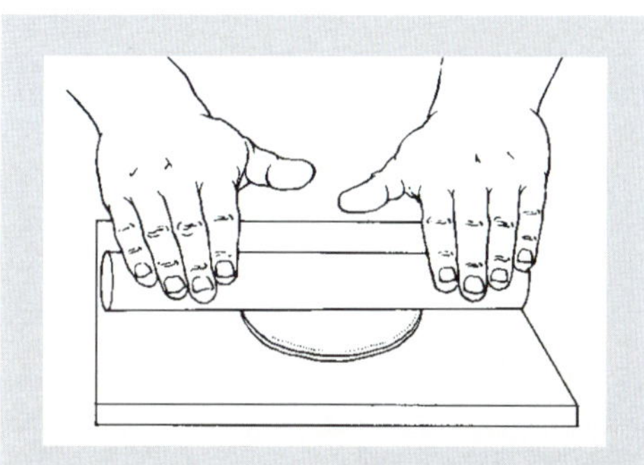

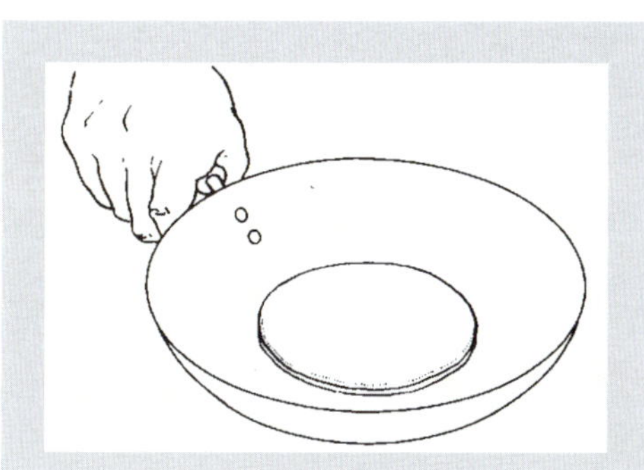

Es gibt eine unglaubliche Auswahl an würzigen und süßen Snacks in China, die zwischen den Mahlzeiten und während großer Bankette gegessen werden. Solche Leckereien haben eine Jahrhunderte lange Tradition. Ursprünglich waren sie den Mitgliedern des Kaiserhofes vorbehalten, dessen Köche würzige Delikatessen wie Fasanenklößchen und süße Naschereien mit gedämpfter Milch und süßer Bohnensauce kreierten. Über die Jahre fanden diese und weniger exklusive Varianten ihren Weg in die breiten Schichten der Gesellschaft. Um 1900 galten Restaurants in Kanton als Meister für diese Spezialitäten. Das kantonesische Wort für die Snacks ist *Dim Sum*, was wörtlich bedeutet: »Snacks zum Vergnügen essen« oder »Bestelle, was Dir gefällt«. Auch heute bieten Restaurants in Hongkong und Kanton die besten *Dim Sum* an, und die Auswahl ist einfach überwältigend. In Nordchina kennt man die Snacks als *Dian Xin*, ein Mandarin-Wort für *Dim Sum*, das sich eher auf süße Snacks zum Dessert bezieht.

Dim Sum werden zwischen Spätvormittag und Spätnachmittag gegessen, oft als leichtes, preiswertes Mittagessen. Viele Dim-Sum-Lokale in Hongkong und in Kanton bestehen aus mehreren riesigen höhlenartigen Räumen, die zur Mittagszeit überfüllt sind, da sich Familien und Freunde treffen, um den neuesten Klatsch auszutauschen oder Geschäfte zu besprechen. Der Lärm kann ohrenbetäubend sein.

Meistens gibt es keine Speisekarte. Man bekommt eine Kanne mit Tee, Tassen, kleine Teller und Essstäbchen. Zahlreiche Bedienungen schieben Servierwägen mit verschiedenen *Dim Sum* durch die riesigen Räume. Die Gäste halten sie an und wählen aus, was sie möchten – das können bis zu drei Dutzend verschiedene kleine Speisen sein. Zum Essen wird Tee getrunken, was *Dim Sum* noch einen anderen kantonesischen Namen gegeben hat – *Yam Cha*, was »Tee trinken« bedeutet. Am Ende des Essens wird die Rechnung nach der Anzahl der kleinen Teller oder Dämpfer auf dem Tisch erstellt. Ein einmaliges Vergnügen!

Snacks und Süßes

Dim Sum gibt es in allen Geschmacksrichtungen; sie können scharf, sauer, süß und würzig sein. Auch die Zubereitungsarten variieren. Viele *Dim Sum* werden in kleinen Bambusdämpfern gegart, die in Stapeln auf den Servierwägen stehen.

Zu den beliebtesten Dim-Sum-*Snacks gehören:*
Frühlingsrollen *(chun guen):* die bekannten frittierten Teigrollen, die mit Gemüse und Fleisch gefüllt werden.
Gegrillte Schweinebrötchen *(cha siu bao):* gedämpfte oder gebackene Brötchen, die mit köstlich gebratenem Schweinefleisch gefüllt sind.
Schweinefleisch-Klößchen *(siu mai):* mit Schweinehackfleisch gefüllte Klößchen, die gedämpft werden.
Gedämpfte Spareribs *(pai gwat):* klein geschnittene Spareribs, die mit schwarzer Bohnensauce gedämpft werden.
Garnelen- oder Krabbenklößchen *(har gau):* zarte leichte Klößchen, die mit Garnelen und Schweinefleisch gefüllt gedämpft werden.
Frittierte Taro-Klößchen *(woo kok):* Pürierte Tarowurzel wird mit Schweinefleisch gefüllt und frittiert.
Natürlich gibt es noch viele andere einfache und ausgefallene Dim Sum. In diesem Kapitel finden Sie einige einfachere Rezepte, die man gut zu Hause machen kann. Wenn Sie noch nie *Dim Sum* gegessen haben, sollten Sie sie im Restaurant bestellen. Man bekommt *Dim Sum* aber nicht überall, denn man braucht dafür spezialisierte *Dim-Sum*-Köche, die nicht jedes Restaurant hat.

Desserts kannte ich als Kind überhaupt nicht. Der chinesischen Tradition folgend, servierte meine Mutter nach dem Essen frisches Obst, meist in Schnitze geteilte Orangen. Süßspeisen, Eis und Süßigkeiten waren mir unbekannt, bis ich mir die nicht-chinesische Welt erschloss. Natürlich gibt es in China Desserts, aber sie sind kein fester Bestandteil einer Mahlzeit wie im Westen; oft gibt es nur bei Banketten oder zu besonderen Gelegenheiten eine süße Nachspeise. Meist handelt es sich um überzuckerten Reispudding oder üppige Mondkuchen, die ich alle viel zu süß finde. Daher habe ich hier einige weniger süße Desserts zusammengestellt. Natürlich können Sie auch einen europäischen Nachtisch nach dem chinesischen Essen servieren. Ich finde, dass die subtilen und komplexen Aromen der chinesischen Gerichte am besten nachwirken, wenn es ein einfaches Dessert mit frischem Obst gibt.

Krabben-Kräcker

Ich habe schon immer eine Vorliebe für knusprige Snacks gehabt, vor allem für Krabben-Kräcker. Sie werden aus Krabbenmehl, Stärke, Salz und manchmal Zucker gemacht, die zu einer Paste zerstampft und getrocknet werden. Sie bekommen sie in Supermärkten und Chinaläden und müssen sie nur noch frittieren. Sie schmecken toll zu Drinks oder auch als Garnierung für chinesische Gerichte. Es gibt viele Farben und Formen, wobei ich die natürlich rosafarbenen Kräcker am liebsten mag.

Aus Fujian and Kanton
Garmethode: Frittieren

Für 4 Personen

600 ml Erdnussöl oder Pflanzenöl
125 g getrocknete Krabben-Kräcker

Den Wok oder eine große Pfanne stark erhitzen. Öl hineingeben. Wenn es sehr heiß ist und anfängt zu rauchen, einen Kräcker hineingeben. Er sollte sich aufblähen und sofort an die Oberfläche steigen.

Eine Handvoll Kräcker ins heiße Öl geben und sofort mit dem Schaumlöffel wieder herausfischen. Auf Küchenpapier entfetten. Alle Krabben-Kräcker so frittieren.

Sie können das Öl für Rezepte mit Fisch oder Meeresfrüchten wieder verwenden, aber bitte nicht für andere Gerichte.

Kalte marinierte Erdnüsse

Erdnüsse kamen erst im 16. Jahrhundert nach China, aber sie eroberten sich schnell einen wichtigen Platz in der Landwirtschaft. Erdnüsse sind sehr nahrhaft, sowohl in ihrer natürlichen Form als auch zu Erdnussöl weiterverarbeitet. Sie können die Nüsse ein oder zwei Tage vorher zubereiten und sie ganz kalt oder mit Zimmertemperatur servieren.

Aus Beijing
Garmethode: Marinieren

Für 6 bis 8 Personen

450 g Erdnüsse ohne Schale
3 EL helle Sojasauce
3 EL dunkle Sojasauce
1 EL fein gehackter Knoblauch
2 TL Salz
1 TL schwarzer Pfeffer
150 ml heller Reisessig oder Cidre-Essig
85 ml Shaoxing-Reiswein oder trockener Sherry

Erdnüsse etwa 2 Minuten in sprudelnd kochendem Wasser blanchieren. Abgießen, abkühlen lassen und die dünne rote Haut mit den Fingern abreiben.

Erdnüsse in eine Schüssel geben. Alle anderen Zutaten miteinander verrühren und dazugeben. Erdnüsse mindestens 2 bis 3 Stunden marinieren; gelegentlich rühren, damit sich die Marinade verteilt. Die Nüsse saugen den Großteil der Marinade auf. Servieren Sie die Erdnüsse mit Sichuan-Gemüse (siehe S. 34) als Snack oder zum Aperitif. Wir Chinesen essen übrigens eine Nuss nach der anderen – mit Stäbchen!

Spareribs mit schwarzen Bohnen

Dieser Dim-Sum-Snack ist sehr beliebt. Die Spareribs werden gedämpft, bis das Fleisch so zart ist, dass es auf der Zunge zergeht. Außerdem wird das Fleisch beim Dämpfen vom pikanten Aroma der schwarzen Bohnen durchtränkt.

Aus Kanton
Garmethode: Sieden und Dämpfen

Für 4 Personen (als Snack oder Vorspeise)

- 750 g Spareribs vom Schwein
- 3 TL Salz
- 3 EL schwarze fermentierte Bohnen
- 120 ml Hühnerbrühe (Rezept siehe S. 59)
- 1 1/2 EL helle Sojasauce
- 2 TL dunkle Sojasauce
- 2 TL Sesamöl
- 1 EL fein gehackter frischer Ingwer
- 2 EL fein gehackter Knoblauch
- 2 EL grob gehackte und entkernte frische Chilis
- 1 TL schwarzer Pfeffer
- 1 1/2 EL Shaoxing-Reiswein oder trockener Sherry

Lassen Sie die Spareribs vom Metzger trennen und in 5 cm lange Stücke teilen. Oder Sie machen es selbst, am besten mit einem schweren Messer oder Küchenbeil (siehe S. 42). Spareribs mit 2 Teelöffeln Salz einreiben und 20 bis 25 Minuten in einer Schüssel ruhen lassen. Wasser in einem großen Topf zum Kochen bringen. Hitze reduzieren, Spareribs hineingeben und bei schwacher Hitze 10 Minuten sieden. Abgießen und Wasser weggießen.

Schwarze Bohnen abspülen und grob hacken. Hühnerbrühe, beide Sojasaucen, Sesamöl, Ingwer, Bohnen, Knoblauch, Chilis, 1 Teelöffel Salz, Pfeffer, Zucker und Reiswein in einer großen Schüssel verrühren. Spareribs untermischen. Alles auf einen tiefen Teller geben.

Den Dämpftopf vorbereiten oder einen Dämpfeinsatz in den Wok oder einen hohen Topf stellen. 5 cm Wasser angießen. Wasser bei starker Hitze aufkochen. Teller mit den Spareribs in den Dämpftopf oder auf den Dämpfeinsatz stellen. Deckel fest auflegen. Hitze reduzieren. Spareribs bei schwacher Hitze etwa 1 Stunde dämpfen, bis sie zart sind. Falls nötig, zwischendurch kochendes Wasser nachgießen. Spareribs sofort servieren.

Sie können die Spareribs gut wieder aufwärmen, am besten etwa 20 Minuten dämpfen.

Sesamgarnelen-Toast

Dieser würzige Toast wird oft in Dim-Sum-Lokalen außerhalb Chinas serviert. Seine Herkunft ist unbekannt, aber ich glaube, dass die Paste eine Variante der Shrimppaste ist, die in Südchina für Füllungen verwendet oder zu knusprigen Kugeln frittiert wird. Die selbst gemachte Paste hält sich zugedeckt im Kühlschrank mehrere Stunden. Verwenden Sie Brot vom Vortag, es saugt weniger Öl auf. Frisches Brot kurz im Backofen trocknen.

Aus Fujian und Kanton
Garmethode: Frittieren

Für etwa 30 Stück

FÜR DIE GARNELENPASTE

100 g Wasserkastanien (Dose)
450 g rohe geschälte Garnelen
100 g Schweinehackfleisch
1 TL Salz
1/2 TL weißer Pfeffer
1 Eiweiß
2 EL fein gehackte Frühlingszwiebeln (nur der weiße Teil)
1 EL fein gehackter frischer Ingwer
2 TL helle Sojasauce
2 TL Sesamöl
2 TL Zucker

10 sehr dünne Scheiben Weißbrot
3 EL helle Sesamsamen
450 ml Erdnussöl (Fritteuse siehe S. 47)

Wasserkastanien abtropfen und fein hacken. Garnelen ebenfalls fein hacken. Wasserkastanien, Garnelen und alle anderen Zutaten für die Garnelenpaste in einer Schüssel zu einer glatten Paste verrühren. (Sie können das auch im Mixer machen.)

Rinde vom Brot abschneiden und das Brot in 7,5 x 2,5 cm große Rechtecke schneiden. Diese etwa 3 mm hoch mit der Garnelenpaste bestreichen. (Natürlich können Sie die Paste auch dünner aufstreichen.) Mit den Sesamsamen bestreuen.

Öl im Wok oder in der Fritteuse auf mittlere Hitze erwärmen. Garnelentoasts portionsweise mit der Paste nach unten ins Öl geben und 2 bis 3 Minuten frittieren. Toasts wenden und auf der anderen Seite etwa 2 Minuten goldbraun frittieren. Mit dem Schaumlöffel herausholen und auf Küchenpapier entfetten. Alle Toasts auf diese Weise zubereiten und sofort servieren.

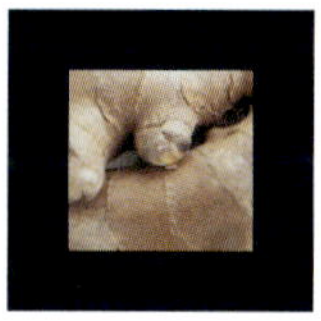

Frühlingsrollen

Aus Shanghai und Kanton
Garmethode: Frittieren

Frühlingsrollen gehören zu den bekanntesten chinesischen Snacks. Sie sind leicht zu machen und eine perfekte Vorspeise. Sie sollten knusprig, leicht und zart sein. Es gibt fertige tiefgefrorene Teigblätter für Frühlingsrollen im Asienladen. Lassen Sie das ganze Päckchen (enthält etwa 50 Stück) vor der Verwendung auftauen und frieren Sie übrige Teigblätter wieder ein.
Diese nahrhaften Snacks symbolisieren – wie ihr Name schon sagt – den kommenden Frühling. Sie werden häufig zum chinesischen Neujahr gegessen, das nach dem chinesischen Mondkalender am Ende des Winters liegt. Zu dieser Zeit gibt es immer Frühlingsrollen oder Jiaozi (Teigtaschen aus Nordchina) für die Familie und vorbeikommende Gäste.
Frühlingsrollen gibt es natürlich das ganze Jahr. Und sie sind nicht schwer zu machen, vor allem, da man den fertigen Teig kaufen kann. Es gibt in China übrigens zwei Teigsorten: der kantonesische Teig ist eher wie glatter schwerer Nudelteig; die Sorte aus Shanghai ist dagegen durchsichtig, leichter und eher wie Reispapierblätter. Ich ziehe die Shanghaier Version vor.

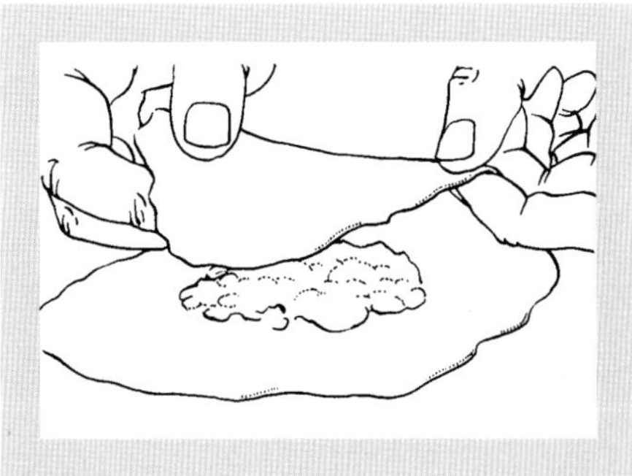

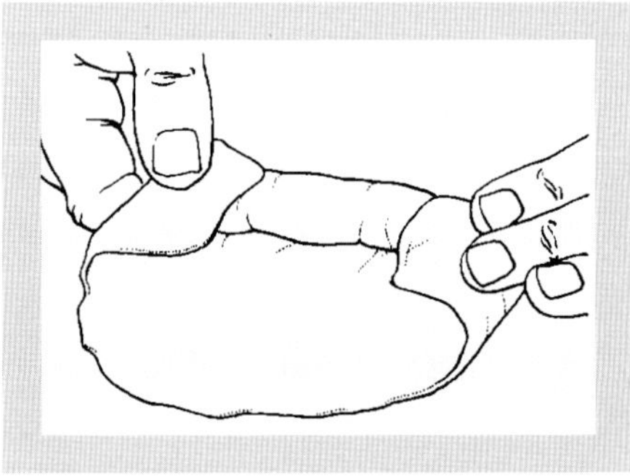

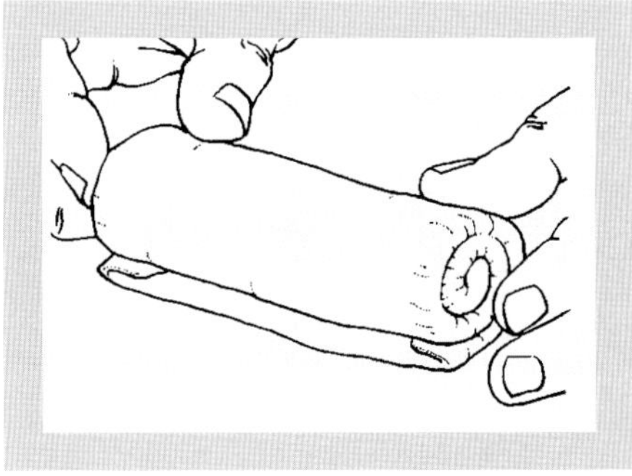

Für 15 bis 18 Frühlingrollen

15–18 aufgetaute Frühlingsrollenblätter
25 g getrocknete Wolkenohrenpilze
100 g rohe geschälte Garnelen
100 g Schweinehackfleisch
1 TL + 1 1/2 EL helle Sojasauce
1 TL + 1 EL Shaoxing-Reiswein oder trockener Sherry
1/2 TL Speisestärke
1/2 TL Sesamöl
1 1/2 TL Salz
1 1/4 TL schwarzer Pfeffer
1 1/2 EL Erdnussöl + 1,2 l zum Frittieren
2 EL fein gehackter Knoblauch
1 EL fein gehackter frischer Ingwer
3 EL fein gehackte Frühlingszwiebeln
250 g fein gehackter Chinakohl
1 geschlagenes Ei

ZUM DIPPEN
süßsaure Sauce (Rezept siehe S. 39)

Aufgetaute Frühlingsrollenblätter mit einem feuchten Küchentuch zudecken, damit sie nicht austrocknen. Pilze 20 Minuten in warmem Wasser einweichen. Abgießen und ausdrücken. Stängel entfernen und Hüte fein schneiden.

Garnelen sehr fein hacken und mit dem Schweinehackfleisch und 1 Teelöffel Sojasauce, 1 Teelöffel Reiswein, Speisestärke, Sesamöl, 1/2 Teelöffel Salz und 1/4 Teelöffel Pfeffer in einer Schüssel vermischen.

Den Wok oder eine große Pfanne sehr stark erhitzen. 1 1/2 Esslöffel Öl hineingeben. Wenn es sehr heiß ist und anfängt zu rauchen, Knoblauch und Ingwer hineingeben und 20 Sekunden pfannenrühren. Die Garnelenmischung, die Pilze, 1 1/2 Esslöffel helle Sojasauce, 1 Esslöffel Reiswein, Frühlingszwiebeln, 1 Teelöffel Salz, 1 Teelöffel Pfeffer und den Chinakohl dazugeben. Alles 5 Minuten pfannenrühren. Mischung in einem Durchschlag abtropfen und abkühlen.

3 bis 4 Esslöffel Füllung auf eine Seite jedes Teigblattes geben, dabei an den Rändern Platz lassen. Alle Seiten nach innen falten und Teigblatt fest aufrollen. Endstück mit geschlagenem Ei bestreichen und fest andrücken. Die Rollen sollten 10 cm lang sein.

Den Wok oder die Pfanne säubern und wieder stark erhitzen. Das Frittieröl hineingeben. Wenn es sehr heiß ist und anfängt zu rauchen, so viele Frühlingsrollen hineingeben, wie nebeneinander Platz haben. Etwa 4 Minuten frittieren, bis sie außen knusprig goldbraun und innen gegart sind. Frühlingsrollen mit einem Schaumlöffel herausholen, auf Küchenpapier entfetten und warm halten. Alle Frühlingsrollen frittieren und mit der süßsauren Sauce sofort servieren.

Marmorierte Tee-Eier

Alle Regionen
Garmethode: Sieden

Diese Eier bekommen durch das Ziehen in einer Teemischung ihr schönes marmoriertes Muster. Traditionell werden sie kalt serviert, und sie sind auch wunderbare Garnierungen für kalte Platten. Tee-Eier sehen nicht nur dekorativ aus, sie schmecken auch einmalig. Wenn die Eier abgekühlt sind, können sie bis zu zwei Tage in der Teemischung im Kühlschrank aufgehoben werden. Sie sollten sie zumindest über Nacht in der Mischung lassen, damit der Geschmack gut eindringen kann. In der traditionellen chinesischen Küche werden Eier nur selten als eigenständiges Gericht gegessen, sondern phantasievoll kombiniert. Ich finde sie ganz prima für ein Picknick.

Für 4 bis 6 als Vorspeise

6 Eier (Zimmertemperatur)
1,75 l Wasser

FÜR DIE TEEMISCHUNG
6 EL chinesischer schwarzer Tee
3 EL dunkle Sojasauce
1 1/2 EL helle Sojasauce
1 EL Fünf-Gewürze-Pulver
1 TL geröstete und gemahlene Sichuan-Pfefferkörner (siehe S. 34)
2 TL Salz
3 chinesische Zimtrinden oder Zimtstangen
3 Sternanis
900 ml Wasser

1,75 l Wasser in einem großen Topf zum Kochen bringen und Eier darin 5 Minuten kochen. Eier herausholen und sofort mit kaltem Wasser abschrecken. Schalen mit einem großen Löffel unter fließend kaltem Wasser aufklopfen, bis die ganze Schale mit feinen Sprüngen überzogen ist. Eier mindestens 10 Minuten im kalten Wasser liegen lassen. Abtropfen lassen.

Alle Zutaten für die Teemischung in den Topf geben und zum Sieden bringen. Eier hineingeben und in dieser Mischung 10 Minuten sieden. Die Eier müssen komplett von der Flüssigkeit bedeckt sein. Topf von der Herdplatte nehmen und Eier in der Teemischung abkühlen lassen.

Eier in der Teemischung über Nacht in den Kühlschrank stellen. Kurz vor dem Servieren Eier herausnehmen und vorsichtig schälen. Die Eier sollten mit einem fein marmorierten Muster überzogen sein. Eier halbieren oder vierteln und als Vorspeise oder Snack mit anderen kalten Speisen servieren.

Wan-Tan-Teigtaschen

Einfache Wan Tan werden, in süßsaure Sauce getaucht, zu einer wahren Delikatesse. Sie sind eine ideale Vorspeise. Sie können die süßsaure Sauce am Vortag zubereiten, kalt stellen und vor dem Essen auf Zimmertemperatur anwärmen. In China gibt es Wan Tan selten frittiert, aber in chinesischen Restaurants im Westen ist diese Methode verbreitet. Das liegt vielleicht daran, dass sie leicht zu machen sind, und die knusprige Konsistenz gut zu Drinks passt. Sie bekommen Wan-Tan-Teig gefroren im Chinaladen. (Vor dem Verwenden vollständig auftauen lassen!)

Aus Kanton
Garmethode: Frittieren

Für 6 Personen

350 g rohe geschälte Garnelen
100 g Schweinehackfleisch
2 TL Salz
1 TL schwarzer Pfeffer
4 EL fein gehackte Frühlingszwiebeln
2 TL Shaoxing-Reiswein oder trockener Sherry
1 TL Zucker
2 TL Sesamöl
1 leicht geschlagenes Eiweiß

FÜR DIE SÜẞSAURE SAUCE
150 ml Wasser
2 EL Zucker
3 EL heller Reisessig oder Cidre-Essig
3 EL Tomatenmark oder Ketchup
1 TL Salz
1/2 TL weißer Pfeffer
1 TL Speisestärke, mit 2 TL Wasser angerührt

225 g aufgetaute Wan-Tan-Teigblätter

ZUM FRITTIEREN
600 ml Erdnussöl oder Pflanzenöl

Garnelen grob hacken und mit Schweinefleisch, Salz und Pfeffer in einer Schüssel gut vermischen. Alle anderen Zutaten für die Füllung dazugeben und gut verrühren. Mischung mit Klarsichtfolie abdecken und mindestens 20 Minuten kalt stellen.

Alle Zutaten für die süßsaure Sauce bis auf die Speisestärke in einen kleinen Topf geben. Zum Kochen bringen, angerührte Speisestärke dazugeben und 1 Minute kochen lassen. Abkühlen und in eine Schale geben.

Wan-Tan-Teig auslegen und 1 Esslöffel Füllung in die Mitte jedes Teigblattes geben. Ränder mit etwas Wasser anfeuchten und dann die Ecken zur Mitte über die Füllung falten. Kanten fest zusammendrücken, damit nichts herausfallen kann. **Die Wan Tan sollten aussehen** wie kleine Taschen.

Den Wok oder eine große Pfanne sehr stark erhitzen. Öl hineingeben. Wenn es sehr heiß ist und anfängt zu rauchen, eine Portion Wan Tan hineingeben und in 3 Minuten knusprig goldbraun frittieren. Wenn das Öl zu heiß wird, Herdplatte etwas herunterschalten. Wan Tan auf Küchenpapier entfetten. Alle Wan Tan frittieren und sofort mit der süßsauren Sauce servieren.

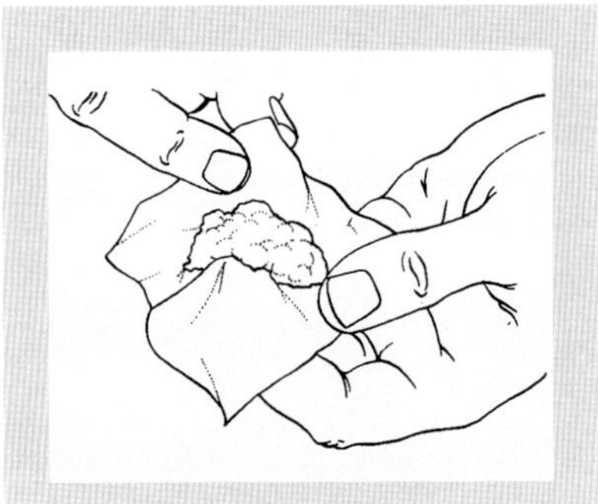

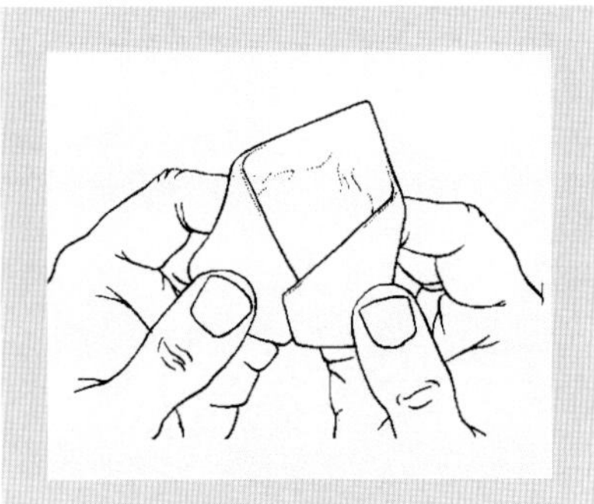

Offene Teigtaschen

Dies ist ein beliebter Snack in vielen Dim-Sum-Teehäusern in Südchina. Im Grunde handelt es sich um einen Wan-Tan- oder Eierteig, der gefüllt wird und dann gedämpft und nicht pochiert oder frittiert. Gedämpfte Teigtaschen unterscheiden sich stark von gebratenen oder gekochten. Konsistenz und Geschmack der Füllung sind intensiver, aber gleichzeitig delikat und subtil. Der Teig wird durch das Dämpfen weich. Sie bekommen Wan-Tan-Teig gefroren im Chinaladen. Die Teigtaschen lassen sich gut vorbereiten. Zum Erwärmen wieder dämpfen.

Aus Kanton
Garmethode: Dämpfen

Für 4 bis 6 Personen

1 Päckchen aufgetauter Wan-Tan-Teig (etwa 40 Stück)

Für die Füllung
100 g abgetropfte Wasserkastanien (Dose)
100 g rohe geschälte Garnelen
350 g Schweinehackfleisch
2 EL fein geschnittener Parmaschinken oder magerer Räucherspeck
1 EL helle Sojasauce
1 TL dunkle Sojasauce
1 EL Shaoxing-Reiswein oder trockener Sherry
3 EL fein gehackte Frühlingszwiebeln
2 TL fein gehackter frischer Ingwer
2 TL Sesamöl
1 geschlagenes Eiweiß
1 TL Salz
1/2 TL schwarzer Pfeffer
2 TL Zucker

1 Dip Ihrer Wahl (Rezepte siehe S. 38–39)

Wasserkastanien abtropfen und fein hacken. Garnelen grob hacken. Wasserkastanien und Garnelen mit allen anderen Zutaten für die Füllung in eine Schüssel geben und gut vermischen.

Etwas Füllung auf jedes Wan-Tan-Teigblatt geben. Die Seiten zur Mitte falten und rundherum an die Füllung drücken. Teigtasche unten abflachen. Oben sollte sie weit offen sein, sodass man die Füllung sehen kann. Alle Teigtaschen so zubereiten.

Dämpftopf vorbereiten oder einen Dämpfeinsatz in den Wok oder einen hohen Topf stellen. 5 cm Wasser angießen und zum Kochen bringen. Eine Portion Teigtaschen auf einen hitzefesten Teller geben und diesen in den Dämpftopf oder auf den Dämpfeinsatz stellen.

Deckel fest auflegen, Hitze reduzieren und Teigtaschen bei schwacher Hitze 20 Minuten dämpfen. Mit Folie zugedeckt im warmen, aber ausgeschalteten Backofen warm halten. Die nächste Portion dämpfen. Teigtaschen heiß mit einem Dip Ihrer Wahl servieren.

Gefüllte Paprikaschiffchen

Paprikaschoten schmecken gefüllt einfach köstlich. Man findet sie auf vielen Speisekarten der Dim-Sum-Restaurants in Südchina. Sie sind leicht zu machen und lassen sich gut aufwärmen. Das kurze Braten gibt den Paprikaschiffchen eine leckere braune Kruste. Köstlich auch als leichtes Mittagessen.

Aus Fujian und Kanton
Garmethoden: Dämpfen und Braten

Für 6 Personen als Snack oder Vorspeise

etwa 1 kg rote, gelbe oder grüne Paprikaschoten oder eine Mischung aller Farben
3 EL Speisestärke
1 1/2 EL Erdnussöl

FÜR DIE FÜLLUNG
100 g Wasserkastanien (Dose)
225 rohe geschälte Garnelen
225 g Schweinehackfleisch
1 Eiweiß
2 TL Speisestärke
2 TL Salz
1 TL schwarzer Pfeffer
1 1/2 EL helle Sojasauce
2 TL dunkle Sojasauce
1 TL Sesamöl
1 EL Shaoxing-Reiswein oder trockener Sherry
1 TL Zucker
3 EL fein gehackte Frühlingszwiebeln

Paprikaschoten halbieren, Stielansatz und Trennwände herausschneiden, Kerne entfernen. Wasserkastanien abtropfen und fein hacken, Garnelen grob hacken. Wasserkastanien und Garnelen mit allen anderen Zutaten für die Füllung in eine Schüssel geben und gut vermischen.

Paprikahälften mit Speisestärke bestäuben und Füllung hineingeben. Jede Paprikahälfte in 2 bis 4 gleich große Stücke schneiden. Eine Portion Paprikaschiffchen mit Füllung auf einen hitzefesten Teller geben.

Einen Dämpftopf vorbereiten oder einen Dämpfeinsatz in den Wok oder einen hohen Topf stellen. 5 cm Wasser angießen. Wasser bei starker Hitze aufkochen. Teller mit den Paprikaschiffchen in den Dämpftopf oder auf den Dämpfeinsatz stellen. Hitze reduzieren und Deckel fest auflegen. Paprikaschiffchen etwa 12 Minuten bei schwacher Hitze dämpfen. Anschließend die zweite Portion genauso dämpfen. Bis hierher können Sie die Paprikaschiffchen vorbereiten.

Kurz vor dem Servieren einen Wok oder eine große Pfanne stark erhitzen. Öl hineingeben. Wenn es sehr heiß ist und anfängt zu rauchen, Paprikaschiffchen mit der Füllung nach unten hineingeben und braten, bis sie leicht braun werden und heiß sind. Sofort servieren.

Karamell-Walnüsse

Als ich diesen Snack zum ersten Mal in einem Hongkonger Restaurant mit Beijing-Küche probierte, wusste ich sofort, dass ich das Rezept herausfinden musste. Es geht überraschend einfach. Geschälte Walnüsse werden blanchiert, damit sie ihren bitteren Geschmack verlieren, dann mit Zucker bestreut, getrocknet und zum Schluss frittiert, damit der Zucker karamellisiert. Dann wälzt man sie in Sesamsamen. Die Nüsse schmecken kalt und heiß und passen gut zu Drinks.

Aus Beijing
Garmethode: Frittieren

Für 4 Personen

225 g geschälte Walnusshälften
100 g Zucker
450 ml Erdnussöl (Fritteuse siehe S. 47)
3 EL Sesamsamen

Wasser in einem Topf aufkochen. Walnüsse hineingeben und etwa 10 Minuten blanchieren. Abgießen und in einem Sieb abtropfen lassen. Mit Küchenpapier trockentupfen und auf einem Backblech auslegen. Zucker über die Walnüsse streuen. Walnüsse wenden, sodass sie rundum von Zucker eingehüllt sind. Backblech mit den Nüssen an einen kühlen, gut belüfteten Ort stellen. Nüsse mindestens 2 Stunden trocknen lassen, am besten über Nacht.

Öl im Wok oder der Fritteuse auf mittlere Hitze erhitzen. Eine Portion Walnüsse etwa 2 Minuten frittieren, bis der Zucker geschmolzen ist und die Walnüsse goldbraun werden. Falls nötig, die Hitze etwas reduzieren. Walnüsse mit dem Schaumlöffel aus dem Öl nehmen und mit Sesamsamen bestreuen. Auf einem Kuchengitter trocknen lassen. (Küchenpapier eignet sich nicht, da die Nüsse klebrig sind.) Alle Walnüsse frittieren, mit Sesamsamen bestreuen und trocknen lassen. Servieren oder abkühlen lassen. Sie können die Nüsse in einem fest verschlossenen Glas etwa 2 Wochen aufheben.

Mandelgelee mit frischen Orangen

Dieses Rezept ist meine Version eines klassischen chinesischen Desserts. Im Original wird Agar-Agar anstelle von Gelatine verwendet, außerdem Mandelsaft anstelle des Mandelaromas; das Ganze wird mit Zuckersirup und nicht mit Orangensaft serviert. Das Original ist sehr aufwendig, und manche Zutaten sind kaum erhältlich. Meine Version weicht stark davon ab, aber ich finde sie köstlich und herrlich erfrischend.

Aus Kanton

Für 4 Personen

1 EL Gelatinepulver
300 ml Wasser
300 ml Milch
5 EL Zucker
1 1/2 EL Mandelaroma
2 Orangen
300 ml frisch gepresster Orangensaft

Gelatinepulver in eine Schüssel geben. Mit 150 ml kaltem Wasser anrühren. 150 ml Wasser zum Kochen bringen. Kurz abkühlen lassen, dann das heiße Wasser zur Gelatine gießen und so lange rühren, bis die Gelatine sich ganz aufgelöst hat. Diese Mischung mit Milch, Zucker und Mandelaroma in einer großen Schüssel gut vermischen und in eine quadratische Auflaufform oder Kuchenform (etwa 18 cm lang und 4 cm hoch) gießen. Mindestens 2 Stunden in den Kühlschrank stellen, bis das Gelee richtig fest geworden ist.

Orangen schälen. Möglichst viel von der weißen Haut abschneiden. Orangen in Schnitze teilen. Fertiges Mandelgelee in 2,5 cm große Würfel schneiden. Orangenschnitze und Mandelgelee auf 4 Schälchen verteilen. Orangensaft darüber gießen und servieren.

Frisches Obst

Abschluss unserer Familienessen war meist ein Teller mit frischen Orangen. Im Sommer gab es manchmal besonders leckeres Obst wie Wasser- oder Honigmelone. Ich finde es immer wieder bemerkenswert, wie gut frisches Obst nach einem chinesischen Essen schmeckt. Es erfrischt, reinigt die Geschmacksnerven und schließt die Mahlzeit wunderbar ab. Meiner Meinung nach gehört Obst zu den besten Desserts – nicht nur nach chinesischem Essen. Und es ist so einfach vorzubereiten!

Obstsalat

In Südchina wächst reichlich Obst, und hier gibt es exotische Früchte wie Litschis, Loquats und Kumquats. Litschis waren am Kaiserhof so begehrt, dass sie sofort nach dem Pflücken mit schnellen Pferdekurieren zum Kaiserhof gebracht wurden. Viele Exoten gibt es nach wie vor in Europa nur in Dosen. Die Früchte sind gut, aber der Sirup ist meist viel zu süß. Ein Obstsalat aus frischem Obst und Obst aus der Dose ist ein erfrischender Abschluss für ein köstliches Abendessen.

Aus Kanton

Für 4 bis 6 Personen

2 Äpfel
2 Orangen
175 g Cantaloupe-Melone
400 g Litschis (Dose)

Mit einem scharfen Messer die Äpfel schälen, vom Kerngehäuse befreien und in dünne Schnitze schneiden. Orangen schälen und in dünne Schnitze teilen. Melone halbieren, Kerne und faseriges Fruchtfleisch mit einem Löffel herausholen und wegwerfen. Melone in 2,5 cm große Würfel schneiden. Litschis abtropfen lassen. Frisches Obst und Litschis in eine Schüssel geben und mischen. Bis zum Essen mit Klarsichtfolie zudecken.

Pfirsiche in Honigsirup

Der Pfirsich müsste in einer Auflistung der klassischen chinesischen Obstsorten wirklich an erster Stelle stehen. Er hat einen festen Platz in Folklore, Religion und Literatur. Während der Tang-Dynastie (618 bis 907 n. Chr.) wurden neue Sorten aus Zentralasien in China eingeführt. In diesem Rezept werden Pfirsiche in Zuckersirup pochiert; der Sirup wird dann zu einer honigähnlichen Konsistenz eingekocht. Dieses einfache, leichte Dessert schmeckt warm und kalt.

Aus Sichuan und Beijing
Garmethode: Sieden

Für 4 Personen

2 große feste Pfirsiche
4 EL chinesischer Rohrzucker oder normaler Zucker
150 ml Wasser

Wasser in einem Topf zum Kochen bringen und die Pfirsiche darin einige Sekunden blanchieren. Mit dem Schaumlöffel herausheben. Pfirsiche mit einem scharfen Messer häuten und halbieren. Steine entfernen.

Zucker und Wasser in einen kleinen Topf geben und aufkochen. So lange kochen, bis sich der Zucker aufgelöst hat. Pfirsichhälften dazugeben und die Hitze reduzieren. Pfirsiche 15 Minuten bei schwacher Hitze sieden lassen und herausnehmen. Hitze wieder erhöhen, und die Flüssigkeit auf die Hälfte zu einem Sirup einkochen. Wenn Sie das Dessert heiß servieren, geben Sie den heißen Sirup über die Pfirsiche und servieren sie sofort. Oder Sie lassen den Sirup abkühlen, gießen ihn über die Pfirsiche und stellen alles bis zum Essen kalt.

Gedämpfte Birnen

Birnen sind ein typisch nordchinesisches Obst. Sie werden gerne frisch, aber auch gekocht in Suppen und frittiert gegessen. Besonders fein sind Birnen gedämpft. Beim Dämpfen werden sie ganz zart, ohne auszutrocknen. In China serviert man dieses Dessert heiß, aber ich mag es genauso gerne kalt.

Aus Peking
Garmethode: Dämpfen

Für 4 Personen

4 feste Birnen
3 EL chinesischer Rohrzucker oder normaler Zucker
85 ml Wasser
2 chinesische Zimtrinden oder Zimtstangen

Birnen schälen und halbieren. Kerngehäuse herausschneiden. Zucker und Wasser in einen kleinen Topf geben und kochen lassen, bis sich der Zucker vollständig aufgelöst hat. Etwas abkühlen lassen.

Birnen, Zuckerwasser und Zimt in eine flache hitzefeste Schüssel geben. Einen Dämpftopf vorbereiten oder einen Dämpfeinsatz in den Wok oder einen hohen Topf stellen. 5 cm Wasser angießen. Wasser bei starker Hitze zum Kochen bringen. Die Form mit den Birnen vorsichtig in den Dämpftopf oder auf den Dämpfeinsatz stellen. Hitze reduzieren. Deckel fest auflegen. Birnen bei schwacher Hitze 15 bis 20 Minuten dämpfen, bis sie zart sind. (Die Kochzeit hängt von der Reife der Birnen ab.)

Birnen auf eine Servierplatte geben. Zuckerwasser und Zimt in einen Topf geben und das Zuckerwasser bei starker Hitze auf die Hälfte zu einem Sirup einkochen. Zimt herausnehmen und wegwerfen. Sirup über die Birnen gießen und servieren. Oder Sie decken das Dessert mit Klarsichtfolie zu und stellen es bis zum Essen in den Kühlschrank.

Apfel- und Bananentoffees

Äpfel und Bananen verbindet man eher mit der südchinesischen Küche, aber sie sind als Snacks im ganzen Land beliebt. Dieses Rezept erfordert etwas Geschicklichkeit. Probieren Sie das Dessert einmal für sich selbst aus, bevor Sie es für Gäste machen!

Aus Beijing
Garmethode: Frittieren

Für 4 Personen

2 große feste Äpfel
2 große feste Bananen

Für den Ausbackteig
75 g Mehl
4 EL Speisestärke
2 TL Backpulver
175 ml Wasser
1 TL Sesamöl

300 ml Erdnussöl (Fritteuse siehe S. 47)
2 TL Sesamöl
175 g Zucker
2 EL helle Sesamsamen

Äpfel schälen und vom Kerngehäuse befreien. Jeden Apfel in 8 Schnitze teilen. Bananen schälen, längs halbieren und in 4 cm große Stücke schneiden. Zutaten für den Ausbackteig in einer Schüssel gut vermischen und beiseite stellen.

Erdnussöl und 2 Teelöffel Sesamöl in den Wok oder die Fritteuse geben. Auf mittlere Hitze erhitzen. Eine Portion Früchte mit dem Schaumlöffel in den Ausbackteig tauchen. Teig abtropfen lassen. Früchte ins Öl geben und etwa 2 Minuten goldbraun frittieren. Mit dem Schaumlöffel herausnehmen und auf Küchenpapier entfetten. Alle Früchte auf diese Weise frittieren und entfetten.

Kurz vor dem Servieren eine Schüssel mit eiskaltem Wasser und Eiswürfeln bereit stellen. Öl im Wok auf mittlere Hitze erhitzen und die Früchte nochmals 2 Minuten frittieren. Auf Küchenpapier entfetten. Zucker, Sesamsamen und 2 Esslöffel Frittieröl in einen Topf geben und erhitzen, bis der Zucker schmilzt und karamellisiert. Achten Sie auf die Hitze, der Zucker darf nicht anbrennen. Wenn der Karamell hellbraun ist, einige Fruchtstücke hineingeben und unterrühren. Dann sofort ins Eiswasser tauchen, damit der Karamell fest wird. Herausnehmen und servieren. Alle Fruchtstücke mit Zucker überziehen, ins Eiswasser tauchen und servieren.

Walnusskekse

Backen gehört in China nicht zu den verbreiteten Garmethoden, aber im Süden sind Kekse sehr beliebt. Am bekanntesten sind Mandelkekse, aber ich finde Walnusskekse genauso fein. Sie schmecken auch zu frischem Obst sehr gut.

Aus Kanton
Garmethode: Backen

Für 12 Kekse

12 geschälte Walnusshälften
100 g Mehl
2 TL Backpulver
50 g Schweineschmalz
100 g Zucker
2 geschlagene Eier
1 TL Öl

In einem kleineren Topf Wasser zum Kochen bringen. Walnusshälften hineingeben und etwa 5 Minuten blanchieren. In einem Sieb oder Durchschlag abtropfen lassen. Mit Küchenpapier trockentupfen und beiseite stellen.

Backofen auf 200 °C (Gas Stufe 3–4, Umluft 180 °C) vorheizen.

Mehl und Backpulver in eine große Schüssel geben. Schweineschmalz unterkneten. Zucker und die Hälfte der Eimasse dazugeben und alles zu einem Teig verrühren. Teig in 12 gleich große Portionen teilen und zu flachen, runden Keksen von etwa 5 cm Durchmesser formen. Walnusshälften auf die Kekse drücken.

Ein Backblech mit Öl bestreichen und Kekse darauf legen. Mit einem Backpinsel übriges Ei auf die Kekse streichen. Kekse im Backofen etwa 20 Minuten backen. Herausnehmen und auf einem Kuchengitter abkühlen lassen. Die abgekühlten Kekse halten etwa 1 Woche in einer gut verschlossenen Dose.

Rezept- und Sachregister

V bezeichnet vegetarische Rezepte

Informationen zu den Haushaltsgeräten von KEN HOM finden Sie unter folgender Adresse (Auskunft auch auf Deutsch):

William Levene Limited
Bridge House, Eelmoor Road, Farnborough, GB – Hants GU 14 7UE
Tel 00 44 20 8868 4355
Fax 00 44 20 8429 3668

cust.serv@williamlevene.com
www.culinare.com